JN168682

PISA2015年調査

評価の枠組み

PISA 2015 Assessment and Analytical Framework: Science, Reading, Mathematic and Financial Literacy

OECD生徒の学習到達度調査

経済協力開発機構（OECD） 編著
国立教育政策研究所 監訳

NIER

OECD

Reading Literacy

Mathematical Literacy

Scientific Literacy

明石書店

経済協力開発機構（OECD）

経済協力開発機構（Organisation for Economic Co-operation and Development, OECD）は，民主主義を原則とする35か国の先進諸国が集まる唯一の国際機関であり，グローバル化の時代にあって経済，社会，環境の諸問題に取り組んでいる。OECDはまた，コーポレート・ガバナンスや情報経済，高齢化等の新しい課題に先頭になって取り組み，各国政府のこれらの新たな状況への対応を支援している。OECDは各国政府がこれまでの政策を相互に比較し，共通の課題に対する解決策を模索し，優れた実績を明らかにし，国内及び国際政策の調和を実現する場を提供している。

OECD加盟国は，オーストラリア，オーストリア，ベルギー，カナダ，チリ，チェコ，デンマーク，エストニア，フィンランド，フランス，ドイツ，ギリシャ，ハンガリー，アイスランド，アイルランド，イスラエル，イタリア，日本，韓国，ラトビア，ルクセンブルク，メキシコ，オランダ，ニュージーランド，ノルウェー，ポーランド，ポルトガル，スロバキア，スロベニア，スペイン，スウェーデン，スイス，トルコ，英国，米国である。欧州連合もOECDの活動に参加している。

OECDが収集した統計や，経済，社会，環境の諸問題に関する研究成果は，加盟各国の合意に基づく協定，指針，標準と同様にOECD出版物として広く公開されている。

本書はOECDの事務総長の責任の下で発行されている。本書で表明されている意見や主張は必ずしもOECDまたはその加盟国政府の公式見解を反映するものではない。

Originally Published in English under the title:

“PISA 2015 Assessment and Analytical Framework: SCIENCE, READING, MATHEMATIC AND FINANCIAL LITERACY”

© OECD, 2016
© PISA2015年調査 評価の枠組み――OECD生徒の学習到達度調査, Japanese language edition, Organisation for Economic Co-operation and Development, Paris, and Akashi Shoten Co., Ltd., Tokyo 2016.

The quality of the Japanese translation and its coherence with the original text is the responsibility of Akashi Shoten Co., Ltd.

日本語版　序

パリに本部を置く経済協力開発機構（OECD: Organisation for Economic Co-operation and Development）が取り組んでいる「生徒の学習到達度調査（PISA）」の第6回目となる2015年調査は，OECD加盟国及び非加盟国からなる72か国・地域の参加により実施されました。2015年調査は，コンピュータ使用型調査へ全面移行しつつ，科学的リテラシーを中心分野として，読解力，数学的リテラシー，協同問題解決能力の調査が実施されました。また，日本は参加していませんが，国際オプションとしてファイナンシャル・リテラシー調査も行われました。この2015年調査の設計や方法など概念的な基礎を示したのがOECDから刊行された『PISA2015 Assessment and Analytical Framework: Science, Reading, Mathematic and Financial Literacy』で，本書はその日本語版です。

2000年に初めてPISA調査を実施して以来，2003年，2006年，2009年，2012年，そして2015年と，日本では延べ約1,200校，約42,000人の生徒さんの参加・協力により，PISA調査が求める厳しい国際基準を満たす予備調査・本調査を実施してきました。特に2015年調査は，初のコンピュータ型調査のみでの実施でしたが，学校関係者はじめ皆様の御協力によって実施することができました。

本書は以下のとおり翻訳を担当し，大塚尚子（国立教育政策研究所　国際研究・協力部　総括研究官）が全体を監修しました。

序　文	吉冨花枝（国立教育政策研究所　国際研究・協力部　翻訳担当）
第1章	吉冨花枝（　〃　）
第2章	吉冨花枝（　〃　）
	梅澤希恵（国立教育政策研究所　国際研究・協力部　国際調査専門職）
第3章	吉冨花枝（国立教育政策研究所　国際研究・協力部　翻訳担当）
第4章	吉冨花枝（　〃　）
第5章	大野彰子（国立教育政策研究所　国際研究・協力部長）
	櫻井直輝（会津大学短期大学部　幼児教育学科　専任講師）
第6章	櫻井直輝（　〃　）
	中岡　礼（国立教育政策研究所　国際研究・協力部　国際調査専門職）
	小野まどか（国立教育政策研究所　国際研究・協力部　国際調査専門職）
付　録	小野まどか（　〃　）

2015年調査の評価の枠組みを世に出すことができましたことは，これまでPISA調査に御協力いただいた高等学校等の教職員の皆様，保護者及び生徒の皆さん，教育委員会等関係機関の皆様，研究所内外の関係者の皆様をはじめとする多くの方々の御努力と御協力のおかげであり，改めて感

謝申し上げます。特に，本書の科学的リテラシー部分の監修とともに，翻訳出版作業に当たり事務局を支えてくださった國學院大學人間開発学部の猿田祐嗣教授と宮崎大学大学院教育学研究科の中山迅教授，また，2012 年調査の枠組みに引き続き，数学的リテラシー部分の監修をしてくださった東京学芸大学教育学部の西村圭一教授には心から感謝申し上げます。また今回の刊行に当たっても，明石書店の安田伸氏に御尽力いただきました。

本年 12 月には，PISA2015 年調査の国際結果公表及び日本語版国際結果報告書の刊行を予定しています。それらと併せ，本書が多くの方々に活用されることを願っております。

平成 28 年 11 月

国立教育政策研究所　国際研究・協力部長
OECD-PISA 調査プロジェクト・チーム総括責任者
大野　彰子

序　文

1997年に着手されたOECD生徒の学習到達度調査（PISA: Programme for International Student Assessment）は，OECD加盟国政府の要請により，生徒の学習到達度という観点から，国際的に共通する枠組みに沿って教育システムの成果をモニタリングするものである。また，OECD-PISA調査は，参加国・地域から学術的，専門的知識を有する人々が集まり，政策の共通の関心に基づいて各国政府が共同で進めるという，協同の努力が形になったものである。参加国からの専門家もまた作業部会で尽力しているが，その作業部会では，国際的な比較評価分野において利用可能な最も優れた実質的内容と技術的専門知識を，PISA調査の政策目標と連携させることが行われている。こうした専門家グループへの参加を通じて，参加国は，PISA調査の評価手段が国際的に妥当であること，PISA調査参加国・地域の文化的な背景及びカリキュラムの内容を考慮したものであることを保証している。

PISA2015年調査は，3年に一度行われるこの調査の6回目のサイクルに当たる。また，PISA2015年調査では初めて，全ての分野（科学的リテラシー，読解力，数学的リテラシー，ファイナンシャル・リテラシー）で，コンピュータ使用型の調査を実施した。ただし，コンピュータによるテストを生徒に受けさせないことを選択した国・地域には，継続問題のみで構成された筆記型の調査が提供される。

2006年調査と同様に，今回の調査も科学的リテラシーに中心分野としての焦点が当てられている。科学的リテラシーの評価の枠組みは，PISA2015年調査に向けて完全に改訂されたもので，「科学についての知識」は二つの構成要素（手続に関する知識と認識に関する知識）に分けられ，微細に区別された概念として導入している。また，「科学的探究の支持」という構成概念は「探究に対する科学的アプローチへの価値付け」に変更され，これは測定されるものをより明確に反映するための，専門用語における極めて重要な変更となっている。さらに，PISA2015年調査の文脈は，表題を分野間でより一貫したものにするため，2006年調査時の「個人的」「社会的」「地球的」から「個人的」「地域的／国内的」「地球的」に変更された。

読解力の評価の枠組みはPISA2009年調査時に改訂され，数学的リテラシーとファイナンシャル・リテラシーの評価の枠組みはPISA2012年調査時に改訂された。これらの分野の枠組みは，PISA2015年調査では変更されていない。様々な質問調査の開発は，PISA2015年調査のために再開発された分析的枠組みを基にして行われた。

本書はPISA2015年調査の基本的な考え方を示したもので，生徒が科学的な問題を解決するために習得して使う必要のある知識と能力，その知識と能力が適用される文脈，生徒の科学に対する態度などの点について述べている。また，問題例も掲載している。

科学的リテラシーの評価の枠組みは，PearsonのJohn de Jong，Rose Clesham，Christine Rozunick，Peter Foltz，Mark Robeck，Catherine Hayesの指揮のもとで，科学的リテラシー専門委員会によって開発された。科学的リテラシー専門委員会の委員長は，スタンフォード大学の

Jonathan Osborne が務めた。

PISA2015 年質問調査の枠組みは，ドイツにあるドイツ国際教育研究所（DIPF）の Eckhard Klieme の指揮のもとで，質問調査専門委員会によって開発された。質問調査専門委員会の委員長は，アメリカのウィスコンシン大学の David Kaplan が務めた。質問調査の枠組み開発に寄与したその他の専門家は，Sonja Bayer，Jonas Bertling，Bieke de Fraine，Art Graesser，Silke Hertel，Nina Jude，Franz Klingebiel，Susanne Kuger，Patrick Kyllonen，Leonidas Kyriakides，Katharina Müller，Manfred Prenzel，Christine Sälzer，Tina Seide，Anja Schiepe-Tiska，Svenja Vieluf，Nadine Zeidler である。

この枠組みは，各参加国の専門委員会においても検討された。各章はそれぞれの専門委員会によって，各専門委員会の委員長の指揮のもとでドラフトされたものである。これら国際専門委員会のメンバーについては，付録 B に記載している。

本書は OECD 事務局，主として Sophie Vayssettes，Marilyn Achiron，Sophie Limoges，Hélène Guillou によって作成された。

本報告書は，OECD 事務総長の責任において発行されたものである。

PISA2015年調査 評価の枠組み

OECD 生徒の学習到達度調査

◎

目　次

第１章 PISA 調査とは？

第２章 科学的リテラシー

第３章　読解力

第４章　数学的リテラシー

第5章 ファイナンシャル・リテラシー

第６章 質問調査

コラム・図・表の一覧

■ 第 1 章 ■

PISA 調査とは？

第1章

はじめに

「市民にとって，何を知り，何ができることが重要であるか？」。こうした疑問に答えるために，また，生徒の成績について国家間で比較可能なエビデンスの必要性に応じ，経済協力開発機構（OECD: Organisation for Economic Co-operation and Development）は，1997 年に生徒の学習到達度調査（PISA: Programme for International Student Assessment）に着手した。PISA 調査は，義務教育修了段階にある 15 歳の生徒が現代社会に参加する上で欠かせない主要な知識と技能をどの程度習得しているかを測ろうとするものである。

3 年に一度行われるこの調査は，科学，読解，数学といった学校教育における主要な教科に焦点を当てている。また，革新分野（innovative domain）における生徒の習熟度についても調査が行われる（2015 年調査では，協同問題解決能力がこれに当たる）。PISA 調査は単に生徒が知識を再生できるかどうかを確かめるだけでなく，学校の内外で遭遇するなじみのない場面において，自らが学んできたことから推定し，その知識をどれだけうまく活用できるかどうかを調査するものである。こうしたアプローチが反映しているのは，現代社会において個人が報われるためには，何を知っているかではなく，その知識を使って何ができるかが大切であるということだ。

PISA 調査は長期にわたって継続しているプログラムであり，様々な国及び各国における様々な下位集団に属する生徒の知識と技能について経年的に蓄積された情報をもたらしていくであろう。PISA 調査の各サイクルでは，一つの中心分野が深く検証され，総テスト時間の 3 分の 2 がその分野に費やされる。PISA2015 年調査の中心分野は 2006 年調査時と同様に科学的リテラシーである。読解力は 2000 年と 2009 年に，数学的リテラシーは 2003 年と 2012 年に中心分野となった。

PISA 調査は，生徒，保護者，学校長，教師が回答する質問調査を通じて，生徒の家庭的背景や学習へのアプローチ，学習環境についても情報を収集する。

このように中心分野を順に設けることで，この三つの各主要領域における学習到達度の分析が 9 年ごとに，経年分析は 3 年ごとに示される。質問調査で収集した情報と結び付けることにより，PISA 調査は以下の三つの主な成果を提供する。

- **基本指標**：生徒の知識と技能に関する基本的な特徴を示す。
- **背景指標**（質問調査から得られる指標）：こうした技能が様々な人口学的，社会的，経済的，教育的変数とどのように関連しているかを示す。
- **経年指標**：学習到達度レベルと分布の変化，生徒レベル・学校レベル・システムレベルでの背景的な変数と学習到達度との関係の変化を示す。

世界中の政策立案者が PISA 調査の結果を用いて，自国の生徒の知識と技能を他の参加国の生徒と比較して評価したり，教育及び学習到達度の向上を目的としたベンチマークを設けたり，自国の教育システムの相対的な長所と短所を把握したりしている。

本書は，開始から 6 回目となる PISA2015 年調査の基礎的な理論を示したものである。本書には三つの主要分野――科学的リテラシー，読解力，数学的リテラシー――の評価の枠組み（それぞれ第 2 章，第 3 章，第 4 章を参照）と，生徒のファイナンシャル・リテラシーの評価の枠組み（第 5 章を参照）を掲載している。協同問題解決能力の枠組み及びその結果については，妥当性の検証が完了した上で後日出版する。各章では，その分野において生徒が習得すべき知識の内容，生徒が実行すべきプロセス，これらの知識と技能が活用される文脈について概説する。また，各分野の評価がどのように行われるかについても取り上げる。第 6 章では，生徒，保護者，学校長，教師が回答する質問調査の基礎的な理論について説明する。

第 1 節　PISA 調査の独自性

PISA 調査は，生徒の成績を評価する最も包括的で厳正な国際的プログラムであり，生徒，家庭，学校に関するデータを収集することで生徒の成績における違いを説明するのに役立つものである。調査の範囲と性質，及び収集すべき背景情報は参加国の専門家によって作成され，共通の政策上の関心を基に，各国政府が協同で運営に当たる。調査問題における文化的・言語的な広がりとバランスを確保するために，実質的な努力とリソースが投入されている。翻訳，標本抽出，データ収集においては，厳格な品質保証のメカニズムが適用される。その結果，PISA 調査の結果には高い妥当性と信頼性がある。

PISA 調査独自の特徴は，以下のとおりである。

- **政策志向**：生徒の学習到達度に関するデータを，生徒の背景や学習態度に関するデータ，及び学校内外での学習を方向付ける重要な要因に関するデータと結び付け，生徒の成績パターンの違いに注目し，高い成績水準を誇る学校や教育システムの特徴を明らかにする。
- **革新的な「リテラシー」の概念**：これは生徒が主要な教科における知識と技能を適用し，様々な状況における問題を認識し，解釈し，解決していく上で，分析・推論・コミュニケーションを効果的に行う能力に関係する。
- **生涯学習との関連性**：PISA 調査は，生徒自身の学習への動機付け，自身に関する信念，自身の学習方略についても測定を行うものである。
- **定期的な実施**：各国が重要な学習目標を達成する上で，その進捗状況をモニタリングすることを可能にする。
- **調査参加国の拡大**：PISA2015 年調査には，OECD 加盟 35 か国に加え，37 の非加盟国・地域が参加した。

PISA 調査の結果の妥当性は，調査に参加した若者の追跡調査によって明らかにされている。オーストラリア，カナダ，デンマークで行われた研究により，15 歳のときに受けた PISA2000 年調査の読解力の成績が，生徒の中等教育学校を修了する確率，及び 19 歳時点で中等後教育を受けている確率に強く関連していることがわかった。例えば，カナダでは 15 歳のときに読解力の習熟度レベルが５であった生徒が19歳のときに中等後教育に進んでいる割合は，レベル１未満であった生徒に比べ約16倍にもなった。

コラム 1.1　PISA2015 年調査の主な特徴

内容

PISA2015 年調査では，中心分野の科学的リテラシーに加え，読解力，数学的リテラシー，協同問題解決能力の評価が実施された。また，国際オプションとして，若者のファイナンシャル・リテラシーについても評価を行った。

PISA 調査で評価するのは，単に生徒が知識を再生できるかどうかだけでなく，新たな状況において学んできたことを基に推測を行い，知識を活用できるかどうかにまで及ぶ。PISA 調査は，プロセスについて熟知し，概念を理解し，様々な状況においてこれらをうまく機能させる能力に焦点を当てている。

生徒

PISA2012 年調査では，約 51 万人の生徒によって調査が完了したが，これは 65 の参加国・地域の学校に通う約 2,800 万人の 15 歳児を代表している。2015 年調査では，更に新たな 7 か国が調査に加わった。

評価

多くの国・地域において，コンピュータ使用型のテストが用いられ，生徒一人の解答時間は 2 時間である。

テストの問いには，選択肢形式問題と，生徒に自身の解答を構築させる記述形式問題とがある。問いは実生活の状況を想定した文章に基づき，グループごとにまとめられている。合計で解答時間約 800 分に相当するテスト問題が用意されており，生徒によって解答する問題の組合せは異なる。

生徒は 35 分間の生徒質問調査にも回答した。この質問調査は，生徒自身，家庭，学校，学習経験についての情報を収集するものである。学校長は，学校システムや学習環境に関する質問調査に回答した。更なる追加情報を得るために，教師を対象とした質問調査を実施した国・地域もある。このような教師質問調査が国際オプションで PISA 調査参加国・地域において取り入れられたのは，今回が初めてである。国際オプションの保護者質問調査を実施した国・地域もあり，保護者から，子供の通う学校に対する意識と関与，家庭学習の支援，特に科学に関連した子供の進路への期待に関する情報が収集された。この他にも，生徒が回答する国際オプションの質問調査が二つあり，各国は選択して実施することができた。一つは生徒が情報通信技術（ICT）にどれだけなじみがあり，利用しているかを問うもので，もう一つは休学などを含む生徒の教育歴や将来の職業のための準備について問うものである。

第 2 節　PISA2015 年調査

PISA2015 年調査では初めて，全分野においてコンピュータを通じた評価が行われた。コンピュータ使用型調査を選択しなかった国では筆記型の調査を実施したが，筆記型で調査を行ったのは読解力，数学的リテラシー，科学的リテラシーの継続問題だけである。新規の問題は，コンピュータ使用型調査のためにのみ開発された。問題の調査実施形態が変わったことで及ぼされる影響については，予備調査を用いて検証を行った。コンピュータ使用型と筆記型における調査の同等性を実証するために，データを集めて分析した。

コラム 1.2　PISA2015 年調査　調査実施形態の違いに関する検証

PISA2015 年予備調査では，OECD の国際成人力調査（PIAAC: Programme for the International Assessment of Adult Competencies）と同様に，調査実施形態の違いに関する検証が計画された。読解力，数学的リテラシー，科学的リテラシーの調査において，生徒はコンピュータ使用型調査と筆記型調査のいずれかに無作為に割り当てられた。各分野には，過去の PISA 調査で使われた筆記型の継続問題が六つの問題群となって含まれている。これらの問題のコンピュータによる実施を可能にすることで，コンピュータ使用型調査の実施を選択した国が過去の調査サイクルと関連付けたり，筆記型調査を選択した国と比較したりできるようにした。PISA 調査の約 3 分の 2 の問題は，選択肢形式や，正誤判定形式，単純な自由記述解答形式などの機械的に採点されるものである。これらはコンピュータによって簡単かつ確実に採点できる。それ以外の問題は各国内の専門的な採点者によって採点される。こうした複雑な自由記述解答形式問題は PISA2015 年調査でも出題され，従来と同様の方法で採点される。この予備調査の分析は，全ての継続問題における二つの調査実施形態間の比較可能性を判断するのに使われた。結果は 2014 年に PISA 技術諮問委員会，OECD，全ての参加国に提供され，合意を得た。

2015 年のコンピュータ使用型調査は 2 時間のテストとなっており，生徒に割り当てられる各問題フォームには 30 分間の調査問題群が四つ入っている。このテスト設計には，経年的な測定を行うために，科学的リテラシー，読解力，数学的リテラシーの各分野から過去に出題した問題をそのまま使った問題群が六つ含まれている。中心分野である科学的リテラシーについては，2015 年の枠組みにおける新たな特徴を反映させるため，更に六つの問題群が開発された。また，協同問題解決能力の三つの問題群も，この調査に参加する国に向けて開発された。

66 の異なる問題フォームがあり，生徒は科学的リテラシーの調査に 1 時間（継続問題群一つと新規問題群一つ），他の分野の調査にもう 1 時間（読解力，数学的リテラシー，協同問題解決能力のどれかに 1 時間，あるいはこのうちの二つの分野に 30 分ずつ）使う。協同問題解決能力の調査に参加しない国・地域においては，36 の問題フォームが用意された。

調査を筆記型で実施した国では，PISA 調査の三つの主要分野のうち二つの分野の継続問題を含む 30 の筆記型フォームで生徒の成績を測定した。

各問題フォームは，各国及び国内の該当する下位集団（例えば，男女別，社会経済的背景別）の生徒から，全ての問いにおける到達度レベルを適切に見積もる上で十分な人数の生徒によって解答された。

ファイナンシャル・リテラシーの調査は，PISA2012 年調査で開発されたものと同じ枠組みに基づき，PISA2015 年調査でも国際オプションとなっている。ファイナンシャル・リテラシー調査は二つの問題群で構成された 1 時間の課題として開発され，科学的リテラシー，数学的リテラシー，読解力の調査の標本から更に抽出された生徒に対して実施された。

第 3 節　各分野における調査内容の概要

コラム 1.3 に PISA2015 年調査で評価する三つの分野の定義を示す。これらの定義は全て，社会活動への十分な参加を可能にする機能的な知識・技能を強調している。こうした参加には，単に外部からの力，例えば雇用主から課せられた課題を遂行する能力以上のものが必要であり，このことは意思決定に参加できることも意味している。PISA 調査のより複雑な課題では，単に一つの正しい答えを持つ問いに答えるだけでなく，資料について熟考し，評価することも生徒に求められる。

コラム 1.3　各分野の定義

科学的リテラシー

科学的リテラシーとは，思慮深い市民として，科学的な考えを持ち，科学に関連する諸問題に関与する能力である。科学的リテラシーを身に付けた人は，科学やテクノロジーに関する筋の通った議論に自ら進んで携わり，それには以下の能力（コンピテンシー）を必要とする。

- **現象を科学的に説明する**：自然やテクノロジーの領域にわたり，現象についての説明を認識し，提案し，評価する。
- **科学的探究を評価して計画する**：科学的な調査を説明し，評価し，科学的に問いに取り組む方法を提案する。
- **データと証拠を科学的に解釈する**：様々な表現の中で，データ，主張，論（アーギュメント）を分析し，評価し，適切な科学的結論を導き出す（訳注：アーギュメントとは，事実と理由付けを提示しながら，自らの主張を相手に伝える過程を指す）。

読解力

読解力とは，自らの目標を達成し，自らの知識と可能性を発達させ，社会に参加するために，書かれたテキストを理解し，利用し，熟考し，これに取り組むことである。

数学的リテラシー

数学的リテラシーとは，様々な文脈の中で数学的に定式化し，数学を活用し，解釈する個人の能力である。それには，数学的に推論することや，数学的な概念・手順・事実・ツールを使って事象を記述し，説明し，予測することを含む。この能力は，個人が現実世界において数学が果たす役割を認識したり，建設的で積極的，思慮深い市民に求められる，十分な根拠に基づく判断や意思決定をしたりする助けとなるものである。

科学的リテラシー（第２章）は，思慮深い市民として，科学的な考えを持ち，科学に関連する諸問題に関与する能力であると定義されている。科学的リテラシーを身に付けた人は，科学やテクノロジーに関する筋の通った議論に自ら進んで携わり，それには，現象を科学的に説明し，科学的探究を評価して計画し，データと証拠を科学的に解釈する能力（コンピテンシー）を必要とする。

PISA 調査は，以下に関連した問いを通じて，生徒の科学的リテラシーの到達度を評価する。

- **文脈**：個人的，地域的／国内的，地球的な諸問題。これらは最近のものから歴史的なものまで，科学とテクノロジーに関するある程度の理解を要求する。PISA2015 年調査におけるこれらの文脈は，表題をより一貫させるために，2006 年調査の「個人的」「社会的」「地球的」から「個人的」「地域的／国内的」「地球的」に変更された。
- **知識**：科学的知識の基礎となる主要な事実，概念及び説明的理論に関する理解。このような知識に含まれるのは，自然界と技術的人工物の両方に関する知識（内容に関する知識），こうした考えがどのように生み出されるかに関する知識（手続に関する知識），こうした手続の根底にある根本原理及びその手続を用いることの正当性に関する理解（認識に関する知識）である。PISA2006 年調査から大きく変わったのは，「科学についての知識」がより明細化され，手続に関する知識と認識に関する知識という二つの知識に分割された点である。
- **能力（コンピテンシー）**：現象を科学的に説明する能力。科学的探究を評価して計画する能力。データと証拠を科学的に解釈する能力。
- **態度**：科学に対する一連の態度。科学とテクノロジーへの興味・関心，探究に対する科学的アプローチへの価値付け，場合によっては，環境問題への理解と意識によって示される。過去の調査サイクルにあった「科学的探究の支持」は「探究に対する科学的アプローチへの価値付け」に変更された。これは，測定されるものをより明確に反映するための，専門用語における極めて重要な変更である。

読解力（第３章）は，目的を達成するために，書かれたテキストを理解し，利用し，熟考する生徒の能力として定義される。

PISA 調査は，以下に関連した問いを通じて，生徒の読解力の到達度を評価する。

- **テキストの形式**：PISA 調査では，連続型テキスト，すなわち文章や段落で構成された散文に加え，リスト・フォーム・グラフ・図といった文章以外の形式で情報を示す非連続型テキストが用いられる。また，叙述・解説・議論といった様々な散文形式が用いられている。
- **プロセス（側面）**：最も基本的な読解技能については評価を行わない。なぜなら，こうした技能は，既に 15 歳の生徒の大部分が身に付けていると考えられるからである。それ以上に生徒に期待することは，情報の探求・取り出し，テキストの幅広い一般的な理解の形成，テキストの解釈，テキストの内容及び形式・特徴の熟考を行う上での習熟度を示すことである。

- **状況**：テキストが構築される用途によって定義される。例えば，小説，個人的な手紙，伝記などは私的な用途のために書かれるし，公的文書や告知文は公的な用途のため，手引書や報告書は職業的な用途のため，教科書やワークシートは教育的な用途のために書かれる。これらの状況の中で読解力の成績が特に良くなる状況は集団によって異なるため，調査問題には様々な種類の読解が含まれている。

数学的リテラシー（第４章）は，様々な状況において数学的な問題に対する解を提起し，定式化し，解決し，解釈する上で，アイデアを効果的に分析し，推論し，コミュニケーションを行う生徒の能力として定義されている。

PISA 調査は，以下に関連した問いを通じて，生徒の数学的リテラシーの到達度を評価する。

- **プロセス**：これらは「数学的に状況を定式化する」「数学的な概念・事実・手順・推論を活用する」「数学的な結果を解釈し，適用し，評価する」（本書では，これらを「定式化する」「活用する」「解釈する」と記す場合もある）といった三つのカテゴリーによって定義される。これらのプロセスは，問題の文脈を関連する数学と結び付け，その問題を解決するために生徒が何をするかについて述べている。こうした三つの各プロセスでは，七つの基本的な数学の能力（「コミュニケーション」「数学化」「表現」「推論と論証」「問題解決のための方略の考案」「記号的，形式的，専門的な表現や操作の使用」「数学的ツールの使用」）を活用する。これらの能力は全て，個人のトピックに関する問題解決者の詳細な数学的知識に基づくものである。
- **内容**：これらは四つの概念（「量」「空間と形」「変化と関係」「不確実性とデータ」）となっており，これらは数，代数，幾何などのよく知られたカリキュラム教科と重なり合って複雑に関連している。
- **文脈**：これらは問題が置かれている生徒の世界の場面のことである。この枠組みでは，「個人的」「職業的」「社会的」「科学的」という四つの文脈に分類する。

第４節　PISA 調査における生徒の到達度報告の変遷

PISA 調査の結果は尺度を用いて報告される。初めは３分野全てにおいて，OECD 加盟国の平均得点を 500 点，標準偏差を 100 点としており，このことは，OECD 加盟国の生徒のうち３分の２が，400 点から 600 点の得点を取ったことを意味していた。こうした得点は，ある特定の分野における習熟度の程度を示している。その後の PISA 調査のサイクルでは，OECD 加盟国の平均得点は当初のものからわずかに変わってきている。

読解力は 2000 年に中心分野となり，読解の知識と技能を示す尺度は五つのレベルに分けられた。こうしたアプローチの主な利点は，難易度別にそのレベルの課題をこなすことができる生徒の実質的な人数を記述するのに有効であるということだ。さらに，読解力の結果は三つの「側面」という下位尺度（情報の探求・取り出し，テキストの統合・解釈，テキストの熟考・評価）によっても示された。数学的リテラシーと科学的リテラシーにおいても習熟度尺度を用いることは可能であったが，レベルは示さなかった。

PISA2003 年調査ではこうしたアプローチを基にして，数学的リテラシーの尺度における六つの習熟度レベルを特定した。数学的リテラシーには四つの「内容」に関する下位尺度（空間と形，変化と関係，量，不確実性）が設けられた。

同様に，PISA2006 年調査の科学的リテラシーの報告では，六つの習熟度レベルが特定された。科学的リテラシーにおける三つの「能力（competency）」の下位尺度は，科学的な疑問を認識する，現象を科学的に説明する，科学的な証拠を用いるということに関係したものであった。さらに，各国の成績は，科学についての知識と科学の知識に基づいて比較された。科学の知識における三つの主要な領域は，物理的システム，生命システム，地球と宇宙のシステムであった。

PISA2009 年調査は，読解力が再び中心分野となった初の調査である。読解力，数学的リテラシー，科学的リテラシーの 3 分野全てについて，経年的な結果が報告された。PISA2009 年調査では，非常に高いレベルの読解力習熟度を表すために，読解力の尺度にレベル 6 が新たに加えられた。最も低い習熟度レベルであったレベル 1 はレベル 1a という名称に変えられ，これまで「レベル 1 未満」とされてきた生徒の成績を表すために，新たにレベル 1b が導入された。ただし，こうした生徒の習熟度は，過去の PISA 調査にあったものよりも易しい課題を新たに取り入れ，それと関連付けて示している。これらの変更によって，非常に高い，あるいは非常に低い読解力習熟度を持つ生徒がどういった種類の課題をこなすことができるかについて，各国はより多くを知ることができる。

PISA2012 年調査では，数学的リテラシーが再び中心分野となった。内容に関する下位尺度（「不確実性」という尺度は，より明確な「不確実性とデータ」という名称に変更された）に加えて，三つの新たな下位尺度が開発され，生徒が積極的な問題解決者として従事する三つのプロセスの評価が行われた。この三つの「プロセス」に関する下位尺度は，「数学的に状況を定式化する」「数学的概念・事実・手順・推論を活用する」「数学的な結果を解釈し，適用し，評価する」である（「定式化」「活用」「解釈」と呼ばれることもある）。

PISA2006 年調査の中心分野であった科学的リテラシーは，2015 年調査で再び中心分野となった。科学的リテラシーの調査では，「現象を科学的に説明する」「科学的探究を評価して計画する」「データと証拠を科学的に解釈する」という生徒の能力を測定する。科学的リテラシーの尺度も「レベル 1b」を加えたことで拡張され，最も能力の低い生徒の習熟度について，より詳細に記述できるようになった。このような最も低い科学的リテラシーを発揮する生徒は，以前の調査では報告の尺度の中に含められていなかった。

第 5 節　質問調査

学習の背景に関する情報を収集するため，PISA 調査は生徒と学校長に対し，質問調査への回答を求める。それぞれの質問調査の回答時間は 35 分及び 45 分程度である。質問調査で得た回答は調査結果とともに分析され，生徒，学校，システムにおける成果についての大まかな全体像と微妙な差異のある全体像を同時に提供する。質問調査の枠組みについては，第6章で詳しく述べる。PISA 調査の開始からこれまでに実施されてきた全調査における質問調査は，PISA 調査のホームページ（*www.pisa.oecd.org*）で閲覧することができる。

質問調査は，以下の情報を得ようとするものである。

- **生徒と家庭の背景**：経済的，社会的，文化的資本を含む。
- **生徒の生活の側面**：学習に対する態度，学校内外での習慣と生活，家庭環境など。
- **学校の側面**：学校の人的及び物的リソースの質，公立・私立学校の運営と資金，意思決定のプロセス，人事，カリキュラムの重点事項，提供されている課外活動など。
- **教育の背景**：学校の設置形態と種類，学級規模，学級及び学校の雰囲気，学級における読書活動を含む。
- **学習の側面**：生徒の興味・関心，動機付け，取組を含む。

国際オプションとして，更に四つの質問調査が提供される。

- **コンピュータの利用に関する質問調査**：情報通信技術（ICT）の利用可能性と使用，及び生徒のコンピュータタスクを実行する能力とコンピュータの利用に対する態度に焦点を当てる。
- **教育歴に関する質問調査**：休学，将来の職業への準備，言語学習の支援に関する追加情報を収集する。
- **保護者を対象とする質問調査**：保護者の子供の通う学校に対する意識と関与，家庭学習の支援，学校の選択，子供の進路への期待，移民背景に焦点を当てる。
- **教師を対象とする質問調査**：今回の PISA 調査に新たに導入されたもので，生徒のテスト結果における背景をより明確にするために，教師の集団間の類似点と相違点を説明する上で役に立つ。この国際オプションの教師質問調査から収集されるデータの分析は，学校レベルで行われる。科学の授業における構造化された指導と学習の活動や，選ばれた一連の探究に基づく活動にも焦点を当てた並行した質問調査を通して，科学の教師は自身の指導実践について説明するよう求められる。教師質問調査では，学校における科学のカリキュラム内容についてや，それをどのように保護者に伝えているかについても質問している。こうした新たな国際オプションの教師質問調査は変化したリーダーシップの概念についての情報も収集する。

生徒質問調査，学校質問調査，国際オプションの質問調査から収集された背景情報は，PISA 調査で利用できる全情報の一部にすぎない。教育システムの一般的な構造（人口学的背景や経済的背景――例えば，費用，在籍者数，学校と教師の特性，教室におけるプロセス）や，それが労働市場の成果に与える影響を示す指標は，OECD によって定期的に開発され，適用されている（例えば，OECD が毎年刊行している『図表でみる教育（*Education at a Glance*）』）。

第6節　協同的なプロジェクト

PISA 調査は，OECD 加盟国政府の協同の努力によって実施されるものである。この調査は協同で開発され，参加国・地域の合意を得て，国の機関によって実施されている。開発及び実施における全ての段階で，参加校の生徒，教師，校長の協力は，PISA 調査の成功にとって不可欠である。

PISA 運営理事会（PGB: PISA Governing Board）は，上級政策レベルにおける各国・地域の代表者の集まりで，OECD の目的に照らして PISA 調査の政策的優先順位を決定し，プログラムが実施される間，これらの優先順位が順守されているかどうかを監視する。PGB は，指標開発，調査手段の確立，結果報告に関する優先順位を定めている。また，参加各国・地域から集まる専門家は作業部会にも参加し，PISA 調査の政策目標を様々な調査分野の最も利用可能な専門知識と結び付ける責任を担う。こうした専門家グループに参加することで，各国・地域はその調査手段が国際的に妥当であることを保証し，文化間及び教育システム間における違いを考慮している。

参加国・地域は，合意された実施手順に従い，各国調査責任者（NPM）によって運営されるナショナルセンターを通し，国レベルで PISA 調査を実施する。各国調査責任者は，質の高い調査を確実に行う上で重要な役割を果たす。また，各国調査責任者は，調査の結果，分析，報告，出版物の検証と査定も行う。

科学的リテラシーと協同問題解決能力の枠組みの開発，及び読解力と数学的リテラシーの枠組みの改訂は Peason の責任の下で，質問調査の設計と開発はドイツ国際教育研究所（DIPF）の責任の下で行われた。この調査の運営と監督，調査問題の開発，測定，分析については，コンピュータプラットフォームの開発ともいえ，Educational Testing Service（ETS）が責任を負う。その他の協力機関あるいは ETS の下請機関は，ベルギーの cApStAn Linguistic Quality Control，The Department of Experimental and Theoretical Pedagogy at the University of Liège（aSPe），イスラエルの the Center for Educational Technology（CET），ルクセンブルクの the Public Research Centre（CRP）Henri Tudor，the Educational Measurement and Research Center（EMACS）of the University of Luxembourg，ドイツの GESIS – Leibniz - Institute for the Social Sciences である。Westat は，下請機関であるオーストラリア教育研究所（ACER）とともに，調査実施とサンプリングに対する責任を持つ。

OECD 事務局は，このプログラムの全体的な運営に責任を持ち，日々の進捗状況をモニタリングする。また，PISA 運営理事会の事務局として活動し，各国の同意を取り付け，PISA 運営理事会と実施に当たる複数の請負機関との間の調整も行う。さらに，OECD 事務局は，指標の制作及び国際報告書と出版物の分析・準備にも責任を負う。これらは，政策レベル（PISA 運営理事会）と実施レベル（各国調査責任者）の双方において，複数の請負機関の協力を得ながら，加盟国との密接な協議を通じて行う。

■ 第２章 ■

科学的リテラシー

科学は，2015 年の OECD 生徒の学習到達度調査（PISA）において中心となる科目である。本章では，PISA 調査で評価する「科学的リテラシー」を定義する。ここでは，PISA 調査の科学の問題に反映される様々なタイプの文脈，知識，能力（コンピテンシー），科学に対する態度について説明し，問題例も幾つか紹介する。さらに，本章では生徒の科学における到達度がどのように測定され，報告されるのかについても論じる。

第2章

はじめに

本書は，科学的リテラシー（PISA2015 年調査の中心分野）を評価するための手段を基礎付ける枠組みについて説明し，その理論的根拠を示すものである。科学評価に関するこれまでの PISA 調査の枠組み（OECD, 1999; OECD, 2003; OECD, 2006）は，科学評価の中核的な構成として科学的リテラシーの概念を入念に作り上げてきた。これらの文書によって，科学的リテラシーの概念に関する幅広い統一的見解が科学教育者の間で形成されてきた。PISA2015 年調査についての本枠組みは，2006 年，2009 年及び 2012 年調査の基礎として用いられた PISA2006 年調査の枠組みを特に活用することによって，これまでの構成を洗練し拡張するものである。

十分な水と食料の供給，病気の抑制，十分なエネルギーの創出，及び気候変動への適応において人間が大きな課題に直面するとき，科学的リテラシーは国内レベルでも国際レベルでも重要となる（UNEP, 2012）。しかし，こうした問題の多くは地域レベルで生じており，そこで個人は自身の健康と食料供給に影響する慣行や，物資や新しいテクノロジーの適切な利用，エネルギーの使用についての決定に直面する可能性がある。こうした課題の全てに対処するには，科学とテクノロジーによる大きな貢献が必要となる。しかし，欧州委員会が論じているように，科学とテクノロジーに関係した政治的・倫理的ジレンマに対する解決策は，「若者が科学的な意識をある程度持っていない限り，確かな情報に基づく議論の対象にはなり得ない」（欧州委員会，1995, p.28）。さらに，「これは全ての人を科学の専門家にすることではなく，自らの環境に影響する選択を行う際に誰もが見識を持ってその役割を果たし，専門家の議論がもたらす社会的な含意を大まかに理解できるようにすることを意味している」（同書，p.28）。したがって，科学と科学に基づくテクノロジーの知識が人々の個人的，社会的，職業的な生活に大きく貢献していることを考えれば，科学とテクノロジーを理解することは若者の「生活への準備」にとって重要である。

科学とテクノロジーは目的・プロセス・成果の面で全く異なるものであるが，本枠組みにおける科学的リテラシーの概念は，科学の知識と科学に基づくテクノロジーの知識の両方に関係する。テクノロジーは人間の問題にとって最適な解決策を見つけようとするものであり，最適な解決策は複数存在することもある。これに対し，科学は自然界や物質界についての具体的な疑問に対する答えを探し求めるものである。それにもかかわらず，両者は密接に関係している。例えば，新しい科学的知識は新しいテクノロジーの発展を導く（材料科学の進歩によって，1948 年にトランジスタが開発された）。同様に，新しいテクノロジーが新しい科学的知識をもたらす場合もある（より優れた性能を持つ望遠鏡の開発を通じて，我々の宇宙に関する知識は大きく変化した）。個人として我々は，新たなテクノロジーの傾向に影響を与える決定と選択を行う（一層小型で燃料効率の良い自動車を運転することなど）。そのため，科学的リテラシーを身に付けた個人は，より確かな情報に基づく選択を行うことができるはずである。また，そうした者が認識できると考えられるのは，科学とテクノロジーは解決策の源であることが多いものの，逆説的ではあるが，リスクの源として考えることもでき，科学とテクノロジーによってでしか解決できない新たな問題を生み出すということである。それゆえ，科学的知識を自身や社会に適用することで起こり得る利害について，個人は考量できなくてはならない。

また，科学的リテラシーは，科学の概念及び理論に関する知識ばかりではなく，科学的探究に関連する一般的な手続と実践，及びそれによって科学をどのように進歩させられるかについての知識も必要とする。したがって，科学的リテラシーを身に付けた個人は，科学的思考と技術的思考の基礎となる主な概念とアイデアに関する知識を持つ。具体的には，そうした知識がどのように導き出されてきたのかや，証拠や論理的説明によってそうした知識がどの程度正当化されるかについてである。

21 世紀における課題の多くが，科学的思考と科学的発見に基づく革新的な解決策を必要とすることは明らかである。そのため，社会にとって必要となるのは，高学歴の科学者集団が研究に取り組み，世界が直面する経済的，社会的，及び環境に関する課題に対応する上で不可欠となるイノベーションを促進することである。

以上の理由から，科学的リテラシーはキー・コンピテンシー（主要能力）と考えられ（Rychen and Salganik, 2003），知識と情報を相互作用的に活用する能力の観点から定義される。つまり，科学的リテラシーとは，「人が世界と相互作用する方法をそれ（科学の知識）がどのように変えるのか，またより幅広い目標を達成するためにどのように利用され得るのかに関する理解である」（p.10）。このため，科学的リテラシーは全ての生徒にとって科学教育の主要な目標に相当する。したがって，15 歳の生徒を対象としたこの 2015 年国際調査の基礎となる科学的リテラシーの見解は，次の問いに答えるものである：科学とテクノロジーが関係する状況において，若者たちは何を知り，何を価値付け，何ができることが重要であるか。

第１節　科学的リテラシーの定義

科学教育の望ましい成果に関する現在の考え方は，科学の理解は非常に重要であるため，あらゆる若者の教育の要点にすべきであるという信念に強く根差している（アメリカ科学振興協会［American Association for the Advancement of Science］, 1989; Confederacion de Sociedades Cientificas de España, 2011; Fensham, 1985; Millar and Osborne, 1998; 全米研究評議会［National Research Council］, 2012; Sekretariat der Ständigen Konferenz der Kultusminister der Länder in der Bundesrepublik Deutschland（KMK）, 2005; 台湾教育部［Taiwan Ministry of Education］, 1999）。確かに，数多くの国で科学は幼稚園から義務教育の修了まで学校教育課程の必修要素である。

上記の文書と政策綱領の多くでは，市民としての教育の方が優位に立っている。しかし，世界における学校科学のカリキュラムの多くが，科学教育の主な目的は次世代を担う科学者の養成であるべきという見解に基づいている（Millar and Osborne, 1998）。この二つの目的は必ずしも両立するとは限らない。科学者になるつもりはない多数派の生徒のニーズと科学者になるつもりである少数派の生徒のニーズの対立を解消しようとする試みによって，探究を通じた科学の指導（米国科学アカデミー［National Academy of Science］, 1995; 全米研究評議会［National Research Council］, 2000）と両派のニーズに応える新しいカリキュラムモデル（Millar, 2006）に重点が置かれるようになった。こうした枠組みやそれに関連するカリキュラムで重視されるのは，科学的知識を「作り出す者」，すなわち未来の科学者となる個人を生み出すことではない。むしろ，確かな情報に基づいて批判的に科学的知識を使いこなすよう若者を教育していくことが重視されている。

科学とテクノロジーに関する問題についての批判的議論を理解し，それに参加するには，この分野に特有な三つの能力（コンピテンシー）が必要となる。一つ目は，自然現象，技術的人工物やテクノロジー，及びそれらの社会に対する含意を説明する能力である。こうした能力は，科学の基本的な考えに関する知識や，科学の実践及び目的の枠組みとなるような問いに関する知識を必要とする。二つ目は，科学的探究の知識を身に付けて理解することで，科学的探究によって解決できる問いを特定したり，適切な手続が踏まれてきたかどうかを見極めたり，そうした問いを解決できるかもしれない方法を提案したりする能力である。三つ目は，データや証拠を科学的に解釈・評価し，結論が正当であるかどうかを評価する能力である。したがって，PISA2015年調査における科学的リテラシーは，次の三つのコンピテンシーによって定義される。

- 現象を科学的に説明する。
- 科学的探究を評価して計画する。
- データと証拠を科学的に解釈する。

これらのコンピテンシーは全て知識を必要とする。例えば，科学的現象及び技術的現象を説明するには，科学の内容に関する知識（以下，内容に関する知識と呼ぶ）が必要となる。しかし，二つ目と三つ目に挙げたコンピテンシーには，我々が知っていることに関する知識以上のものが求められる。これらのコンピテンシーが依拠するのは，科学的知識がどのように確立されるかについての理解とその知識が持つ信頼度である。「科学の本質」（Lederman, 2006），「科学に関する考え」（Millar and Osborne, 1998），「科学的実践」（全米研究評議会［National Research Council］, 2012）と様々に呼ばれてきたものを指導することについて賛成の議論もされてきた。科学的探究の特徴を認識して特定するには，科学的知識を確立するために用いられる様々な手法と実践の基礎である標準的な手続に関する知識（以下，手続に関する知識と呼ぶ）が必要となる。最後に，これら三つのコンピテンシーは認識に関する知識を必要とする。つまり，科学的探究の共通実践に関する根本原理，生み出された知識に関する主張のステータス，理論・仮説・データといった基本用語の意味について理解することが求められる。

コラム 2.1　科学的知識：PISA2015 年調査の用語

本書は，科学的知識は三つに区別できるが互いに関連した要素で構成されるという見解に基づいている。これらの要素のうち，最初に挙げる最も身近なものは，科学が確立されてきた自然界に関する事実，概念，アイデア，理論の知識である。例えば，光や二酸化炭素，物質の微粒子特性を用いて，植物が複合分子を合成する方法である。この種の知識は，**「内容に関する知識」**又は「科学の内容に関する知識」と呼ばれる。

科学者が科学的知識を確立するために用いる手続についての知識は，**「手続に関する知識」**と呼ばれる。これは，実証的探究が依拠する実践と概念に関する知識であり，具体的には，誤差を最小限にして不確実性を低減するために測定を繰り返すこと，変数を制御すること，及びデータを表現して伝えるための標準的な手続である（Millar, Lubben, Gott and Duggan, 1995）。特に最近では，これらは一連の「証拠の概念」として詳しく述べられている（Gott, Duggan and Roberts, 2008）。

さらに，実践としての科学を理解することには**「認識に関する知識」**も必要であり，これは科学における知識構築の過程に不可欠な，（科学に）特有の構成概念や（科学に）典型的な特性の役割を理解することに関連している（Duschl, 2007）。認識に関する知識に含まれるものは，問い・観察・理論・仮説・モデル・論（アーギュメント）が科学において担う機能についての理解，科学的探究の多様な形態の認識，信頼できる知識の確立において専門家同士の相互評価（ピア・レビュー）が果たす役割である（訳注：アーギュメントとは，事実と理由付けを提示しながら，自らの主張を相手に伝える過程を指す）。

これら三つの形態の知識については，科学的知識に関する後節と図2.5，図2.6，図2.7でより詳細に取り上げる。

科学的探究の対象となり得る問いを特定したり，主張を正当化するために適切な手続が踏まれたかどうかを判断したり，科学的問題を価値観の問題や経済的な検討事項と区別したりする上で，手続に関する知識と認識に関する知識の両方が必要となる。科学的リテラシーのこうした定義では，生涯の間に個人は科学的な調査ではなく，図書館やインターネットなどのリソースを通じて知識を獲得する必要があることを想定している。手続に関する知識と認識に関する知識は，現代メディアに広がる多くの知識や理解の主張が適切な手続の使用に基づき，証明されているかどうかを判断する上で不可欠である。

科学的リテラシーの三つのコンピテンシーを発揮するには，この三形態の科学的知識が全て必要となる。PISA2015年調査が焦点を当てているのは，個人的，地域的／国内的（これらは一つのカテゴリーにまとめる），地球的な文脈の中で15歳児が前述した三つのコンピテンシーをどの程度適切に発揮できるかを評価することである（PISA調査の目的上，これらのコンピテンシーは15歳の生徒が既に身に付けたと想定される知識の範囲内で評価される）。この観点は，内容に関する知識を中心とする多くの学校科学のカリキュラムにおける観点とは異なっている。むしろ，本枠組みは積極的な市民が必要とする科学の知識の種類について，より幅広い見解に基づいている。

さらに，このようなコンピテンシーに基づく観点では，生徒がこれらのコンピテンシーを示す際に情意的な要素が関係するということが認識されている。つまり，科学に対する生徒の態度や性向が，生徒の関心のレベルを決定し，科学への関与を維持させ，生徒が行動を起こす動機となり得るのである（Schibeci, 1984）。それゆえ，一般的に科学的リテラシーを身に付けた者は，科学的な話題に関心を示し，科学が関連する諸問題に関わり，テクノロジーや資源及び環境の問題に配慮し，個人的及び社会的な観点から科学の重要性について熟考する。こうした要件が意味するのは，科学的リテラシーを身に付けた個人が必ずしも科学者を志望するということではない。むしろ，こうした個人は，科学やテクノロジー及びこの分野における研究が我々の思考の大半を形成する現代文化にとって欠かせない要素であることを認識している。

PISA2015年調査における科学的リテラシーの定義（コラム2.2を参照）は，こうした考察によって導かれたものである。「科学」ではなく「科学的リテラシー」という用語が用いられているのは，PISA調査の科学は実生活の状況という文脈において科学的知識を適用するという位置付けで評価されるということを強調するためである。

コラム 2.2　PISA2015 年調査における科学的リテラシーの定義

科学的リテラシーとは，思慮深い市民として，科学的な考えを持ち，科学に関連する諸問題に関与する能力である。科学的リテラシーを身に付けた人は，科学やテクノロジーに関する筋の通った議論に自ら進んで携わり，それには以下の能力（コンピテンシー）を必要とする。

- **現象を科学的に説明する**：自然やテクノロジーの領域にわたり，現象についての説明を認識し，提案し，評価する。
- **科学的探究を評価して計画する**：科学的な調査を説明し，評価し，科学的に問いに取り組む方法を提案する。
- **データと証拠を科学的に解釈する**：様々な表現の中で，データ，主張，論（アーギュメント）を分析し，評価し，適切な科学的結論を導き出す（訳注：アーギュメントとは，事実と理由付けを提示しながら，自らの主張を相手に伝える過程を指す）。

1.1　科学的リテラシーに必要な能力（コンピテンシー）

1.1.1　コンピテンシー 1：現象を科学的に説明する

科学の文化的な成果は，自然界（本書における「自然界」とは，生物界や物質界で起こっている物体や活動に関係する現象のことを指す）に対する我々の理解を変えてきた一連の説明的理論を構築してきたことである。具体的には，地球の自転によって昼と夜が生まれるという考えや，目に見えない微生物が病気を引き起こす恐れがあるという考えなどである。さらに，こうした知識によって，我々は人間の生活を支えるテクノロジーを進歩させることができ，病気を予防することや人間が瞬時に世界中でコミュニケーションを行うことが可能となった。このように，科学的及び技術的な現象を説明する能力（コンピテンシー）は，科学のこうした主要な説明的概念に関する知識に依拠している。

しかし，科学的現象を説明するには，理論，説明的概念，情報，事実（内容に関する知識）を想起して使う能力以上のことが求められる。また，科学的な説明を行うには，こうした知識がどのように導き出されてきたのかや，科学的主張に対する我々の信頼度がどれぐらいかについて理解する必要がある。このコンピテンシーにおいて個人が必要とするのは，こうした知識を得るために科学的探究で用いられる標準的な形態・手続に関する知識（手続に関する知識）と，標準的な形態・手続が科学によって生み出される知識を正しいと証明する上で果たす役割と機能についての理解（認識に関する知識）である。

1.1.2　コンピテンシー 2：科学的探究を評価して計画する

科学的リテラシーは，生徒が科学的探究の目的（自然界についての信頼できる知識を生み出すこと）をある程度理解するべきであると示唆している（Ziman, 1979）。実験室あるいは野外における観察と実験によって収集されたデータは，その後の実験で検証できる予測を可能にするモデルと説明的仮説の展開につながる。しかしながら，新しい考えはこれまでに得た知識に基づいて構築されることが一般的である。科学者は単独で研究することはめったになく，研究グループやチームの一員として国内外の同僚と一緒に広範な共同研究に従事する。新しい知識に関する主張は常に暫定的なものとみなされ，批判的なピア・レビューを受けると正当性を欠く場合もある。このことは，科学的知識の客観性を確保するために，科学界が築き上げてきたメカニズムである（Longino, 1990）。それゆえ，科学者にはその研究結果と証拠を得るために用いた手法の公表や報告を行う義務がある。そうすることによって，少なくとも原理上は実証的研究を再現することが可能となり，結果が確認されるか，あるいは異議がとなえられる。しかし，測定が完全に正確であることは決してなく，いずれの測定にも多少の誤差は含まれている。したがって，実験科学者による研究の大半は不確実性の解消に当てられ，それには測定の反復，より大規模なサンプルの収集，一層正確な手段の確立，あらゆる結果の信頼度を評価する統計手法の活用を通じている。

さらに，科学にはあらゆる実験の基礎となる確立した手続が存在し，それによって原因と結果が立証される。条件制御を使用すれば，認識された結果におけるいかなる変化も一つの具体的な特性における変化に原因があると，科学者は主張することができる。こうした技法を用いなければ，結果は混乱して信頼できないという結論に至ってしまう。同様に，「二重遮蔽法（double masking technique）」を行うことで，結果が被験者や実験者自身による影響を受けていないことを主張できる。分類学者や生態学者といった他の科学者は，自然界における基本的なパターンと相互作用を特定するプロセスに携わり，こうしたことは説明追究のための論拠となる。進化，プレートテクトニクス，気候変動といった別の場合には，科学者は一連の仮説を検証し，証拠と合致しない仮説を除外する。

こうしたコンピテンシーを使いこなすには，内容に関する知識，科学で用いられる一般的な手続に関する知識（手続に関する知識），これらの手続が科学によって提示される主張を正当化する際に果たす機能に関する知識（認識に関する知識）を活用する。手続に関する知識と認識に関する知識は，二つの機能を果たす。第一に，このような知識は，個人が科学的な調査を評価し，それが適切な手続を踏んでいるかどうかや結論に根拠があるかどうかを判断する際に必要となる。第二に，こうした知識のある個人は，科学的な問いが適切に調査され得る方法を，少なくとも大まかには提案することができるはずである。

1.1.3　コンピテンシー3：データと証拠を科学的に解釈する

データの解釈は全ての科学者にとって核心となる活動であるため，そのプロセスに関する一定の初歩的な理解は科学的リテラシーにとって必須である。最初に，データの解釈はパターンを探り，簡単な表を作成して，円グラフ，棒グラフ，散布図，ベン図などの図による視覚化を行うことから始まる。もっと高いレベルでは，より複雑なデータセットの使用と，スプレッドシートや統計パッケージに用意されている分析ツールの利用が必要となる。しかし，このコンピテンシーを単にこうしたツールを使うための能力と捉えるのは誤りであろう。何が信頼できる妥当な証拠の構成要素なのか，そして，いかにしてデータを適切に表示するのかを認識するには，相当量の知識が必要となる。

グラフ，図，さらには複雑なシミュレーションや三次元の視覚化によってデータを表現する方法を科学者は選択する。いかなる関係やパターンも，標準的なパターンの知識を用いて読み取らなければならない。また，標準的な統計的手法によって，不確実性が最小限に抑えられているかどうかも考慮されなければならない。こういったことの全てが一連の手続に関する知識を利用する。さらに，科学的リテラシーを身に付けている個人は，不確実性は全ての測定に内在する特性であることや，研究結果が偶然によって生じたものであるかもしれない確率を決定することが結果への信頼性を表現するための一つの評価基準であることも理解していることが期待される。

しかし，データセットを得るために使われてきた手続を理解するだけでは不十分である。科学的リテラシーを身に付けた個人は，その手続が適切であり，その後の主張が正当化されるかどうかを判断できなくてはならない（認識に関する知識)。例えば，データセットの多くが多様な解釈をされる場合がある。最も適切な結論がどれかを判断する上で，アーギュメンテーションと批判は不可欠である。

新しい理論，過去にないようなデータ収集の方法，古いデータの斬新な解釈のいずれにしても，アーギュメンテーションは科学者と科学技術者が新しい考えについて証拠を挙げながら主張するために用いる手段である。そのため，科学者間の意見の相違は正常なものであり，異常なものではない。どの解釈が最良かを決めるには，科学の知識（内容に関する知識）が必要となる。このような批判とアーギュメンテーションのプロセスを通じて，主要な科学的アイデアや科学的概念の一致が得られるのである（Longino, 1990)。確かに，実験から得たあらゆる証拠に対して批判的で懐疑的な見方をする性向はプロの科学者の証であると多くの人が考えるだろう。科学的リテラシーを身に付けた個人は，アーギュメントや批判が持つ機能と目的，及びそれが科学における知識の構築にとって欠かせない理由を理解している。さらに，科学的リテラシーを身に付けた人は，データによって正当化された主張を構成する能力も，他者のアーギュメントにある欠点を突き止める能力も持っているはずである。

1.2　PISA 調査における科学的リテラシーの定義の変遷

PISA2000 年調査及び 2003 年調査において，科学的リテラシーは次のように定義された：

「科学的リテラシーとは，自然界及び人間の活動によって起こる自然界の変化について理解し，意思決定するために，科学的知識を使用し，課題を明確にし，証拠に基づく結論を導き出す能力である」（OECD, 2000, 2004）

2000 年と 2003 年においては，「科学的知識」という一つの用語の中に科学の知識と科学についての理解がまとめられていた。2006 年の定義では，「科学的知識」という用語を分解・精緻化し，「科学的知識」は「科学の知識」と「科学についての知識」という二つの構成要素に分けられた（OECD, 2006)。しかし，いずれの定義でも，自然界を理解し，それについて確かな情報に基づく決定を下す際に科学的知識を適用することについて言及している。PISA2006 年調査では，科学とテクノロジーの関係（2003 年の定義でも想定されていたが，詳述されなかった）についての知識が加えられたことで，定義は拡充された。

「PISA2006 年調査の目的において，『科学的リテラシー』は個々人の次の能力に注目する。

- **疑問を認識し，新しい知識を獲得し，科学的な事象を説明し，科学が関連する諸問題について証拠に基づいた結論を導き出すための科学的知識とその活用。**

・科学の特徴的な諸側面を人間の知識と探究の一形態として理解すること。
・科学とテクノロジーが我々の物質的，知的，文化的環境をいかに形作っているかを認識すること。
・思慮深い一市民として，科学的な考えを持ち，科学が関連する諸問題に，自ら進んで関わること。」（OECD, 2006）

PISA2015年調査における科学的リテラシーの定義は，こうした考えを更に発展させたものである。これまでの定義との主な違いは，「科学についての知識」の概念をより明確化して，二つの構成要素（手続に関する知識と認識に関する知識）に分けたことである。

2006年には，PISA調査の枠組みも拡大され，科学的及び技術的な問題に対する生徒の反応といった態度に関する側面が科学的リテラシーの構成概念に含まれるようになった。2006年調査においては，二つの方法（生徒質問紙及びテストに組み込まれた問題）を通じて態度が測定された。しかし，全ての生徒の「科学への興味・関心」とこうした問題における性別間での違いについて，テストに組み込まれた問題から得られる結果と生徒質問調査から得られる結果の間で矛盾が見られた（OECD, 2009; Drechsel, Carstensen and Prenzel, 2011も参照）。それ以上に，態度を測定するための問題を組み込んだことにより，テストの長さが延びた。そのため，PISA2015年調査では，態度に関する側面は生徒質問調査のみを通じて測定され，テストには態度に関する問題は組み込まれていない。

こうした態度に関する領域において測定される構成概念については，一つ目（「科学への興味・関心」）と三つ目（「環境への意識」）は2006年調査時と同じままである（訳注：三つ目の「環境への意識（environmental awareness）」は2006年の枠組みでは「資源と環境に対する責任（responsibility towards resources and environment）」となっており，実際には原文が変更されている）。二つ目の「科学的探究の支持」は，「探究に対する科学的アプローチへの価値付け」に変更されている。これは，測定されるものをより明確に反映するための，専門用語における極めて重要な変更である。

さらに，PISA2015年調査における文脈は，表題をより一貫させるために，2006年調査時の「個人的」「社会的」「地球的」から「個人的」「地域的／国内的」「地球的」に変更されている。

第2節　科学的リテラシー分野の構成

PISA2015年調査で用いる科学的リテラシーの定義は，四つの相互に関係する要素から構成される（図2.1，図2.2を参照）。

2.1　調査問題の文脈

PISA2015年調査は，参加国の科学のカリキュラムに関係する文脈の中で科学的知識を評価する。しかし，こうした文脈が参加国のカリキュラムの共通する側面に限定されることはない。むしろ，この調査で求められるのは，個人的，地域的／国内的，地球的な文脈を反映する状況において，科学的リテラシーに必要な三つの能力（コンピテンシー）を上手に使っているという証拠である。

図 2.1　PISA2015 年調査の科学的リテラシー評価の枠組みにおける要素

文脈	個人的，地域的／国内的，地球的な諸問題。これらは最近のものから歴史的なものまで，科学とテクノロジーに関するある程度の理解を要求する。
知識	科学的知識の基礎となる主要な事実，概念及び説明的理論に関する理解。このような知識に含まれるのは，自然界と技術的人工物の両方に関する知識（内容に関する知識），こうした考えがどのように生み出されるかに関する知識（手続に関する知識），こうした手続の根底にある根本原理及びその手続を用いることの正当性に関する理解（認識に関する知識）である。
能力（コンピテンシー）	現象を科学的に説明する能力。科学的探究を評価して計画する能力。データと証拠を科学的に解釈する能力。
態度	科学に対する一連の態度。科学とテクノロジーへの興味・関心，探究に対する科学的アプローチへの価値付け，場合によっては，環境問題への理解と意識によって示される。

図 2.2　四つの要素における相互関係

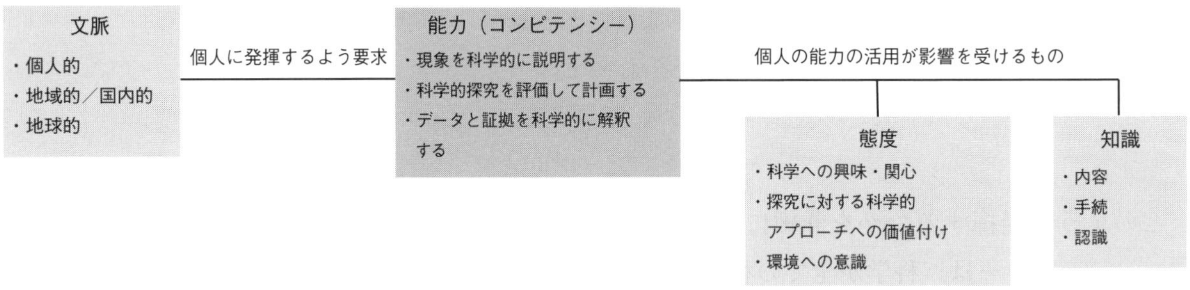

調査問題が学校科学の文脈に限定されることはない。PISA2015 年科学的リテラシー調査では，自分自身，家族，仲間集団（個人的），地域社会（地域的／国内的），世界中で営まれる生活（地球的）に関連する状況に重点が置かれる。テクノロジーに基づくトピックは，共通の文脈として用いられる場合がある。トピックによっては歴史的文脈に置かれる場合もあり，こうした文脈は科学的知識の進歩に関係するプロセスや実践についての生徒の理解を評価する際に用いられる。

図 2.3 は，科学やテクノロジーに関する諸問題が，個人的，地域的／国内的，地球的な場面においてどのように適用されるのかを示したものである。文脈は，生徒の関心・生活との関連性を考慮して選択される。適用領域は，健康と病気，天然資源，環境の質，災害，最先端の科学とテクノロジー（訳注：原文は “Frontiers of science and technology” で，過去の PISA 調査の枠組みにおいて「科学とテクノロジーのフロンティア」と訳されていたものと同じ適用領域を指す。この用語の本来の意味をより明確に伝えるために訳語を変更した）である。これらは生活の質の向上・維持や公共政策の展開において，個人や地域社会にとって科学的リテラシーが特に価値を持つ領域である。

しかし，PISA 調査における科学の評価は，文脈の評価ではない。むしろ，それは具体的な文脈における能力（コンピテンシー）と知識を評価するものである。こうした文脈の選択は，生徒が 15 歳までに獲得している可能性の高い知識と理解に基づいて行われる。

言語や文化の違いに対する配慮は，問題の開発と選択において特に重要視される。これは，評価の妥当性のためだけではなく，参加国間のそうした違いを尊重するためでもある。

図 2.3　PISA2015 年科学的リテラシー調査における文脈

	個人的	地域的／国内的	地球的
健康と病気	健康の管理，事故，栄養	病気の予防，社会的伝染，食品の選択，地域保健	伝染病の流行，感染症のまん延
天然資源	物質とエネルギーの個人消費	人口の維持，生活の質，安全，食糧の生産と配分，エネルギー供給	再生可能・非再生可能な自然のシステム，人口増加，持続可能な種の利用
環境の質	環境に配慮した行為，物資の使用と廃棄	人口分布，廃棄物処理，環境への影響	生物多様性，生態系の持続可能性，環境汚染の制御，土壌／バイオマスの生成と喪失
災害	生活様式の選択に関するリスク評価	急激な変化（例えば，地震，悪天候），漸進的変化（例えば，沿岸の浸食，沈降），リスク評価	気候変動，現代的コミュニケーションのインパクト
最先端の科学とテクノロジー	趣味や個人のテクノロジー・音楽・スポーツ活動における科学的側面	新素材，装置と処理過程，遺伝子操作，健康テクノロジー，輸送	種の絶滅，宇宙探査，宇宙の起源と構造

2.2　科学的能力（コンピテンシー）

図 2.4a，図 2.4b，図 2.4c は，科学的リテラシーに必要な三つの能力（コンピテンシー）を生徒がどのように発揮するのかを詳細に説明している。図 2.4a，図 2.4b，図 2.4c に示した一連の科学的コンピテンシーは，科学が全ての科学に共通する社会的及び認識的実践の調和のとれた総体として捉えられることが最も多いという見解を反映している（全米研究評議会［National Research Council］, 2012）。したがって，これら全てのコンピテンシーは行為として構成される。これらは，科学的リテラシーを身に付けた人が何を理解し，実行できるかについての考えを伝えるために，このように記述される。こうした実践を淀みなく行うことは，熟達した科学者と初心者とをある程度区別する。15 歳の生徒が科学者の専門知識を持っていると想定するのは合理的ではないだろうが，科学的リテラシーを身に付けた生徒がこうした実践の役割と重要性を理解し，それらを使ってみようとすることは期待できる。

図 2.4a　PISA2015 年調査における科学的能力（コンピテンシー）：現象を科学的に説明する

現象を科学的に説明する
以下の能力を発揮して，自然やテクノロジーの領域にわたり，現象についての説明を認識し，提案し，評価する。 ・適切な科学的知識を想起し，適用する。 ・説明的モデルと表現を特定し，利用し，生み出す。 ・適切な予測をして，その正当性を証明する。 ・説明的仮説を提示する。 ・科学的知識が社会に対して持つ潜在的な含意を説明する。

現象を科学的に説明するコンピテンシーを発揮するには，生徒は与えられた状況において適切な内容に関する知識を想起し，それを用いて関心のある現象について解釈し，説明する必要がある。このような知識は，知識やデータが欠如している文脈において，暫定的な説明的仮説を生み出すために利用される場合もある。科学的リテラシーを身に付けた人は，標準的な科学的モデルを活用す

ることで，日常における現象（例えば，抗生物質がウイルスを殺さない理由，電子レンジが働く仕組み，気体は圧縮できるのに液体はできない理由）を説明するための簡単な表現を構成し，これらを利用して予測を立てることができると想定される。このコンピテンシーには，現象を記述又は解釈し，起こり得る変化を予測する能力も含まれる。さらに，適切な記述，説明，予測を認識あるいは特定することが含まれる場合もある。

図 2.4b　PISA2015 年調査における科学的能力（コンピテンシー）：科学的探究を評価して計画する

科学的探究を評価して計画する

以下の能力を発揮して，科学的な調査を説明及び評価し，科学的に問いに取り組む方法を提案する。

・与えられた科学的研究で探究される問いを特定する。
・科学的に調査できる問いを区別する。
・与えられた問いを科学的に探究する方法を提案する。
・与えられた問いを科学的に探究する方法を評価する。
・データの信頼性や説明の客観性及び一般化可能性を確保するために，
　科学者が用いる方法を説明し，評価する。

科学的探究を評価して計画するコンピテンシーは，科学的な研究結果や調査の報告を批判的に評価する上で必要とされる。この能力が依拠するのは，科学的な問いを他の形態の探究と区別する能力，あるいは与えられた文脈で科学的に調査できる問いを認識する能力である。このコンピテンシーは，科学的調査の主要な特徴に関する知識を必要とする。例えば，正確で精密なデータを収集するにはどのようなものを測定すべきか，どのような変数を変化させ，あるいは統制すべきか，どのような行動を取るべきかについての知識である。この能力にはデータの質を評価する力が求められ，このことはデータが必ずしも完全に正確とは限らないと認識することに依拠している。また，調査が根底にある理論的前提によって推進されているかどうか，あるいはパターンを決めようとしているかどうかを見極める力も，この能力において必要とされる。

また，科学的リテラシーを身に付けた人は，与えられた科学的探究の価値を判断する上で既存の研究が重要であることも認識できるべきである。こうした知識は，作業を位置付け，起こり得る結果の重要性を判断するのに必要となる。例えば，マラリアワクチンの探究は数十年間にわたって継続している科学的研究プログラムであることが知られ，マラリア感染によって亡くなった人の数を考えると，ワクチンが達成可能であろうと示唆した研究結果はいずれも極めて重要である。

図 2.4c　PISA2015 年調査における科学的能力（コンピテンシー）：データと証拠を科学的に解釈する

データと証拠を科学的に解釈する

以下の能力を発揮して，様々な表現における科学的なデータ，主張，論（アーギュメント）を分析及び評価し，適切な結論を導き出す。

・ある表現から別の表現へデータを変換する。
・データを分析及び解釈し，適切な結論を導き出す。
・科学関連のテキストにおける仮定，証拠，推論を見極める。
・科学的な証拠及び理論に基づくアーギュメントと，その他の熟考に基づくアーギュメントを区別する。
・様々なソース（例えば，新聞，インターネット，定期刊行物）からの科学的アーギュメント及び証拠を評価する。

さらに，科学における全てのマスコミ報道に対して懐疑的な態度を発達させることの重要性を，生徒は理解する必要がある。全ての研究は先行研究に基づいていること，いずれか一つの研究結果には常に不確実性があること，研究が資金源によって偏っている恐れがあることを，生徒は認識する必要がある。このコンピテンシーにおいて生徒に求められるのは，手続に関する知識と認識に関する知識を両方持っていることである。程度の差はあれ，科学の内容に関する知識の活用が必要な場合もある。

科学的リテラシーを身に付けた人は，主張したり結論を導き出したりする上で用いられる基本的な形態の科学的データや証拠を解釈し，理解できる必要がある。こうしたコンピテンシーを発揮するには，三つの形態の科学的知識が全て必要となる。

このコンピテンシーを備えている人は，必要に応じて図表などの表現を用いながら，自分自身の言葉で科学的な証拠の意味及び特定の聞き手や読み手に対するその含意を解釈できるはずである。こうしたコンピテンシーに必要なのは，データを分析又は要約するための数学的ツールの使用と，データを別の表現へ変換する標準的な手法を用いる能力である。

また，このコンピテンシーには科学的情報を入手し，科学的な証拠に基づいてアーギュメントや結論を生み出したり評価したりすることも含まれる（Kuhn, 2010; Osborne, 2010）。さらには，証拠を用いて別の結論を評価すること，手続に関する知識又は認識に関する知識を用いて与えられた結論を支持あるいは反対する理由を挙げること，結論に達する際に想定したものを見極めることが含まれる場合もある。つまり，科学的リテラシーを身に付けた人は，証拠と結論のつながりに論理性があるのか，又は欠陥があるのかを見極めることができなくてはならない。

表 2.1 に示すのは，PISA2015 年科学的リテラシー調査の問題をコンピテンシー別に配分した際の望ましい割合である。

表 2.1　能力（コンピテンシー）別に見た問題の望ましい配分

能力（コンピテンシー）	合計した問いの割合（%）
現象を科学的に説明する	40–50
科学的探究を評価して計画する	20–30
データと証拠を科学的に解釈する	30–40

2.3　科学的知識

2.3.1　内容に関する知識

PISA2015 年科学的リテラシー調査では，科学の内容領域において一つのサンプルしか評価できないため，評価する知識を選ぶ際には明確な基準が用いられる。その基準が適用されるのは，物理学，化学，生物学，地球宇宙科学といった主要な領域の知識で，以下のような条件を備えた知識が選択される。

- 実生活における状況に関連している。

●永続的な有用性のある重要な科学的概念又は主要な説明的理論を表している。
●15 歳児の発達レベルに適切である。

したがって，宇宙の歴史や規模，物質の粒子モデル，自然淘汰による進化理論といった科学に関する主要な説明的見解及び理論について，生徒はある程度の知識を持って理解していると想定される。これらの主要な説明的見解の例は，例証を目的として挙げられており，科学的リテラシーを身に付けた個人にとって基礎になると考えられる全ての見解や理論を包括的に列挙する試みはこれまでにない。

図 2.5　科学の内容に関する知識

以下の知識を必要とする物理的システム
・物質の構造（例：粒子モデル，結合） ・物質の性質（例：状態変化，熱と電気の伝導性） ・物質の化学変化（例：科学反応，エネルギーの移動，酸と塩基） ・運動と力（例：速度，摩擦），遠隔作用（例：磁力，重力，静電気力） ・エネルギーとその変換（例：保存，散逸，化学反応） ・エネルギーと物質の相互作用（例：光と電波，音と地震波）
以下の知識を必要とする生命システム
・細胞（例：構造と機能，DNA，植物と動物） ・有機体の概念（例：単細胞と多細胞） ・ヒト（例：健康，栄養，消化・呼吸・循環・排せつ・生殖などのサブシステム及びそれらの関係） ・個体数（例：種，進化，生物多様性，遺伝的多様性） ・生態系（例：食物連鎖，物質とエネルギーの流れ） ・生物圏（例：生態系の助け，持続可能性）
以下の知識を必要とする地球と宇宙のシステム
・地球システムの構造（例：地圏，大気圏，水圏） ・地球システムにおけるエネルギー（例：エネルギー源，地球気候） ・地球システムの変化（例：プレートテクトニクス，地球化学的循環，構成的な力と破壊的な力） ・地球の歴史（例：化石，起源と進化） ・宇宙における地球（例：重力，太陽系，銀河系） ・宇宙の歴史と規模（例：光年，ビッグバン宇宙論）

これらの基準を適用して選ばれた内容に関する知識のカテゴリーと例を図 2.5 に示す。このような知識は，自然界について知り，個人的，地域的／国内的，地球的な文脈における経験を理解する上で必要となる。本枠組みでは，内容に関する知識の記述語として「科学」ではなく「システム」という用語を用いている。その意図は，物理的科学，生命科学，地球宇宙科学の概念について市民が理解し，知識の要素が相互依存的あるいは学際的な文脈において，それらの概念がどのように当てはまるのかを知っていなくてはならないという見解を伝えることにある。あるスケールでサブシステムとみなされる事柄が，より小さなスーケルではシステム全体とみなされる場合もある。例えば，循環系はそれ自体が一つのまとまりとして捉えられることもあるし，人体のサブシステムとして考えられることもある。分子は原子の安定した構造としてだけではなく，細胞や気体のサブシステムとしても研究される場合がある。したがって，科学的知識を適用し，科学的能力（コンピテンシー）を示すには，どのようなシステム及び境界が特定の文脈に当てはまるのかを確定させなければならない。

表 2.2 は，科学の内容別に問題を配分した際の望ましい割合を示したものである。

表 2.2　内容別に見た問題の望ましい配分

システム	合計した問いの割合（%）
物理的	36
生命	36
地球宇宙	28
合計	100

2.3.2　手続に関する知識

科学の基本的な目的は，物質界を説明する学説を生み出すことにある。最初に暫定的な学説が出され，次いで実証的探究によってそれが検証される。実証的探究は，従属変数と独立変数の概念，変数の制御，測定の種類，誤差の形態，誤差を最小にする方法，データで観察される共通のパターン，データの表現方法など，ある程度確立した概念に依存する。

科学的データの収集・分析・解釈を支える科学的探究にとって欠かせないのが，概念及び手続に関するこのような知識である。こうした考えは，「証拠の概念」とも呼ばれてきた一連の手続に関する知識を形成する（Gott, Duggan and Roberts, 2008; Millar, Lubben, Gott and Duggan, 1995）。手続に関する知識は，信頼できる有効なデータを得るために科学者が用いる標準的な手続についての知識と考えることができる。このような知識は，科学的探究に取り組む上でも，特定の主張を支持するために用いられる証拠を批判的に再検討する上でも必要となる。例えば，科学的知識にはそれに関連する確実性の程度に差があることを生徒は知っていて，光の速さの測定に対する信頼度（これは一層正確な器具を使用して何度も測定されてきた）と，北大西洋における魚種資源やカリフォルニアに生息するマウンテンライオンの個体数の測定に対する信頼度との間に違いがある理由を説明できると予想される。図 2.6 に記載された例は，評価の対象となり得る手続に関する知識の一般的特徴を示している。

図 2.6　PISA2015 年調査における手続に関する知識

手続に関する知識
・従属変数，独立変数，制御変数などの変数の概念。 ・測定の概念，例えば，定量的（測定），定性的（観察），尺度の使用，カテゴリー変数及び連続型変数。 ・測定の反復及び平均化など，不確実性を評価して最小限に抑える方法。 ・再現可能性（同一の量について繰り返し行われる測定の一致の厳密さ）とデータの正確さ（測定値と真値の一致の厳密さ）を確保するメカニズム。 ・表，グラフ，図を使ってデータを抽象化して表現する共通の方法，及びその適切な利用。 ・変数制御の方略及び実験計画におけるその役割，又は研究結果の混乱を避け，考えられる原因メカニズムを特定するための無作為化制御試験の利用。 ・与えられた科学的問いに対する適切な計画の特性，例えば，実験的，フィールドベース，パターンの追究。

2.3.3　認識に関する知識

認識に関する知識は，科学における知識構築の過程に不可欠な，（科学に）特有の構成概念や（科学に）典型的な特性の役割を理解することに関係する（Duschl, 2007）。こうした知識を持つ人は，科学的理論と仮説の違い，又は科学的事実と観察の違いについて，例を挙げながら説明することができる。また，表象的，抽象的，数学的のいずれであってもモデルは科学の主要な特徴であること，及びそのようなモデルは物質界の正確な描写というよりも地図に似ていることを知っている。こうした生徒は，物質に関するいかなる粒子モデルも物質の理想的な表象であることを認識し，ボーアモデルが原子とその構成要素について我々が知っていることに関する限定的なモデルであることを説明することができる。このような生徒は，科学で用いられる「理論（theory）」の概念が，日常語において「憶測」や「直感」と同義に使われる「理論（theory）」と同じではないことを認識している。手続に関する知識は変数制御の方略が意味するものを説明するために必要とされるが，変数制御の方略又は測定の再現が科学における知識の構築に重要である理由を説明するために必要なのは，認識に関する知識である。

また，科学的リテラシーを身に付けた個人は，科学者が主張を知識へと進展させるためにデータを活用すること，及びアーギュメントが科学の一般的な特徴であることを理解している。こうした個人が特に知っていることは，科学におけるアーギュメントには仮説演繹法のもの（例えば，太陽中心説をめぐるコペルニクスのアギューメント），帰納的なもの（エネルギー保存の法則），最良の説明に対する推論となるもの（ダーウィンの進化論や大陸移動説を関するウェグナーのアーギュメント）があるということである。さらに，新しい知識への主張を検証するために科学界が確立してきたメカニズムとして，ピア・レビューの役割と重要性も理解している。このように，認識に関する知識は，科学者が携わる手続と実践に関する根本原理，科学的探究を導く構造と重要な特徴に関する知識，及び科学が展開する自然界についての主張における信念の基礎を提供する。

図 2.7 が示すのは，科学的リテラシーに必要な認識に関する知識の主要な特徴と考えられるものである。

図 2.7　PISA2015 年調査における認識に関する知識

認識に関する知識
科学の構成と典型的な特徴 ・科学的な観察・事実・仮説・モデル・理論の本質。 ・テクノロジー（人間のニーズに対して最適な解決策を生み出すもの）とは区別される科学の目的と目標（自然界に関する説明を生み出すもの）。科学的又は技術的な問いと適切なデータを構成するもの。 ・科学の価値，例えば，公表の義務，客観性，バイアスの排除。 ・科学で用いる推論の性質，例えば，演繹的，帰納的，最良の説明に対する推論（仮説的），類推的，モデルに基づいたもの。
科学が生み出す知識を正当化する上で，これらの構成と特徴が果たす役割 ・科学におけるデータや推論によって，科学的な主張がどのように立証されるか。 ・知識の構築において様々な形態の実証的探究が担う機能，その目標（説明的仮説を検証すること，又はパターンを特定すること），その計画（観察，制御された実験，相関的研究）。 ・測定誤差が科学知識における信頼度にどのように影響するか。 ・物理的モデル・システムモデル・抽象モデルの使用と役割，及びその限界。 ・共同研究と批判の役割，科学的主張の信頼を築く上でピア・レビューがどのように役立つか。 ・社会的及び技術的な問題を特定して対処する上で，他の形態の知識とともに，科学的知識が果たす役割。

認識に関する知識は，生徒が図 2.7 に詳述した特徴を理解しているかどうかを直接的に評価するというよりも，この種の知識がある程度必要な問いを解釈して答えるよう求められる文脈において，実践的にテストされることが最も多い。例えば，データによって結論が正当化されるかどうかや，問いで提示された仮説の根拠として最適なのは証拠のどの部分であるかを特定し，その理由を説明するよう求められる場合がある。

表2.3は，知識のタイプ別に問題を配分した際の望ましい割合を示している。

表 2.3　知識のタイプ別に見た問題の望ましい配分

知識	合計した問いの割合（%）
内容	54-66
手続	19-31
認識	10-22

三つの知識――内容に関する知識，手続に関する知識，認識に関する知識――における問題の割合の望ましいバランスを表2.4に示す。これらの重み付けは過去の枠組みから概ね一貫しており，本枠組みの草案において助言に当たった専門家間での一致した見解を反映している。

表 2.4　知識に関する問題の望ましい配分

(%)

知識のタイプ	システム			
	物理的	生命	地球宇宙	システム全体
内容	20-24	20-24	14-18	54-66
手続	7-11	7-11	5-9	19-31
認識	4-8	4-8	2-6	10-22
知識のタイプ全体	36	36	28	100

2.4　問題例

本節では，科学的リテラシーの三つの問題例を示す。最初の問題例はPISA2006年調査の問題であり，PISA2006年枠組みとPISA2015年枠組みのつながりを示すために含まれている。問いは当初実施された筆記型調査に基づく形式であり，問いがどのように置き換えられて，画面上に表示されるのかを示す。問題例の二つ目は，PISA2015年科学的リテラシーの枠組みを説明するための画面上で解く新しい問題である。問題例の三つ目は，相互作用的な問題であり，科学的探究の状況をシミュレーションすることで，現実世界の場面における生徒の科学的リテラシーの習熟度を評価することができる。

科学的リテラシーのその他の問題例は，相互作用的な問題例も含めて，PISA調査のウェブサイト（*www.oecd.org/pisa/*）で入手することができる（2016年11月刊）。

2.4.1　科学的リテラシーの問題例１：温室効果

科学的リテラシーの問題例1は「温室効果」と題されており，地球の平均気温の上昇について扱っている。場面が設定された課題文は「温室効果」という用語を紹介する短いテキストで構成され，地球の平均気温及び地球の二酸化炭素の排出量に関する経年のグラフ情報が含まれている。

適用領域は，地球的な場面における「環境の質」である。

次の課題文を読んで，以下の問いに答えてください。

温室効果－事実かフィクションか？

生物は，生きるためにエネルギーを必要としている。地球上で生命を維持するためのエネルギーは，太陽から得ている。太陽が宇宙空間にエネルギーを放射するのは，太陽が非常に高温だからである。このエネルギーのごく一部が地球に達している。

空気のない世界では温度変化が大きいが，地球の大気は地表をおおう防護カバーの働きをして，こうした温度変化を防いでいる。

太陽から地球へくる放射エネルギーのほとんどが地球の大気を通過する。地球はこのエネルギーの一部を吸収し，一部を地表から放射している。この放射エネルギーの一部は大気に吸収される。

その結果，地表の平均気温は，大気がない場合より高くなる。地球の大気は温室と同じ効果がある。「温室効果」というのはそのためである。

温室効果は 20 世紀を通じていっそう強まったと言われている。

地球の平均気温は確かに上昇している。新聞や雑誌には，二酸化炭素排出量の増加が 20 世紀における温暖化の主因であるとする記事がよく載っている。

太郎さんが，地球の平均気温と二酸化炭素排出量との間にどのような関係があるのか興味を持ち，図書館で次のような二つのグラフを見つけました。

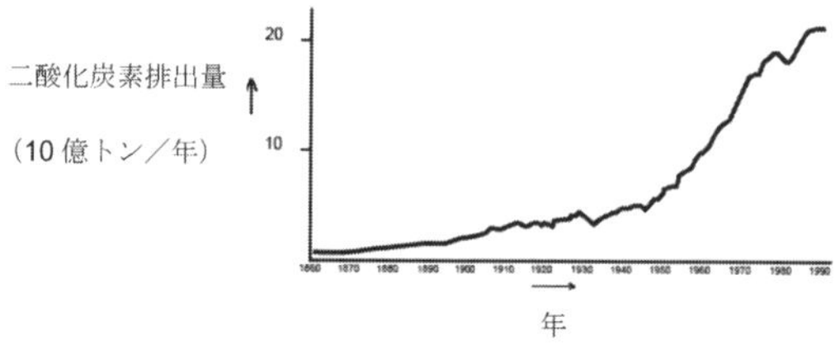

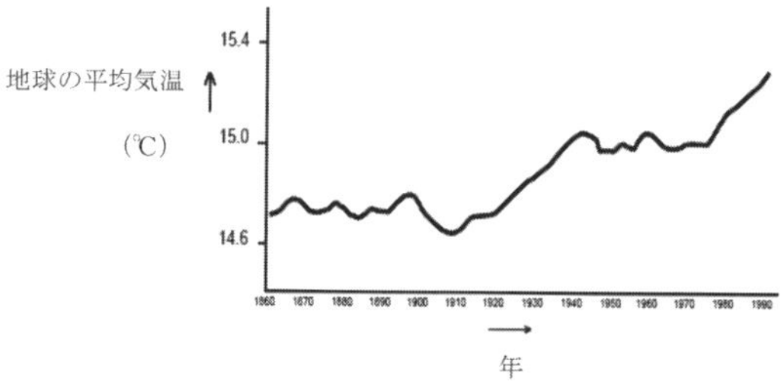

太郎さんは，この二つのグラフから，地球の平均気温が上昇したのは二酸化炭素排出量が増加したためであるという結論を出しました。

温室効果－問 1

太郎さんの結論は，グラフのどのようなことを根拠にしていますか。

図 2.8 「温室効果」問 1 における枠組みのカテゴリー

枠組みのカテゴリー	PISA2006 年枠組み	PISA2015 年枠組み
知識のタイプ	科学についての知識	認識
能力（コンピテンシー）	現象を科学的に説明する	現象を科学的に説明する
文脈	環境的，地球的	環境的，地球的
認知的要求	適用なし	中程度

問 1 は，PISA2006 年調査の枠組みと同様の能力（コンピテンシー）及び文脈のカテゴリーを用いて，PISA2015 年調査の枠組みが同じカテゴリー上にどのように位置するのかを示している。PISA2006 年調査の枠組みには科学的知識に関する二つのカテゴリーが含まれた。すなわち，科学の知識（科学の主要な分野における自然界に関する知識）及び科学についての知識（科学の方法と目的）である。PISA2015 年調査の枠組みはこれら二つの側面を精緻化し，科学についての知識を手続に関する知識と認識に関する知識に細分化する。問 1 は，データが二つのグラフにおいてどのように示されているかを理解することだけでなく，その証拠が与えられた結論を科学的に正しいと証明するものであるかどうかを考察することも求める。これは PISA2015 年調査の枠組みにおける認識に関する知識の特徴の一つである。文脈のカテゴリーは「環境的，地球的」である。PISA2015 年調査の枠組みにおける新しい特徴は，認知的要求の考慮にある（図 2.23 参照）。問 1 では幾つかの関連するステップを伴うグラフの解釈が必要となるため，枠組みにおいて認知的要求のカテゴリーは中程度である。

問 2 は，生徒に二つのグラフを詳しく検討するよう求める。知識，能力（コンピテンシー），文脈，認知的要求は，問 1 と同じカテゴリーである。

問 3 は生徒に対し，主張を根拠付けるための証拠を批判的に再検討する観点から制御変数を考察するよう求める。これは PISA2015 年調査の枠組みにおいて「手続に関する知識」に分類される。

温室効果ー問 2

花子さんという別の生徒は，太郎さんの結論に反対しています。花子さんは，二つのグラフを比べて，グラフの一部に太郎さんの結論に反する部分があると言っています。

グラフの中で太郎さんの結論に反する部分を一つ示し，それについて説明してください。

図 2.9 「温室効果」問 2 における枠組みのカテゴリー

枠組みのカテゴリー	PISA2006 年枠組み	PISA2015 年枠組み
知識のタイプ	科学についての知識	認識
能力（コンピテンシー）	現象を科学的に説明する	現象を科学的に説明する
文脈	環境的，地球的	環境的，地球的
認知的要求	適用なし	中程度

温室効果ー問３

太郎さんは，地球の平均気温が上昇したのは二酸化炭素排出量が増加したためであるという結論を主張しています。しかし花子さんは，太郎さんの言うような結論を出すのはまだ早すぎると考えています。花子さんは，「この結論を受け入れる前に，温室効果に影響を及ぼす可能性のある他の要因が一定であることを確かめなければならない」と言っています。

花子さんが言おうとした要因を一つあげてください。

図 2.10　「温室効果」問３における枠組みのカテゴリー

枠組みのカテゴリー	PISA2006 年枠組み	PISA2015 年枠組み
知識のタイプ	科学についての知識	手続
能力（コンピテンシー）	現象を科学的に説明する	現象を科学的に説明する
文脈	環境的，地球的	環境的，地球的
認知的要求	適用なし	中程度

下記のスクリーンショットは，「温室効果」の問いが画面上でどのように表示されるかを示している。テキストとグラフは基本的に変化しておらず，生徒は画面の右上にあるページめくり（page turners）を使いながら必要に応じてグラフとテキストを見る。筆記型で実施された元の問いでは論述形式であったことから，スクリーン上に表示されるコンピュータ使用型の実施においてもできる限り紙媒体を再現するため，コンピュータ画面上に記述形式の解答欄が設けられ，これによって調査実施形態間の比較可能性を保証し，データの経年比較性を保っている。

図 2.11　画面表示された「温室効果」：課題文の１ページ

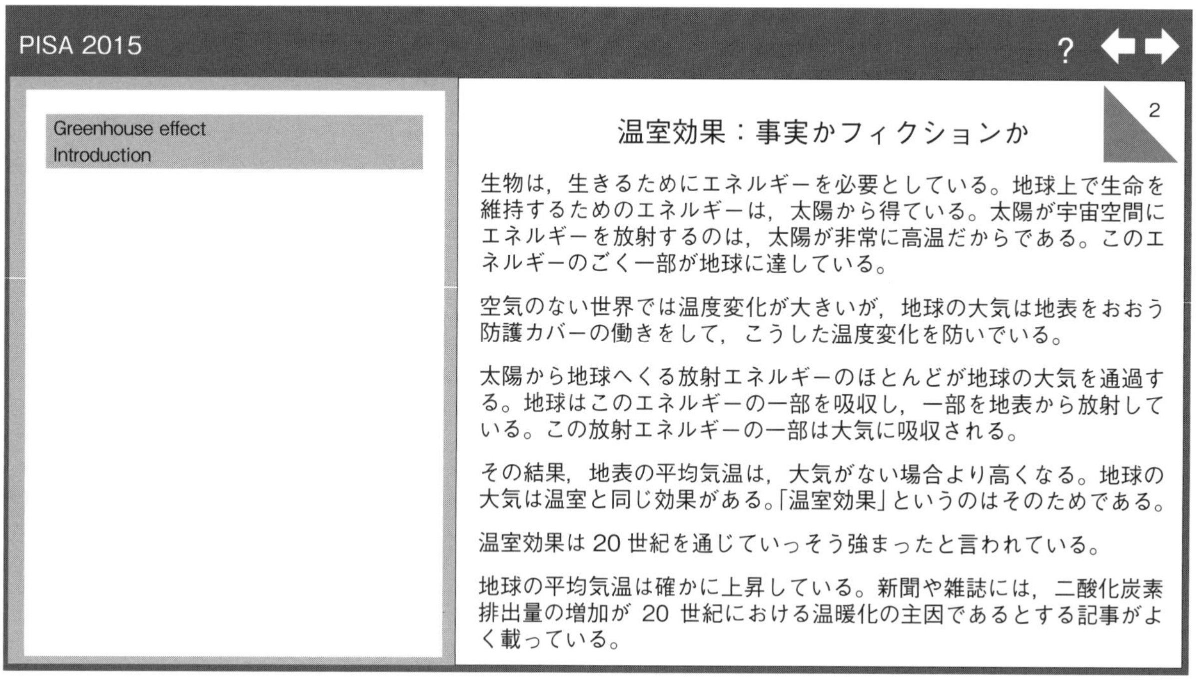

図 2.12　画面表示された「温室効果」：課題文の 2 ページ

PISA 2015　?

Greenhouse effect
Introduction

「次へ」ボタンをクリックして最初の問いに進んでください。

1　2

太郎さんが，地球の平均気温と二酸化炭素排出量との間にどのような関係があるのか　興味をもち，図書館で次のような二つのグラフを見つけました。

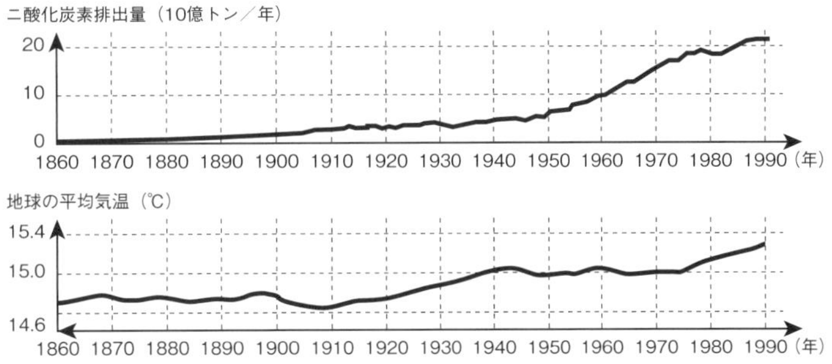

太郎さんは，この二つのグラフから，地球の平均気温が上昇したのは二酸化炭素排出量が増加したためであるという結論を出しました。

図 2.13　画面表示された「温室効果」：問 1

PISA 2015　?

Greenhouse effect
Question 1/3

下の問いの答えを入力してください。

太郎さんの結論は，グラフのどのようなことを根拠にしていますか。

温室効果：事実かフィクションか

2

生物は，生きるためにエネルギーを必要としている。地球上で生命を維持するためのエネルギーは，太陽から得ている。太陽が宇宙空間にエネルギーを放射するのは，太陽が非常に高温だからである。このエネルギーのごく一部が地球に達している。

空気のない世界では温度変化が大きいが，地球の大気は地表をおおう防護カバーの働きをして，こうした温度変化を防いでいる。

太陽から地球へくる放射エネルギーのほとんどが地球の大気を通過する。地球はこのエネルギーの一部を吸収し，一部を地表から放射している。この放射エネルギーの一部は大気に吸収される。

その結果，地表の平均気温は，大気がない場合より高くなる。地球の大気は温室と同じ効果がある。「温室効果」というのはそのためである。

温室効果は 20 世紀を通じていっそう強まったと言われている。

地球の平均気温は確かに上昇している。新聞や雑誌には，二酸化炭素排出量の増加が 20 世紀における温暖化の主因であるとする記事がよく載っている。

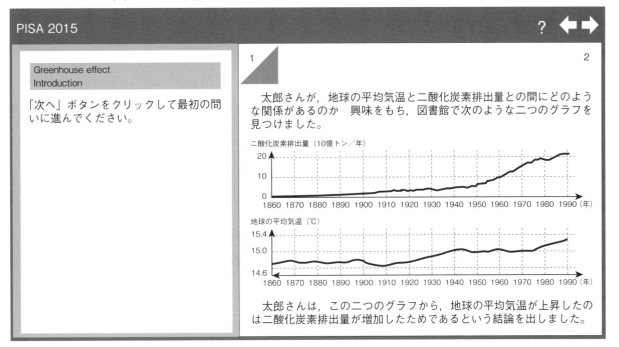

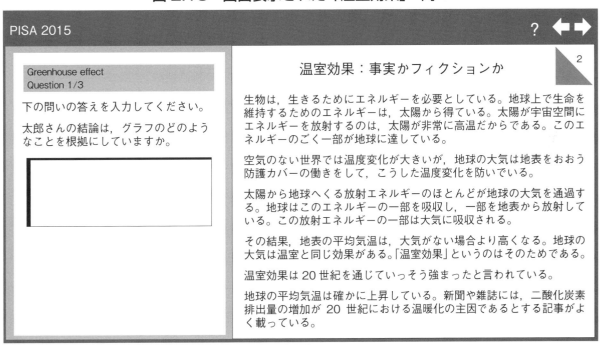

図 2.14　画面表示された「温室効果」：問 2

PISA 2015　?

Greenhouse effect
Question 2/3

下の問いの答えを入力してください。

花子さんという別の生徒は，太郎さんの結論に反対しています。花子さんは，二つのグラフを比べて，グラフの一部に太郎さんの結論に反する部分があると言っています。

グラフの中で太郎さんの結論に反する部分を一つ示し，それについて説明してください。

温室効果：事実かフィクションか　2

生物は，生きるためにエネルギーを必要としている。地球上で生命を維持するためのエネルギーは，太陽から得ている。太陽が宇宙空間にエネルギーを放射するのは，太陽が非常に高温だからである。このエネルギーのごく一部が地球に達している。

空気のない世界では温度変化が大きいが，地球の大気は地表をおおう防護カバーの働きをして，こうした温度変化を防いでいる。

太陽から地球へくる放射エネルギーのほとんどが地球の大気を通過する。地球はこのエネルギーの一部を吸収し，一部を地表から放射している。この放射エネルギーの一部は大気に吸収される。

その結果，地表の平均気温は，大気がない場合より高くなる。地球の大気は温室と同じ効果がある。「温室効果」というのはそのためである。

温室効果は 20 世紀を通じていっそう強まったと言われている。

地球の平均気温は確かに上昇している。新聞や雑誌には，二酸化炭素排出量の増加が 20 世紀における温暖化の主因であるとする記事がよく載っている。

図 2.15　画面表示された「温室効果」：問 3

PISA 2015　?

Greenhouse effect
Question 3/3

下の問いの答えを入力してください。

太郎さんは，地球の平均気温が上昇したのは二酸化炭素排出量が増加したためであるという結論を主張しています。しかし花子さんは，太郎さんの言うような結論を出すのはまだ早すぎると考えています。花子さんは，「この結論を受け入れる前に，温室効果に影響を及ぼす可能性のある他の要因が一定であることを確かめなければならない」と言っています。

花子さんが言おうとした要因を一つあげてください。

温室効果：事実かフィクションか　2

生物は，生きるためにエネルギーを必要としている。地球上で生命を維持するためのエネルギーは，太陽から得ている。太陽が宇宙空間にエネルギーを放射するのは，太陽が非常に高温だからである。このエネルギーのごく一部が地球に達している。

空気のない世界では温度変化が大きいが，地球の大気は地表をおおう防護カバーの働きをして，こうした温度変化を防いでいる。

太陽から地球へくる放射エネルギーのほとんどが地球の大気を通過する。地球はこのエネルギーの一部を吸収し，一部を地表から放射している。この放射エネルギーの一部は大気に吸収される。

その結果，地表の平均気温は，大気がない場合より高くなる。地球の大気は温室と同じ効果がある。「温室効果」というのはそのためである。

温室効果は 20 世紀を通じていっそう強まったと言われている。

地球の平均気温は確かに上昇している。新聞や雑誌には，二酸化炭素排出量の増加が 20 世紀における温暖化の主因であるとする記事がよく載っている。

2.4.2　科学的リテラシーの問題例2：喫煙

この新しいPISA2015年調査の大問例では，喫煙の悪影響と人々に禁煙を促す手段に関する様々な種類の証拠を詳しく調べる。PISA2015年調査のための新しい科学的リテラシーの問いは，コンピュータ使用型調査のためにのみ開発されたため，この問題例は画面上の形式のみを示す（訳注：この調査問題は実際の調査で使用した問題ではないため，翻訳はPISA2015年調査科学的リテラシーの枠組みのために訳者が行った）。

PISA2015年のコンピュータ使用型調査（computer platform）における画面上の標準的な出題形式は，スクリーンが縦に分割表示されており，右側に課題文が示され，左側に設問と解答手続が示される。

喫煙－問1

この問いは，生徒に自分が持つ科学的な概念を用いて，与えられた証拠を解釈するよう求める。生徒は潜在的な喫煙の悪影響をめぐる初期の研究に関して，課題文にある情報を読み，一覧から二つの選択肢を選び，問いに答える。

この問いにおいて，生徒は「現象を科学的に説明する」能力（コンピテンシー）を用いて内容に関する知識を適用しなければならない。文脈は地域的／国内的場面における「健康と病気」に分類される。認知的要求は概念的な知識の使用と適用を求めており，それゆえ，認知的要求は中程度に分類される。

図2.16　「喫煙」：問1

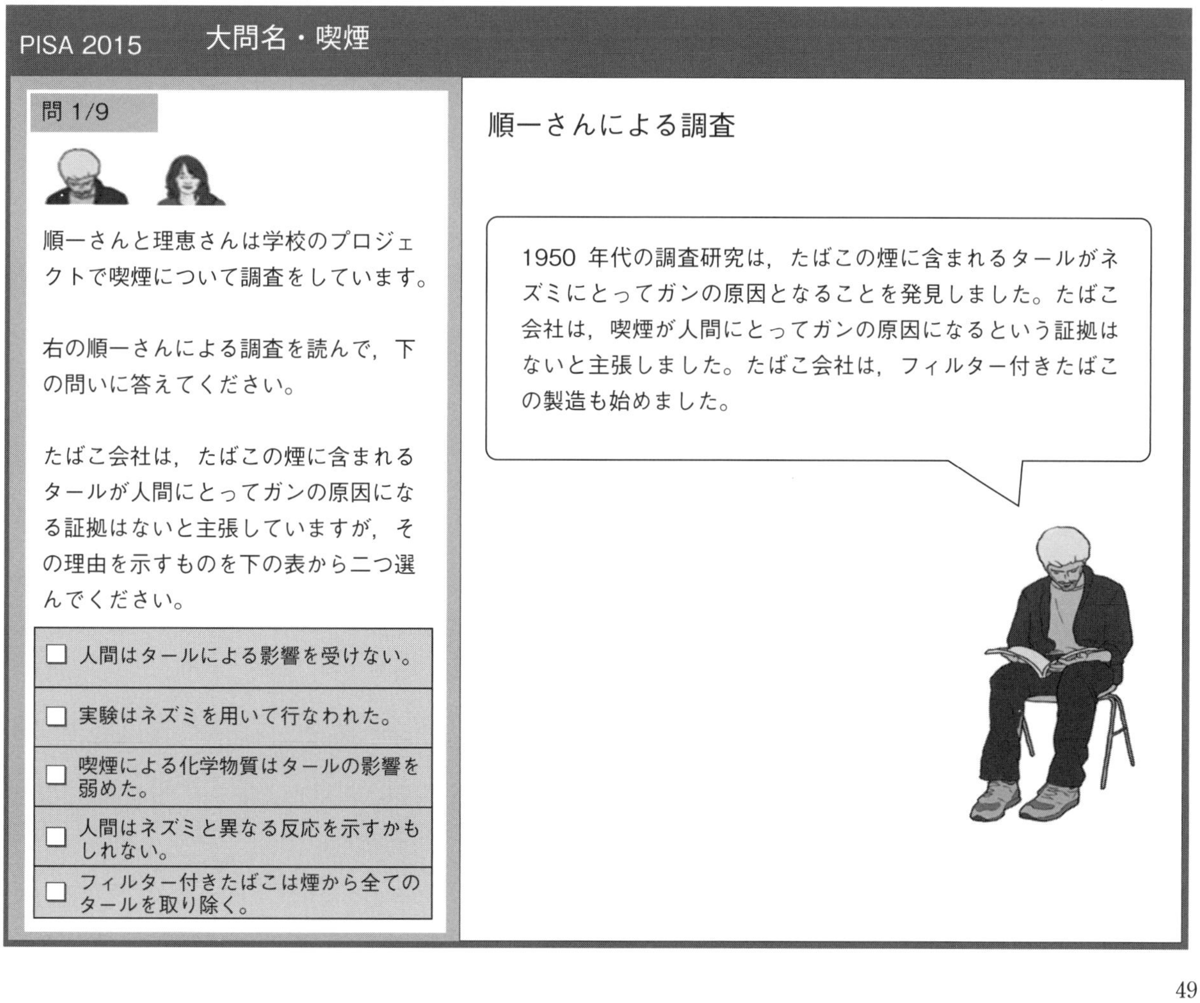
PISA 2015　大問名・喫煙
問 1/9
順一さんと理恵さんは学校のプロジェクトで喫煙について調査をしています。
右の順一さんによる調査を読んで，下の問いに答えてください。
たばこ会社は，たばこの煙に含まれるタールが人間にとってガンの原因になる証拠はないと主張していますが，その理由を示すものを下の表から二つ選んでください。
☐ 人間はタールによる影響を受けない。
☐ 実験はネズミを用いて行なわれた。
☐ 喫煙による化学物質はタールの影響を弱めた。
☐ 人間はネズミと異なる反応を示すかもしれない。
☐ フィルター付きたばこは煙から全てのタールを取り除く。
順一さんによる調査
1950年代の調査研究は，たばこの煙に含まれるタールがネズミにとってガンの原因となることを発見しました。たばこ会社は，喫煙が人間にとってガンの原因になるという証拠はないと主張しました。たばこ会社は，フィルター付きたばこの製造も始めました。

図 2.17 「喫煙」問 1 における枠組みのカテゴリー

枠組みのカテゴリー	PISA2015 年枠組み
知識のタイプ	内容
能力（コンピテンシー）	現象を科学的に説明する
文脈	健康と病気，地域的／国内的
認知的要求	中程度

喫煙－問 2

この問いは，データに関する生徒の理解を詳しく調べる。

画面右側には，長期にわたる男性のたばこの消費量と肺ガンによる死亡者に関する信頼の置けるデータが示されている。生徒は，画面左側にある選択肢の横のラジオボタンを一つクリックし，データを最もよく説明している記述を選択する。

図 2.18 「喫煙」：問 2

PISA 2015　大問名・喫煙

Question 3/9

理恵さんは，喫煙について調査をする中であるグラフを見つけました。

右にある理恵さんによる調査を読んで，下の問いに対する適切な解答を選んでください。

グラフで示されたデータを最もよく説明しているのはどの文章ですか。

○グラフは，たばこを吸う全ての男性が肺ガンを発症したことを示している。

○グラフは，2010 年より 1940 年代の方がたばこを吸う男性が多いことを示している。

○たばこを吸うことと肺ガンによる死亡には，関係性がない。

○たばこを吸うことと肺ガンによる死亡には，正の関係性がある。

理恵さんによる調査

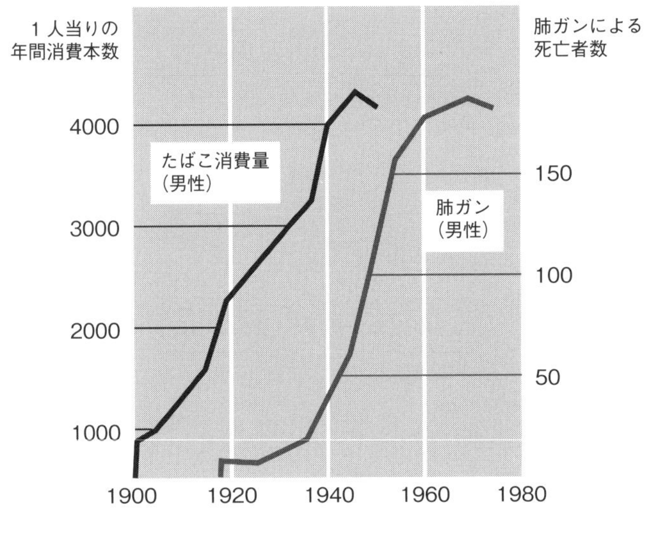

この大問では，「データと証拠を科学的に解釈する」能力（コンピテンシー）を用いて，内容に関する知識を問う。

文脈は地域的／国内的場面における「健康と病気」である。生徒は，二つのグラフの関係を解釈する必要があるため，認知的要求は中程度に分類される。

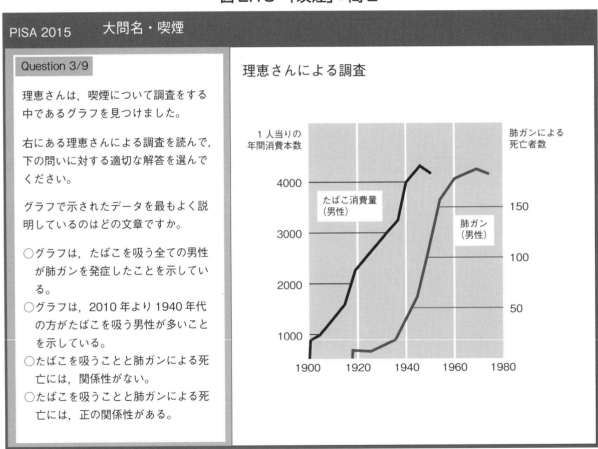

図 2.19 「喫煙」問 2 における枠組みのカテゴリー

枠組みのカテゴリー	PISA2015 年枠組み
知識のタイプ	内容
能力（コンピテンシー）	データと証拠を科学的に解釈する
文脈	健康と病気，地域的／国内的
認知的要求	中程度

2.4.3 科学的リテラシーの問題例 3：ゼールポット

この新しい PISA2015 年調査の大問例は，科学的リテラシーの知識と能力（コンピテンシー）を調査し評価するための科学的探究のシミュレーションを用いた相互作用的な問題に特徴がある（訳注：この調査問題は実際の調査で使用した問題ではないため，翻訳は PISA2015 年調査科学的リテラシーの枠組みのために訳者が行った）。

この大問は，ゼールポットと呼ばれる実在する低コスト冷蔵容器であり，アフリカにおいて使用するために，その地域で手に入れやすい資源を用いて開発された。これらの地域では電気の費用は高く，電力は不足しているため冷蔵庫の使用は制限される一方で，暑い気候のためバクテリアが増殖し健康へ被害を及ぼす前の長期保存を可能にするため，人々は食べ物を保冷する必要がある。

このシミュレーションの最初のスクリーンショットでは，ゼールポットの外見と機能を紹介している。生徒は蒸発が冷却を引き起こす過程について理解していることを期待されていないため，ここで説明をしている。

このシミュレーションを用いて，生徒はゼールポット内で食べ物の鮮度を保つために，最も有効な冷却効果（4℃）を生む条件を調べるよう求められる。模擬実験装置は特定の条件（気温と湿度）を一定に保つが，この情報を組み込むことで真正な（authentic）文脈上の場面を強化している。最初の問いにおいて生徒は，砂の層の厚さと湿度条件を変えることで，ゼールポット内において最大量の食べ物の鮮度を保つ最適条件を調べるよう求められる。

生徒が，自分の考えた条件を設定し（これにより画面内のゼールポットの画像も変わる），データの記録ボタンを押すと，シミュレーションが実行され，データチャートにデータが追加される。生徒は何回かシミュレーションを実行する必要があり，データを削除したり，必要に応じてシミュレーションを繰り返したりできる。つまり，この画面では，生徒が実行した 4℃で鮮度を保つことができる食べ物の最大量についての模擬実験を記録する。この形態の科学的探究の計画と評価に対する生徒のアプローチは，結果として評価される。

この問いに関する知識のカテゴリーは「手続」であり，能力（コンピテンシー）は「科学的探究を評価して計画する」である。文脈のカテゴリーは「天然資源」であるが，「健康と病気」にも関連している。この問いの認知的要求は高度に分類されるが，これは生徒が複雑な状況を与えられるとともに，問いに解答するにあたり体系的な一連の調査を展開する必要があるためである。

図 2.20 「ゼールポット」：課題文

PISA 2015　大問名：ゼールポット

はじめに

ゼールポット冷蔵庫は，電気を使わずに食べ物を保冷する発明品であり，アフリカ諸国でよく見られます。

小さな陶器が大きな陶器の中にあり，粘土や織物でできた蓋がついています。二つの陶器の隙間は，砂で埋められています。これにより，内側にある陶器の周囲に断熱層ができます。定期的に水を加えることで砂は湿った状態に保たれます。水が蒸発すると，内側の陶器の温度が下がります。

地域住民は，その地域で入手できる粘土を使い，ゼールポットを作ります。

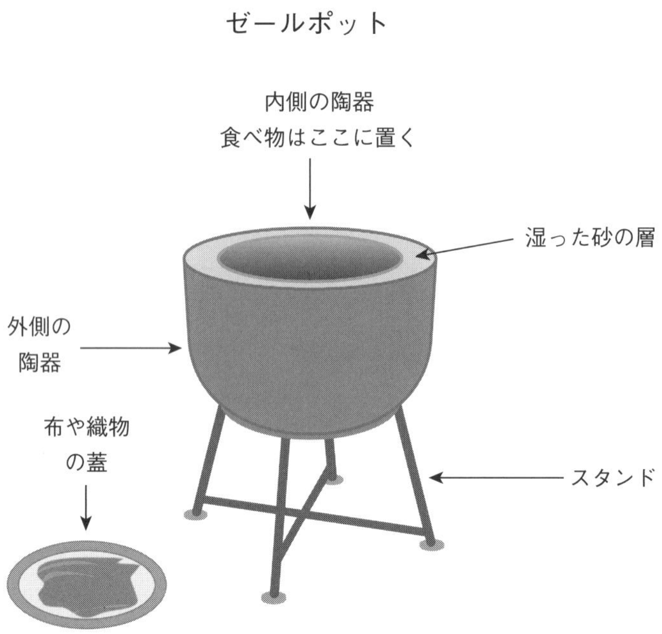

図 2.21 「ゼールポット」：問 1

PISA 2015　大問名：ゼールポット

問 1

食べ物の鮮度を保つ家庭用ゼールポットの最適な設計について詳しく調べるよう求められています。

食べ物は 4℃のとき，鮮度が最大限保たれ，細菌の増殖は最小限に抑えられることから，最良の状態で保存されます。

右のシミュレーターを使って，砂の層の厚さと湿度条件を変えながら，（4℃で）鮮度を保つことができる食べ物の最大量を算出してください。

シミュレーションは何度も行うことができ，繰り返したり，得られたデータを取り除いたりできます。

4℃で鮮度を保つことができる食べ物の最大量は，＿＿＿＿ kg

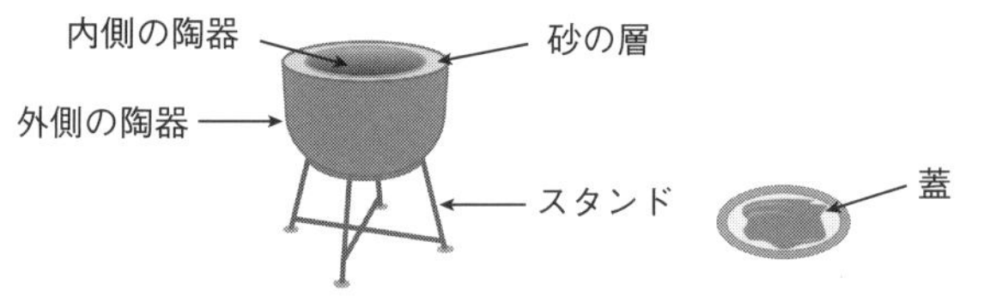

砂の層の厚さ（cm）	食物の量（kg）	砂の湿度（湿気 / 乾燥）	温度（℃）

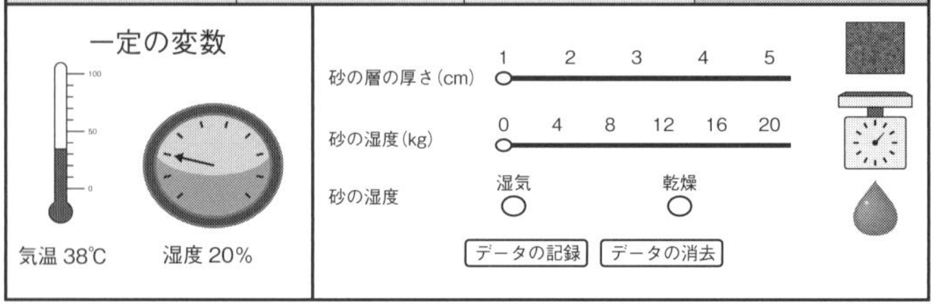

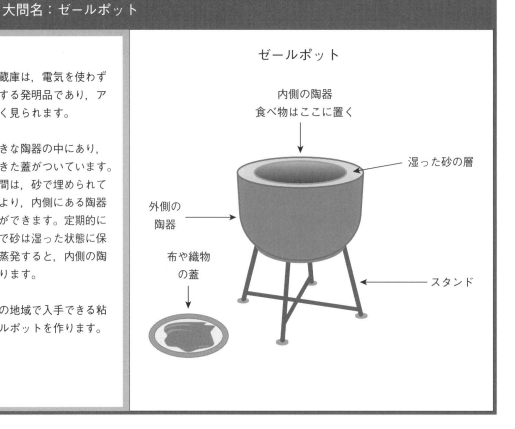

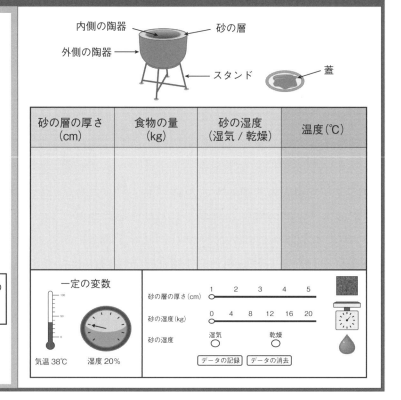

図 2.22 「ゼールポット」問 1 における枠組みのカテゴリー

枠組みのカテゴリー	PISA2015 年枠組み
知識のタイプ	手続
能力（コンピテンシー）	科学的探究を計画して評価する
文脈	天然資源
認知的要求	高度

2.5 態度

2.5.1 態度が重要な理由

人々の科学に対する態度は，特に人々に影響を与える問題及び科学とテクノロジーに対する興味関心，注目，反応において重要な役割を果たす。科学教育の目的の一つは，科学的な諸問題に関わるような生徒の態度を育むことにある。そのような態度は，後の個人的，地域的 / 国内的，地球的利益のための科学的及び技術的な知識の習得と適用を支え，自己効力感の向上をもたらす（Bandura, 1997）。

態度は科学的リテラシーの一部を構成する。すなわち，人々の科学的リテラシーにはある種の態度，信念，動機付けの方向性，自己効力感，価値観が含まれる。PISA 調査で用いる態度の構成概念は，Klopfer（1976）の科学教育における情意的領域の構造に依拠し，態度に関する研究（Gardner, 1975; Osborne, Simon and Collins, 2003; Schibeci, 1984）を再検討している。これらの再検討において，科学に対する態度と科学的な態度は大きく区別されている。前者は科学的な諸問題と活動において示される関心の度合いによって測定されるのに対し，後者は信念に基づき経験的証拠の価値を評価する性向を測定する。

2.5.2 PISA2015 年調査における科学に対する態度の定義

PISA2015 年調査では，三つの領域において生徒の科学に対する態度が評価される。すなわち，科学とテクノロジーへの興味・関心，環境への意識，探究に対する科学的アプローチへの価値付けであり（図 2.2 参照），これらは科学的リテラシーの中核的な構成概念とみなされる。これら三つの領域が，測定のために選ばれたのは，科学に対する前向きな態度，環境への懸念及び環境面から見た持続可能な暮らし方，探究に対する科学的アプローチに価値を置く性向が，科学的リテラシーを身に付けた個人の特徴となるためである。それゆえ，個々の生徒が科学に興味・関心を持っているか否か，及びその価値と含意を認識しているどうかは，義務教育の成果に関する重要な尺度である。さらに，PISA2006 年調査に参加した 52 か国（全 OECD 加盟国を含む）のうち，科学への全般的な興味・関心が高い生徒は，科学的リテラシーにおいてより高い得点を取っている（OECD, 2007, p.143）。

科学とテクノロジーへの興味・関心は，成績，教育課程の選抜，職業の選択，生涯学習との関係が立証されていることから選ばれた。例えば，非常に多くの文献が，生徒の多くが 14 歳までに科学への興味・関心を確立することを示している（Ormerod and Duckworth, 1975; Tai *et al.*, 2006）。さらに，そうした興味・関心を抱く生徒は，科学に関係する職業へ進む可能性が高い。多くの OECD 加盟国の政策的な懸念は，科学の研究に進む選択をする生徒の人数，特に女子の人数にあり，科学に対する態度の測定は PISA 調査の重要な側面になっている。調査の結果は，若者の科学研究に対する興味関心の低下を理解するための情報を提供する可能性がある（Bøe *et al.*, 2011）。PISA 調査で生徒，教師，学校への質問調査を通じて収集された膨大な情報と相互に関連付けると，この測定が興味・関心の低下を招く原因を明らかにするかもしれない。

探究に対する科学的アプローチへの価値付けが選ばれたのは，探究への科学的なアプローチが科学そのものだけではなく，社会科学，さらには金融やスポーツにおいても新しい知識の生成に大きな成功を収めてきたためである。さらに，科学的探究の中心的な価値と啓蒙は，合理的な信念に基づく経験的な証拠に対する信頼である。したがって，**探究に対する科学的アプローチへの価値付け**を認識することは，評価を是認する科学教育の基本的な目的として広くみなされている。

科学的探究を認識し支持することは，生徒が実生活で科学とテクノロジーに関連する状況に直面した際，証拠を収集し，創造的に考え，合理的に推論し，批判的に反応し，結果を伝えるための科学的な方法を認識するとともに，それを価値のあるものとして評価できるということを意味する。生徒は探究に対する科学的アプローチが機能する方法と，多くの場合にそれが他の手段よりも大きな成功を収めてきた理由を理解すべきである。しかし，探究に対する科学的アプローチを価値のあるものとして評価することは，個人が科学のあらゆる側面を肯定的に受け止めたり，そうした手段を用いたりしなければならないことを意味するものではない。それゆえ，この構成概念は，物質的現象と社会的現象を調査する科学的手段の利用と，そのような手段から導き出される洞察に対する生徒の態度の尺度である。

環境への意識は，経済的な関連性だけでなく，国際的な関心事でもある。1970 年代以降，この領域における態度は，幅広い研究の主題となってきた（Bogner and Wiseman, 1999; Eagles and Demare, 1999; Rickinson, 2001; Weaver, 2002 参照）。2002 年 12 月，国際連合は 2005 年 1 月 1 日から始まる 10 年間を「国連・持続可能な開発のための教育の 10 年」とする決議を 57/254 で採択した（UNESCO, 2003）。ESD の国際実施計画（UNESCO, 2005）は，持続可能性の三つの領域の一つに（文化を含む社会及び経済と併せて）環境を挙げており，持続的な開発に関する全ての教育プログラムに含まれるべきと定めている。

地球上の生命の存続及び人類の存続に関わる環境問題の重要性を踏まえると，今日の若者は生態系の基本原理とそれに応じた生活を営む必要性への理解が求められる。これはつまり，環境への意識と環境への責任ある心構えを育むことが現代の科学教育の重要な要素であるということである。

PISA2015 年調査では，科学に対するこうした具体的な態度が，生徒質問調査によって測定されることになる。これら構成概念の詳細は，第 6 章「質問調査」を参照。

第 3 節　科学的リテラシーの評価

3.1　認知的要求

PISA2015 年調査の枠組みの新しく重要な特徴は，科学的リテラシーの評価の中で，三つの科学的能力（コンピテンシー）全てにわたり認知的要求レベルを定義したことにある。調査の枠組みにおいて，問いの難易度は実証的に導き出されるものではあるが，認知的要求と混同される場合も多い。実証的な問いの難易度は，問いを正しく理解した生徒の割合から推定されており，それにより調査対象の生徒が持つ知識の量は評価されるが，一方で，認知的要求は必要とされる心的プロセス（mental processes）の種類に言及する（Davis and Buckendahl, 2011）。必要とされる知の深さ（depth of knowledge），つまり認知的要求についての調査問題が，問題開発者とPISA調査の枠組み利用者によって明確に理解されるよう注意する必要がある。例えば，認知的要求は単なる知識の再生であるにもかかわらず，テストしている知識があまり知られていないために，問いの難易度が高くなる場合がある。反対に，それぞれの知識は容易に再生されるものの，知識に関する多くの問いを関連付けて評価するよう生徒に求めるため，認知的要求としては難しくなる場合もある。したがって，PISA調査のテスト手段は，易しい問題と，難しい問題を得点の観点から区別するだけではなく，能力を用いてどの程度生徒が認知的要求レベルの異なる問題に取り組むことができるかについて情報を提供しなければならない（Brookhart and Nitko, 2011）。

能力（コンピテンシー）は，「認識する」「解釈する」「分析する」「評価する」といった動詞を用い，認知的要求を定義する一連の用語を使いながら明確に表現された。しかし，これらの動詞自体は，必ずしも問いの解答に必要となる知識レベルにより決定される難易度の階層的序列を示してはいない。認知的要求の体系に関する様々な分類は，Bloomの教育目標分類（Bloom, 1956）が最初に公表されて以来，発展し評価されてきた。これらは主に知識のタイプに関する分類に基づいており，教育目的や評価課題の説明に用いられる認知プロセスと関連付けられる。

Bloomの改訂された教育目標分類学（Anderson and Krathwohl, 2001）は，知識に関する四つのカテゴリー，すなわち，事実的知識，概念的知識，手続的知識，メタ認知的知識を同定している。この分類は，こうした知識の形態を，Bloomの初期の分類法で用いられたパフォーマンスの6類型，すなわち，記憶する，理解する，応用する，分析する，評価する，創造することを階層化し，区別したものと考えられる。AndersonとKrathwohlの枠組みでは，低い知識レベルと高い技能が掛け合わされるが，その逆もあるため，これら二つの次元は互いに独立していると考えられている。

類似の枠組みがMarzanoとKendallの分類法（2007）によって提示されており，心的プロセスの命令過程と，必要とされる知識のタイプの関係に基づく二次元の枠組みを提供している。心的プロセスの利用は，問題解決の潜在的アプローチを特徴付けるメタ認知的方略課題へ取り組む必要性の結果とみなされる。したがって，認知システムは，想起（retrieval），理解（comprehensoin），分析（analysis），知識利用（knowledge Utilisation）のいずれかを用いる。MarzanoとKendallは，知識の領域を三つの知識，すなわち，情報（information），心的手続（mental procedures），精神的運動手続（psychomotor）に区分しており，これらはBloomの改訂された教育目標分類学の四つのカテゴリーと対比される。MarzanoとKendallは，自分たちの分類法が単に枠組みを体系化したというよりは，人間が実際に考える方法モデルを提供するため，Bloomの分類法の改良であると主張する。

FordとWargo（2012）は，異なるアプローチを提示しており，認知的要求を考察する方法として，足場かけの会話（scaffolding dialogue）のための枠組みを提供する。彼らの枠組みは互いを足場とする四つの水準，すなわち，再生（recall），説明（explain），並置（juxtapose），評価（evaluate）を使用する。この枠組みは評価目的のために考案されているわけではないが，知識と能力（コンピテンシー）における認知的要求のより明示的な参照を作る必要がある点で，PISA2015年調査の科学的リテラシーの定義と多くの類似点を持つ。

別の枠組み（schema）は，Webb（1997）により開発された知の深さに基づく枠組み，特に生徒の学習に関する評価及び期待の不均衡へ対処するために開発された枠組みの中で，見つけることができる。Webbによれば，深さのレベルは必要とされる内容と課題の両方の複雑性を考慮することによって決定することができる。彼の枠組みは，主に四つのカテゴリーから構成される。すなわち，レベル1（再生），レベル2（スキル及び／あるいは概念的知識の使用），レベル3（方略的思考），レベル4（拡張された思考）である。各カテゴリーには，認知プロセスを表現するために用いられる多くの動詞が存在する。これらカテゴリーの一部は，二つ以上のレベルで現れる。この枠組みは，学習と評価課題についてのより総合的な視点を提供し，課題が要求する内容と認知プロセスの両方の分析を必要とする。Webbによる知の深さ（Depth of Knowledge: DOK）アプローチは，SOLO分類法（Biggs and Collis, 1982）よりも簡潔で機能性が高い説明となっているが，それは予備構造理解（pre-structural），単構造理解（unistructural），複数構造理解（multistructural），関係理解（relational），拡張された抽象的理解（extended abstract understanding）という五つの区分されたステージを通じ，一連の生徒の理解を説明しているためである。

上記で簡単に触れた全ての枠組みが，PISA2015年調査の枠組みにおける知識と能力（コンピテンシー）の発展を支えている。そのような枠組みを作る中で，認知階層に基づく調査問題の開発には課題があることが認識されている。主な三つの課題は以下のとおりである。

a）調査問題を特定の認知的枠組みに合わせるための過大な労力は，問題の開発を不完全にする恐れがある。
b）（厳密に定義された枠組み，認知的要求の目標により）問題の意図は，（より少ない認知的要求の方法における基準で操作できるかもしれない）実際の問題とは異なる可能性がある。
c）明確に定義され理解される認知的枠組みがない場合，問題の作成と開発は問題の難易度に焦点を合わせることが多く，能力（コンピテンシー）を向上させる理論から組み立てるというよりはむしろ，事後に説明され解釈される限られた範囲の認知プロセスと知識の種類を用いる。

このPISA2015年調査の枠組みで採用するアプローチは，望ましい知識と能力（コンピテンシー）とともにWebbの知の深さ格子（grid）（Webb, 1997）の適合版（adapted version）を使用する。コンピテンシーは枠組みの重要な特徴であるため，認知的枠組みは全範囲にわたる生徒の能力を評価し報告する必要がある。Webbの知の深さレベルは，認知的要求のための分類法を提供するが，それは分析する，整える，比較するなど使用される動詞の手掛かりによる認知的要求と，必要とされる知の深さの期待の両方を問題が確認することを求める。

図2.23にある上記の格子（grid）は，知識と能力（コンピテンシー）の二次元に，問題を位置付ける枠組みを提供する。加えて，知の深さに関する分類法に基づき三次元で各問題を位置付けることもできる。これは，以下の要求をするときに各問題を分類できるような認知的要求の操作を可能にする手段である。

図 2.23　PISA2015 年調査の認知的要求

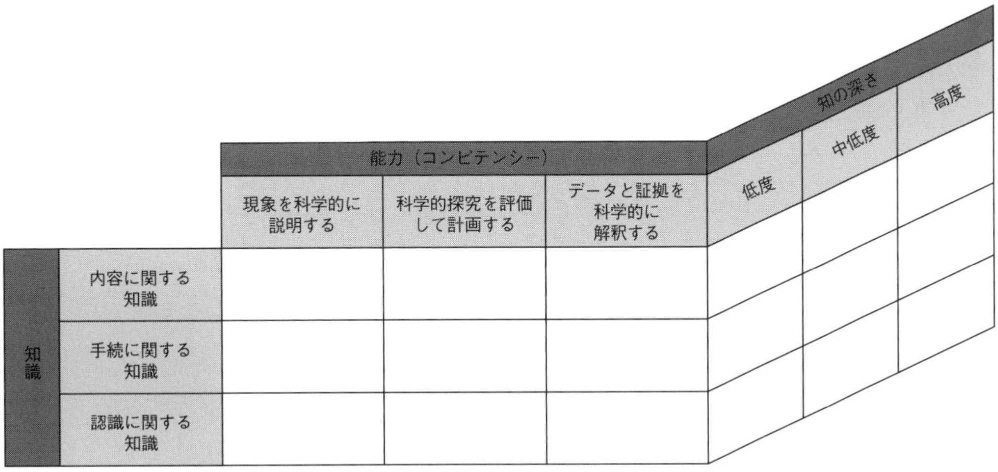

- **低度**：一つの手続を実行すること，例えば，事実，用語，原理又は概念を再生すること，あるいはグラフや表からある一つの情報を見つけること。
- **中程度**：現象を記述あるいは説明するために概念的知識を使用したり適用したりすること，二つ以上の段階を必要とする適切な手続を選択すること，データを整理／表示すること，簡単なデータセットやグラフを解釈したり活用したりすること。
- **高度**：複雑な情報若しくはデータを分析すること，証拠を統合したり評価したりすること，正しいことを説明すること，与えられた様々なソースから推論すること，問題に取り組むために計画又は一連のステップを展開すること。

知の深さによる問題の分類については，表 2.5 を参照。

表 2.5　知の深さ別に見た問題の分類

知の深さ	問いの割合（%）
低度	8
中程度	30
高度	61
合計	100

知識そのものは極めて複雑であっても，単に一つの情報の再生（recall）を必要とする問いは認知的要求が低度となる。一方で，二つ以上の知識の再生を必要とし，それらの関連性について対立する利点の比較と評価を求める問いは，認知的要求が高度であるとみなされる。したがって，問いの難易度は，問いが要求する複雑さの程度と知識の範囲，及び問いの処理に必要な認知操作の両方の組合せで決まる。

それゆえ，科学的リテラシーの到達度を評価する問いの要求を決定する要素に含まれるのは，下記のとおりである。

- 問いによって要求される知識の要素の数と複雑さの程度。
- 生徒が内容に関する知識，手続に関する知識，認識に関する知識に関連して持つかもしれない知識の馴染みと予備知識の程度。
- 再生，分析，評価など問いによって求められる認知的操作。
- モデル又は抽象的な科学的概念によって決まる解答形式の範囲。

この四つの要素からなるアプローチは，非常に広範な生徒の能力における科学的リテラシーの幅広い測定を可能にする。必要とされる知の深さへの考察とともに，科学的リテラシーの基礎となる能力（コンピテンシー）に必要な認知プロセスを分類することによって，個々の問いにおける認知的要求レベルを評価するモデルが提供される。さらに，このアプローチの相対的な簡潔さは，このような枠組みを適用する際に直面する問題を最小限にするための方法を提供する。この認知的枠組みの使用は，習熟度尺度の報告に用いる記述的パラメータの演繹的な定義の開発を容易にする（図 2.25 参照）。

3.2　調査の特徴

図 2.24 は，図 2.2 から派生したものである。図 2.2 では，枠組みを調査問題の構造と内容に関連付けることが可能な方法で，PISA2015 年科学的リテラシーの評価のための PISA 調査の枠組みの基本的な構成要素を示している。これは，調査課題の計画を立てるため，標準的な調査課題の結果を考慮するための両方のツールとして使用される場合がある。大問を構成する出発点として図 2.24 が示しているのは，場面が設定された課題文として提供される文脈，問い又は課題に解答するために必要な能力（コンピテンシー），解答の中心となる知識，認知的要求を考察する必要性である。

図 2.24　大問及び問いを構成し分析するためのツール

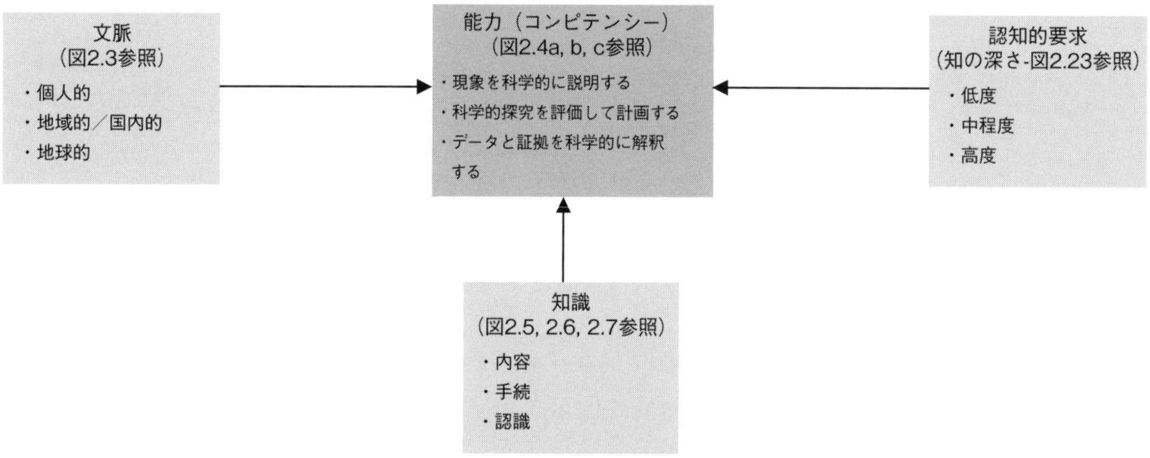

調査の大問は，短い文章あるいは表，チャート，グラフ，ダイヤグラムが付随したテキストによる特定の場面が設定された課題文により特徴付けられる。PISA2015 年調査のために作られた大問の中には，アニメーションや相互作用的なシミュレーションといった静的ではない場面が設定され

た課題文も含まれている。上述した問題例で示した通り，問いは様々な種類があり個別に採点される一連の設問である。追加の問題例はPISA調査のウェブサイト（*www.oecd.org/pisa/*）（2016年11月刊）で参照することができる。

PISA調査がこの大問の構造を用いるのは，調査時間を効率よく使う一方で，実生活の状況における複雑性を反映させ，可能な限り現実に近い文脈の使用を容易にするためである。複数の問いを投げ掛けることが可能な状況を使えば，複数の異なる状況に関する別々の問いを尋ねるよりも，生徒が各問いに慣れるために必要な全体の時間は減る。しかし，大問内で他の問いと独立した得点の必要性は，考慮されなければならない。また，このアプローチは異なる評価の文脈の数を減らしているため，文脈の選択に起因するバイアスを最小限にするために十分な範囲の文脈を確保する重要性も認識する必要がある。

PISA2015年調査の大問では，三つの科学的能力（コンピテンシー）全てを使うことを必要とし，三つの科学的知識全てを利用する。多くの場合，各問題の大問は複数のコンピテンシーと知識のカテゴリーを評価する。しかし，個々の問いは一種類の知識と一つのコンピテンシーのみを評価している。

生徒が科学的リテラシーに関して書かれた設問を理解し，これに答えるためには，テキストを読むことが必要となるため，必要とされる読解力の習熟度レベルが課題となる。場面が設定された課題文と問いには，できるだけ構文的に単純化した，簡潔でわかりやすく短い言葉を使い，それでも意味が適切に伝わるようにしている。したがって，各段落に導入される概念の数は制限される。読解力や数学的リテラシーを評価するような科学的リテラシーの問いにはならないようにした。

3.2.1　出題形式

PISA調査の枠組みで示される能力（コンピテンシー）と科学的知識を評価するために，3種類の調査問題が用いられた。それぞれの種類は，問い全体の約三分の一ずつを占める。

- **選択肢形式**：問いは，次のことを求める。
  - 四つの選択肢から解答を一つ選択する。
  - グラフ又はテキスト内の選択可能な要素である「ホットスポット」から解答を選択する。
- **複合的選択肢形式**：問いは，次のことを求める。
  - 「はい／いいえ」で答える一連の問いに解答するが，採点は一つの問いとして行われる（PISA2006年調査における標準的な形式）。
  - 一覧表から二つ以上の解答を選択する。
  - 複数の空欄を埋めるためにプルダウンメニューから選択肢を選び，文章を完成させる。
  - 生徒は画面上の要素を動かし，適合，要求，分類の課題を完了するために「ドラッグ・アンド・ドロップ」により解答する。
- **論述形式**：問いは，解答を書く，あるいは描くよう求める。
  - 科学的リテラシーにおける論述形式問題は，通常，一つのフレーズから短い段落（例えば2文から4文の説明）により解答を書くよう求める。論述形式問題の幾つかは，（例えばグラフやダイヤグラムを）描くことを求める。コンピュータ使用型調査において，このような問いは求められる解答に特化した簡単なドローイングエディタによる支援を受ける。

PISA2015年調査において，一部の解答は，シミュレーションにより科学的探究の変数を操作するために生徒が選択するような相互作用的な問題である。このような相互作用的な問題への解答は，複合的選択肢形式問題として採点されることが多い。相互作用的な問題に対する解答の中には，それが論述形式問題として扱われるほど制約がない場合もある。

3.3　評価の構造

PISA2015年調査においては，コンピュータが科学的リテラシーを含む全分野における主な調査実施形態である。科学的リテラシーの新規問題は，コンピュータでのみ利用できる。しかし，コンピュータによるテストを実施しないことを選択した国に対しては，継続問題のみで構成された筆記型調査問題も提供された（PISA2015年の予備調査は調査実施形態の変更による得点への影響について調査を行った。詳細はコラム1.2参照）。

科学的リテラシーの問いは，「問題群」と呼ばれる30分のセクションで編成されている。各問題群は，新規問題の大問のみ，あるいは継続問題の大問のみのいずれかを含む。PISA2015年調査を概観すると，本調査に含まれた対象となる問題群の数は，次の通りである。

- 2015年本調査の継続問題の六つの問題群。
- 2015年本調査の新規問題の六つの問題群。

各生徒には2時間のテストフォームが一つ割り当てられる。一つのテストフォームは四つの問題群から構成され，各問題群はテスト時間の30分を占める。ローテーションテスト設計に従い，問題群は複数あるコンピュータ使用型調査のテストフォームに位置付けられる。

各生徒は科学的リテラシーに1時間かけて取り組み，残りの時間は中心分野以外の読解力，数学的リテラシー，協同問題解決能力から一つ又は二つの分野が出題される。筆記型調査を行う国に関しては，PISA2006年調査の大問がそのまま問題群として複数のブックレット（問題冊子）にまとめられた。筆記型調査は継続問題に限定され，新しく開発された問題は含まない。その一方で，コンピュータ使用型調査には新しく開発された問題も継続問題も含まれる。筆記型調査用の継続問題を画面上の形式に置き換えた場合も，問題の表示，解答形式，認知的要求はそのまま比較できる。

PISA2006年調査の場合と同様に，問いの文脈は個人的，地域的／国内的，地球的場面が概ね1：2：1の割合で散在する。表2.1と表2.4に示す問いの配分によって課された様々な制約を可能な限り満たすことを条件として，大問のために幅広い適用領域の選択が行われる。

3.4　科学的リテラシーにおける習熟度の尺度

PISA 調査の目的を果たすためには，生徒の習熟度を測定するための尺度を開発する必要がある。能力（コンピテンシー）のレベルに関する記述的尺度は，難易度が増している問いを測定するような事後的な解釈ばかりではなく，コンピテンシーがどのように発達するかに関する理論に基づく必要がある。それゆえ，PISA2015 年調査の枠組み案は，コンピテンシーと発達の向上に関するパラメータを明確に定義しており，これによって問題の開発者は能力の成長を説明する問題を考案することができる（Kane, 2006; Mislevy and Haertel, 2006）。尺度に関する当初の案の説明は以下に示されているが，本調査後に修正される必要があるであろう。PISA2006 年調査における尺度の記述（OECD, 2007）との比較可能性は，経年分析を可能にするため最大限確保されているが，知の深さといった PISA2015 年調査の枠組みの新しい要素も組み込まれている。さらに，尺度は習熟度レベル「1b」を加えることで拡張されているが，これは特に以前は尺度の報告に含まれていなかった最低限の科学的リテラシーしか示さない，習熟度レベルの最も低い生徒に対処し，記述を提供するためである。したがって，PISA2015 年調査の枠組みに関する当初の尺度案は，科学的リテラシーのレベルについてより一層詳細で具体的な記述を提案しており，図 2.25 で示すモデルと同じである。

習熟度レベルの記述案は，本文で触れた PISA2015 年調査の枠組みに基づいており，習熟度レベル間の違いに関する質的な記述を提供している。科学的リテラシーの到達度は習熟度の尺度に関する概要に組み込まれており，到達度を評価する問いの要求を決定する際には，次の要素が用いられる。

- 問いによって要求される知識の要素の数と複雑さの程度。
- 生徒が持つ内容に関する知識，手続に関する知識，認識に関する知識と関連する知識に関する馴染みと予備的知識の程度。
- 再生，分析，評価など問いによって求められる認知的操作。
- モデル又は抽象的な科学的概念によって決まる解答形式の範囲。

図 2.25　科学的リテラシーの習熟度尺度の記述案

レベル	記述
6	習熟度レベル 6 の生徒は，次のことができる。 認知的要求レベルが高度である多様で複雑な生活場面において，内容に関する知識，手続に関する知識，認識に関する知識を用い，一貫して説明をしたり，科学的探究の評価及び計画をしたり，データを解釈したりすること。様々な文脈において，異なる複雑なデータソースから適切な推論を導き，多段階の因果関係を説明すること。与えられた科学的探究又は自らのいかなる実験計画においても，一貫して科学的な問いと非科学的な問いを区別し，探究の目的を説明して，関係変数を制御すること。データ表現を変換して，複雑なデータを解釈し，いかなる科学的主張に対してもその信頼性及び正確性に関して適切な判断を下す能力を示すこと。モデルと抽象的な概念の利用を必要とする，高度な科学的思考と推論を一貫して行い，馴染みのない複雑な状況においてそのような推論を用いること。個人的，地域的，地球的な文脈において，説明，モデル，データの解釈，提案された実験計画を批判及び評価するために論（アーギュメント）を展開すること。
5	習熟度レベル 5 の生徒は，次のことができる。 認知的要求レベルが高度である様々な生活場面のうち，全てではないがある場面において，内容に関する知識，手続に関する知識，認識に関する知識を用い，説明をしたり，科学的探究の評価及び計画をしたり，データを解釈したりすること。様々な文脈において，複雑なデータソースから推論を導き，多段階の因果関係の一部を説明すること。概して，与えられた科学的探究又は自らのいかなる実験計画においても，科学的な問いと非科学的な問いを区別し，探究の目的を説明して，関係変数を制御すること。あるデータ表現を変換して，複雑なデータを解釈し，いかなる科学的主張に対してもその信頼性及び正確性に関して適切な判断を下す能力を示すこと。モデルと抽象的な概念の利用を必要とする，高度な科学的思考及び推論の証拠を示し，馴染みのない複雑な状況においてそのような推論を用いること。全てではないがある個人的，地域的，地球的な文脈において，説明，モデル，データの解釈，提案された実験計画を批判及び評価するために論（アーギュメント）を展開すること。
4	習熟度レベル 4 の生徒は，次のことができる。 認知的要求レベルが主に中程度である与えられた様々な生活場面において，内容に関する知識，手続に関する知識，認識に関する知識を用い，説明をしたり，科学的探究の評価及び計画をしたり，データを解釈したりすること。様々な文脈において，異なるデータソースから推論を導き，因果関係を説明すること。科学的な問いと非科学的な問いを区別し，全てではないがある科学的探究又は自らの実験計画において，変数を制御すること。データを変換してこれを解釈し，いかなる科学的主張に対しても信頼性についてある程度理解すること。科学的思考及び推論に関連する証拠を示し，これを馴染みのない状況に応用すること。また，一部の個人的，地域的，地球的な文脈において，問いに対する簡単な論（アーギュメント）を展開し，説明，モデル，データの解釈，提案された実験計画を批判的に分析すること。
3	習熟度レベル 3 の生徒は，次のことができる。 認知的要求レベルが高くても中程度である一部の与えられた生活場面において，内容に関する知識，手続に関する知識，認識に関する知識を用い，説明をしたり，科学的探究の評価及び計画をしたり，データを解釈したりすること。様々な文脈において，異なるデータソースから幾つかの推論を導き，簡単な因果関係を記述し，部分的に説明すること。一部の科学的な問いと非科学的な問いを区別し，科学的探究又は自らの実験計画において，変数の一部を制御すること。簡単なデータを変換してこれを解釈し，科学的主張の信頼性について意見を述べること。科学的思考及び推論に関連する証拠の一部を示し，通常は馴染みのある状況でこれを応用すること。一部の個人的，地域的，地球的な文脈において，問いに対する部分的な論（アーギュメント）を展開し，説明，モデル，データの解釈，提案された実験計画を批判的に分析すること。
2	習熟度レベル 2 の生徒は，次のことができる。 認知的要求レベルが主に低度である一部の与えられた馴染みのある生活場面において，内容に関する知識，手続に関する知識，認識に関する知識を用い，説明をしたり，科学的探究の評価及び計画をしたり，データを解釈したりすること。限られたいくつかの文脈において，異なるデータソースからわずかな推論を導き，簡単な因果関係を記述すること。一部の簡単な科学的な問いと非科学的な問いを区別し，科学的探究又は自らの簡単な実験計画において，独立変数と従属変数を区別すること。単純なデータを変換して記述し，簡単な誤りを特定して，科学的主張の信用性についてある程度妥当な意見を述べること。一部の個人的，地域的，地球的な文脈において，問いに対する部分的な論（アーギュメント）を展開し，対立する説明，データの解釈，提案された実験計画の利点について意見を述べること。
1a	習熟度レベル 1a の生徒は，次のことができる。 認知的要求レベルが低度の限られた幾つかの馴染みのある生活場面において，わずかな内容に関する知識，手続に関する知識，認識に関する知識を用い，説明をしたり，科学的探究の評価及び計画をしたり，データを解釈したりすること。限られたわずかな文脈において，少数の単純なデータソースを用いて，非常に簡単な因果関係を記述すること。簡単な一部の科学的な問いと非科学的な問いを区別し，与えられた科学的探究又は自らの簡単な実験計画において，独立変数を特定すること。簡単なデータを部分的に変換して記述し，それを限られた馴染みのある状況で直接適用すること。非常に馴染みのある一部の個人的，地域的，地球的文脈において，対立する説明，データの解釈，提案された実験計画の利点について意見を述べること。

1b	習熟度レベル 1b の生徒は，次のことができる。 認知的要求レベルが低度の限られた幾つかの馴染みのある生活場面において，内容に関する知識，手続に関する知識，認識に関する知識を用いて，説明をしたり，科学的探究の評価及び計画をしたり，データを解釈したりするためにわずかな証拠を示すこと。限られた馴染みのある文脈において単純なデータソースの単純なパターンを特定し，簡単な因果関係を記述しようとすること。与えられた科学的探究又は自らの簡単な実験計画において，独立変数を特定すること。簡単なデータを変換して記述しようとし，限られた馴染みのある状況で直接応用すること。

訳注：アーギュメントとは，事実と理由付けを提示しながら，自らの主張を相手に伝える過程を指す。

参考文献・資料

American Association for the Advancement of Science (1989), *Science for all Americans: a Project 2061 Report on Literacy Goals in Science, Mathematics and Technology*, AAS Publishing, Washington, DC, *www.project2061.org/publications/sfaa/online/sfaatoc.htm.*

Anderson, L.W. and D.R. Krathwohl (2001), *A Taxonomy for Learning, Teaching and Assessing: A Revision of Bloom's Taxonomy of Educational Objectives*, Longman Publishing, London.

Bandura, A. (1997), *Self-Efficacy: The Exercise of Control*, W.H. Freeman and Company, Macmillan Publishers, New York.

Biggs, J. and **K. Collis** (1982), *Evaluating the Quality of Learning: The SOLO Taxonomy*, Academic Press, New York.

Bloom, B.S. (eds.) (1956), *Taxonomy of Educational Objectives Book 1: Cognitive Domain*, Longmans Publishing, London.

Bøe, M.V. *et al.* (2011), "Participation in science and technology: Young people's achievement-related choices in late-modern societies", *Studies in Science Education*, Vol. 47/1, pp. 37-72, *http://dx.doi.org/10.1080/03057267.2011.549621.*

Bogner, F. and **M. Wiseman** (1999), "Toward measuring adolescent environmental perception", *European Psychologist*, Vol. 4/3, *http://dx.doi.org/10.1027//1016-9040.4.3.139.*

Brookhart, S.M. and **A.J. Nitko** (2011), "Strategies for constructing assessments of higher order thinking skills", in G. Schraw and D.R. Robinson (eds.), *Assessment of Higher Order Thinking Skills*, IAP, Charlotte, NC, pp. 327-359.

Confederacion de Sociedades Cientificas de España (2011), *Informe ENCIENDE, Ensenanza de las Ciencias en la Didactica Escolar para edades tempranas en España*, Madrid.

Davis, S.L. and **C.W. Buckendahl** (2011), "Incorporating cognitive demand in credentialing examinations", in G. Schraw and D.R. Robinson (eds.), *Assessment of Higher Order Thinking Skills*, IAP, Charlotte, NC, pp. 327-359.

Drechsel, B., C. Carstensen and **M. Prenzel** (2011), "The role of content and context in PISA interest scales: A study of the embedded interest items in the PISA 2006 science assessment", *International Journal of Science Education,* Vol. 33/1, pp. 73-95.

Duschl, R. (2007), "Science education in three-part harmony: Balancing conceptual, epistemic and social learning goals", *Review of Research in Education*, Vol. 32, pp. 268-291, *http://dx.doi.org/10.3102/0091732X07309371.*

Eagles, P.F.J. and **R. Demare** (1999), "Factors influencing children's environmental attitudes", *The Journal of Environmental Education*, Vol. 30/4, *www.researchgate.net/profile/Paul_Eagles/publication/271994465_Factors_Influencing_Children's_Environmental_Attitudes/links/553e677b0cf20184050f83a6.pdf.*

European Commission (1995), "Teaching and learning: Towards the learning society", *White Paper on Education and Training*, Office for Official Publications in European Countries, Luxembourg, *http://europa.eu/documents/comm/white_papers/pdf/com95_590_en.pdf.*

Fensham, P. (1985), "Science for all: A reflective essay", *Journal of Curriculum Studies*, Vol. 17/4, pp. 415-435, *http://dx.doi.org/10.1080/0022027850170407.*

Ford, M.J. and **B.M. Wargo** (2012), "Dialogic framing of scientific content for conceptual and epistemic understanding", *Science Education*, Vol. 96/3, pp. 369-391, *http://dx.doi.org/10.1002/sce.20482.*

Gardner, P.L. (1975), "Attitudes to Science", *Studies in Science Education*, Vol. 2, pp. 1-41.

Gott, R., S. Duggan and **R. Roberts** (2008)," Concepts of evidence", University of Durham, *www.dur.ac.uk/rosalyn.roberts/Evidence/cofev.htm* (accessed 23 September 2012).

Kane, M. (2006), "Validation", in R.L. Brennan (eds.), *Educational Measurement*, 4th ed., Praeger Publishers and the American Council on Education, Westport, CT, pp. 17-64.

Klopfer, L.E. (1971), "Evaluation of learning in science" in B.S. Bloom, J.T. Hastings and G.F. Madaus (eds.), *Handbook of Formative and Summative Evaluation of Student Learning*, McGraw-Hill Book Company, London.(『学習評価ハンドブック（上・下）』B.S. ブルーム他著，渋谷憲一，藤田恵璽，梶田叡一訳，第一法規，1973年・1974年)

Klopfer, L.E. (1976), "A structure for the affective domain in relation to science education", *Science Education*, Vol. 60/3, pp. 299-312, *http://dx.doi.org/ 10.1002/sce.3730600304.*

Kuhn, D. (2010), "Teaching and learning science as argument", *Science Education*, Vol. 94/5, pp. 810-824, *http://dx.doi.org/ 10.1002/sce.20395.*

Lederman, N.G. (2006), "Nature of science: Past, present and future", in S. Abell and N.G. Lederman (eds.), *Handbook of Research on Science Education*, Lawrence Erlbaum, Mawah, NJ, pp. 831-879.

Longino, H.E. (1990), *Science as Social Knowledge*, Princetown University Press, Princetown, NJ.

Marzano, R.J. and **J.S. Kendall** (2007), *The New Taxonomy of Educational Objectives*, Corwin Press, Thousand Oaks, CA.(『教育目標をデザインする：授業設計のための新しい分類体系』R.J. マルザーノ，J.S. ケンドール著，黒上晴夫，泰山裕訳，北大路書房，2013年)

Millar, R. (2006), "Twenty first century science: Insights from the design and implementation of a scientific literacy approach in school science", *International Journal of Science Education*, Vol. 28/13, pp. 1499-1521, *http://dx.doi.org/10.1080/09500690600718344.*

Millar, R. and **J.F. Osborn** (eds.)(1998), *Beyond 2000: Science Education for the Future*, School of Education, King's College, London, *www.nuffieldfoundation.org/sites/default/files/Beyond%202000.pdf.*

Millar, R. *et al.* (1995), "Investigating in the school science laboratory: Conceptual and procedural knowledge and their influence on performance", *Research Papers in Education*, Vol. 9/2, pp. 207-248, *http://dx.doi.org/10.1080/0267152940090205.*

Mislevy, R.J. and **G.D. Haertel** (2006), "Implications of evidence-centered design for educational testing", *Educational Measurement: Issues and Practice*, Vol. 25/4, pp. 6-20.

National Academy of Science (1995), *National Science Education Standards*, National Academy Press, Washington, DC.

National Research Council (2012), *A Framework for K-12 Science Education: Practices, Crosscutting Concepts, and Core Ideas*, Committee on a Conceptual Framework for New K-12 Science Education Standards, Board on Science Education, Division of Behavioral and Social Sciences and Education, Washington, DC.

National Research Council (2000), *Inquiry and the National Science Education Standards*, National Academy Press, Washington DC.

OECD (2012), "What kinds of careers do boys and girls expect for themselves?", *PISA in focus*, No 14, OECD Publishing, Paris, *http://dx.doi.org/10.1787/5k9d417g2933-en.*

OECD (2009), *PISA 2006 Technical Report*, PISA, OECD Publishing, Paris, *http://dx.doi.org/10.1787/9789264048096-en.*

OECD (2007), *PISA 2006: Science Competencies for Tomorrow's World: Volume 1: Analysis*, PISA, OECD Publishing, Paris, *http://dx.doi.org/10.1787/9789264040014-en.*

OECD (2006), *Assessing Scientific, Reading and Mathematical Literacy: A Framework for PISA 2006*, PISA, OECD Publishing, Paris, *http://dx.doi.org/10.1787/9789264026407-en.* (『PISA2006年調査 評価の枠組み：OECD生徒の学習到達度調査（PISA）』経済協力開発機構（OECD）編著，国立教育政策研究所監訳，ぎょうせい，2007年)

OECD (2004), *The PISA 2003 Assessment Framework: Mathematics, Reading, Science and Problem Solving Knowledge and Skills*, PISA, OECD Publishing, Paris, *http://dx.doi.org/10.1787/9789264101739-en.* (『PISA2003年調査 評価の枠組み：OECD生徒の学習到達度調査（PISA）』経済協力開発機構（OECD）編著，国立教育政策研究所監訳，ぎょうせい，2004年)

OECD (2000), *Measuring Student Knowledge and Skills: The PISA 2000 Assessment of Reading, Mathematical and Scientific Literacy*, PISA, OECD Publishing, Paris, *http://dx.doi.org/10.1787/9789264181564-en.*

OECD (1999), *Measuring Student Knowledge and Skills: A New Framework for Assessment*, OECD Publishing, Paris, *http://dx.doi.org/10.1787/9789264173125-en.*

Ormerod, M.B. and **D. Duckworth** (1975), *Pupils' Attitudes to Science*, National Foundation for Educational Reasearch, Slough, UK.

Osborne, J.F. (2010), "Arguing to learn in science: The role of collaborative, critical discourse", *Science*, Vol. 328/5977, pp. 463-466, *http://dx.doi.org/10.1126/science.1183944.*

Osborne, J.F. and **J. Dillon** (2008), *Science Education in Europe: Critical Reflections*, Nuffield Foundation, London.

Osborne, J.F., S. Simon and **S. Collins** (2003), "Attitudes towards science: A review of the literature and its implications", *International Journal of Science Education*, Vol. 25/9, pp. 1049–1079, *http://dx.doi.org/10.1080/0950069032000032199.*

Rickinson, M. (2001), "Learners and learning in environmental education: A critical review of the evidence", *Environmental Education Research*, Vol. 7/3, *http://citeseerx.ist.psu.edu/viewdoc/download?doi=10.1.1.454.4637&rep=rep1&type=pdf.*

Rychen, D.S. and **L. H. Salganik** (eds.) (2003), *Definition and Selection of Key Competencies: Executive Summary*, Hogrefe Publishing, Gottingen, Germany.

Schibeci, R.A. (1984), "Attitudes to science: An update", *Studies in Science Education*, Vol. 11, pp. 26-59.

Sekretariat der Standigen Konferenz der Kultusminister der Lander in der Bundesrepublik Deutschland (KMK) (2005), Bildungsstandards im Fach Biologie fur den Mittleren Schulabschluss (Jahrgangsstufe 10).

Tai, R.H. *et al.* (2006), "Planning early for careers in science", *Science*, Vol. 312, pp. 1143-1145.

Taiwan Ministry of Education (1999), Curriculum outlines for "Nature science and living technology", Ministry of Education, Taipei, Taiwan.

UNEP (2012), *21 Issues for the 21st Century: Result of the UNEP Foresight Process on Emerging Environmental Issues*, United Nations Environment Programme (UNEP), Nairobi, Kenya, *www.unep.org/pdf/Foresight_Report-21_Issues_for_the_21st_Century.pdf.*

UNESCO（2003），“UNESCO and the international decade of education for sustainable development (2005-2015)”, *UNESCO International Science, Technology and Environmental Education Newsletter*, Vol. XXVIII, No. 1-2, UNESCO, Paris.

UNESCO（2005），“International implementation scheme” *United Nations Decade of Education for Sustainable Development*（*2005-2014*），UNESCO, Paris, *www.bibb.de/dokumente/pdf/a33_unesco_international_implementation_scheme.pdf.*

Weaver, A.（2002），“Determinants of environmental attitudes: A five-country comparison”, *International Journal of Sociology*, Vol. 32/1.

Webb, N.L.（1997），“Criteria for alignment of expectations and assessments in mathematics and science education”, *Council of Chief State School Officers and National Institute for Science Education Research Monograph*, National Institution for Science Education, Washington, DC.

Wiliam, D.（2010），“What counts as evidence of educational achievement? The role of constructs in the pursuit of equity in assessment”, *Review of Research in Education*, Vol. 34, pp. 254-284.

Ziman, J.（1979），*Reliable Knowledge: An Exploration of the Grounds for Belief in Science*, Cambridge University Press, Cambridge, UK.（『科学理論の本質』J. ザイマン著，桜井邦朋，大江秀房訳，地人書館，1985年）

■ 第 3 章 ■

読解力

本章では，2015 年の OECD 生徒の学習到達度調査（PISA）で評価される「読解力」の定義と，読解力に必要な能力について述べる。ここでは，評価される読解力に必要な認知プロセス（側面），評価で用いられるテキストのタイプや出題形式，そして生徒の読解力の到達度がどのように測定され，報告されるのかについて説明する。

第3章

はじめに

PISA2015 年調査は，読解力を中心分野にはしていないが，生徒の到達度を経年的に比較する機会を提供する。この枠組みで用いる PISA 調査の読解力評価に関する記述と図解は，調査サイクルの中で読解力が中心分野として再調査され，改訂された 2009 年調査の枠組みに含まれたものと同じである。しかし，この枠組みではデジタル読解力（2009 年では「ERA」と呼ばれた）についてはカバーしていない。これは，2009 年調査の報告において筆記型読解力とデジタル読解力で異なる尺度が用いられたためである。PISA2015 年調査では読解力は中心分野ではなく，また，2009 年調査や 2012 年調査でも全ての参加国がデジタル読解力調査を実施したわけではないため，デジタル読解力については独立したデータがなく，読解力の全般的な概念の一部として含まれていない。

PISA2015 年調査は，読解力を含む全分野においてコンピュータによる調査実施形態を基本としている。しかしながら，コンピュータを用いるテストを生徒に受けさせないことを選択した国には，筆記型調査の手段が提供される。コンピュータ使用型と筆記型のいずれの手段においても，読解力は同じ継続問題群から構成される。中心分野ではない分野の継続問題の数は，過去の PISA 調査に比べると増えており，その結果，各問いに解答する生徒の数は減っているが，構成概念の幅は広くなっている。こうした設計は，潜在的なバイアスを減らし，経年的な測定を安定させ発展させることを目的としている。

2015 年調査で調査実施形態がコンピュータ使用型に移行したことに際し，2012 年調査時のテキストの分類「媒体：紙と電子」が潜在的な混乱の原因となっている。2015 年調査では，テキストが紙上またはスクリーン上のいずれに表示されようと，調査実施形態とテキストが表示される空間（以下，「テキスト表示空間（text display space）」と呼ぶ）とを区別するために，この分類を表す用語を「固定されたテキスト（fixed text）」と「ダイナミックなテキスト（dynamic text）」に改めた。ただし，その構成概念は 2009 年の枠組みから変更されておらず，同じままである点に留意したい。

PISA2015 年調査　読解力の用語

調査実施形態：配信チャンネルについてのみ言及する。以下の区別がある。

- **筆記型**：紙で配布される問題
- **コンピュータ使用型**：コンピュータで配信される問題

テキスト表示空間：2009 年には，大まかな分類として「媒体」が印刷テキストとデジタルテキストの特徴を記述するために用いられた。2015 年では，この分類は残すが，名称を「テキスト表示空間」に変更する。

- **固定されたテキスト**：以前は「紙媒体のテキスト」と呼ばれていたもの（訳注：「印刷テキスト」のことを指す）。PISA2015 年調査では，この種のテキストもスクリーンに表示されているので，「紙」という用語はもはや当てはまらない。
- **ダイナミックなテキスト**：以前は「電子媒体のテキスト」と呼ばれていたもの（訳注：「デジ

タルテキスト」のことを指す)。PISA2015年調査では,「紙媒体」のテキストもスクリーンに表示されるため,「電子」という用語は両方のテキスト表示空間に当てはまる。

デジタル読解力:「デジタル読解力調査」という用語は,2009年調査と2012年調査で実施した国際オプション分野を特定して指すもので,過去の調査を振り返る目的で今後も使われる。

注:これらの新しい用語は,以前は紙で配られ,「印刷テキスト」として分類された問題がスクリーンで配信されるようになった2015年調査にのみ用いられることを目的とした暫定的なものである。この目的は,調査実施形態と,以前は「媒体」として知られていた分類の特徴との間に,より明確な区別をつけることにある。読解力が再び中心分野となる2018年には,枠組みとこうした用語の両方が再考され改訂されるだろう。

2015年調査には,固定されたテキストのみが調査に用いられ,これらは主にコンピュータ使用型の調査実施形態で配信される。このことを示したのが以下の表3.1である。

表3.1　PISA2015年調査における調査実施形態とテキスト表示空間との関係

調査実施形態 / テキスト表示空間	固定されたテキスト	ダイナミックなテキスト
筆記型	✔	✘
コンピュータ使用型	✔	✔（しかし,2015年では評価されない)

読解力は,PISA調査の最初のサイクル(2000年調査)に中心分野として調査が行われた。その後,4回目のサイクル(2009年調査)で再び中心分野となった。6回目のサイクル(2015年調査)では,読解力は中心分野ではなく,枠組みは2009年調査から変わっていない(OECD, 2010)。2009年調査の枠組みでは,それ以前の枠組みに2点の大きな修正が加えられた。デジタル読解力調査を組み入れた点と,読みの取組とメタ認知の構造について詳述している点である。しかし,PISA2015年調査では読解力は中心分野ではない。デジタルテキストの読解は含まれておらず,読解における取組とメタ認知のデータは収集されていない。

したがって,義務教育修了を前にした生徒の読解力を評価するPISA調査の枠組みは,教室の内外で直面するものを含め,幅広いテキストから情報を発見・選択・解釈・評価する技能に重点を置かねばならない。

第1節　読解力の定義

読解及び読解力の定義は,社会,経済,文化の移り変わりとともに変化してきた。学習の概念,特に生涯学習の概念は,読解力についての認識を拡大させた。読解力はもはや,学校教育の初期の段階でのみ習得される能力ではなく,個人が同輩やより広い地域社会との相互作用を通じて,様々な状況の中で構築する,生涯にわたって拡大していく知識・技能・方略の集合体であるとみなされるようになっている。

認知に基づく読解力理論では,紙媒体の読解が相互作用的性質を持ち,理解が構成的性質を帯びていること（Binkley and Linnakylä, 1997; Bruner, 1990; Dole *et al.*, 1991），及び電子媒体においてそうした性質がより顕著であること（Fastrez, 2001; Legros and Crinon, 2002; Leu, 2007; Reinking, 1994）が力説されている。読み手はテキストに反応して意味を生成する際，これまでに得た知識やテキストの一定の範囲，社会的・文化的なものに由来することの多い状況的な手掛かりを利用する。また，意味を構築する際には，種々のプロセスや技能，方略を用いて，理解を促進し，検討し，主張する。読み手は紙媒体の様々な連続型・非連続型テキストや（とりわけ）電子媒体の複合型テキストと相互的な関わりを持つため，こうしたプロセスや方略は文脈や目的に応じて変化すると予測される。

PISA2015年調査における読解力の定義は，2009年調査で用いられたものと同じで，コラム3.1に示すとおりである。

コラム3.1　PISA2015年調査における読解力の定義

読解力とは，自らの目標を達成し，自らの知識と可能性を発達させ，社会に参加するために，書かれたテキストを理解し，利用し，熟考し，これに取り組むことである。

読解力とは，……

「読む力（reading）」でなく「読解力（読解リテラシー：reading literacy）」という用語が用いられているのは，後者の方が，専門家でない人々に向けて，この調査が測定するものをより正確に伝えることができるからである。「読む力」は往々にして，単に解読する能力，あるいは声に出して読む能力と理解されるが，この調査の意図は，それより幅広く奥深い能力を測定することにある。読解力には，基本的な解読から，単語・文法及びより広範囲の言語・テキストの構造と特徴に関する知識，そして世界に関する知識に至るまで，幅広い認知的能力が含まれる。

本研究の中で，「読解力」によって表現しようとするのは，様々な目的や状況の下で，積極的で有意義かつ機能的に読解を利用することである。Holloway（1999）によれば，読解技能は中学生，高校生の学業達成に不可欠である。PISA調査では，広範囲にわたる生徒を評価する。大学に進学する者もいれば，働き手となるための準備として，更に勉強を続ける者もいる。また，義務教育を終えてすぐに社会に出る者もいる。読解力の習得は，教育システムにおけるほかの教科分野での習得の基礎となるだけではない。成人生活の多くの分野にうまく参加するための必須な条件でもある（Cunningham and Stanovich, 1998; Smith *et al.*, 2000）。学問や職業に対する夢がどんなものであれ，生徒の読解力は，地域社会や経済生活，私生活に積極的に参加するために実に重要なのだ。

読解力の技能は個人だけでなく，経済全体にとっても重要な意味を持つ。政策立案者などは，現代社会において，人的資本――一国の経済において個々人が知り，行えることの総体――が最も重要な資本であるかもしれないことを認識し始めている。経済学者は，一般に国の教育レベルが潜在的な経済成長力を予測できることを示すモデルを，長年にわたって開発している（Coulombe *et al.*, 2004）。

……理解し，利用し，熟考し，……

「理解」という言葉は，一般的に認められている読解力の構成要素である「理解力」とすぐに結び付く。「利用」という言葉は応用や機能などの概念を意味する。つまり，読んだものを使って何かをする，ということだ。「熟考」は「理解」や「利用」に加えて，読解が相互作用的なものだという考えを強調するものである。読み手はテキストに取り組む際に，自分の思考や経験を活用する。もちろん，全ての読むという行為には，熟考すること，つまりテキスト以外の情報を活用することが必要である。初期の段階からでさえ，読み手はテキストを読み解くためにシンボル的な知識を用い，意味を構築するために単語の知識を必要とする。読み手は，情報，経験，信条を蓄積するにつれて，多くの場合は無意識のうちに，自分が読んでいる内容を別の知識に照らして検証し，そのテキストに対する自分の理解を繰り返し見直し，改めているのである。

……これに取り組む……

読解力のある人は，効果的に読む技能と知識を持っているだけでなく，読解の価値を理解し，様々な目的で読解を用いることができる。したがって，読みに習熟することだけでなく，読みに取り組む姿勢を養うことが教育の目標となる。この文脈における取組とは読む意欲を意味し，その構成要素である一連の情緒的・行動的特徴には，読むことへの関心や喜び，読むものを自分で決められるという感覚，読むことの社会的次元への関与，様々なものを頻繁に読む習慣などが含まれる。

……書かれたテキスト……

「書かれたテキスト」という用語には，紙媒体と電子媒体のどちらにおいても，言語が文字の形態で用いられている，首尾一貫したテキストの全てが含まれる。「情報」という語も，読解力の別の定義で使われることがあるが，「テキスト」という用語が選ばれたのは，「テキスト」は書かれた言語を連想させるからである。また，「テキスト」には，情報に重点を置いた読解だけでなく，文学的な読解という意味がより自然に含まれるからである。

これらのテキストには，音声録音などの聴覚的記録や，映画，テレビ，アニメーション，言葉の添えられていない写真などは含まれない。書き言葉が含まれる図形，写真，地図，表，グラフ，コマ割り漫画といった視覚的表示物は「書かれたテキスト」に含まれる（例えば，キャプション）。これらの視覚的なテキストは独立で用いられる場合もあれば，大きなテキストの一部に組み込まれる場合もある。デジタルテキストは数多くの点で印刷テキストと区別される。物理的な読みやすさや，読み手が一度に見ることのできるテキストの量，ハイパーテキストのリンクを通じてテキストの異なる部分や別個のテキストが相互に結び付けられている点などだ。また，こうしたテキスト特性により，読み手のデジタルテキストに対する典型的な関わり方も異なってくる。デジタルテキストは印刷テキストや手書きのテキストに比べ，読み手が独自の経路を構築して読解活動を終わらせる必要性がはるかに高い。

……自らの目標を達成し，自らの知識と可能性を発達させ，社会に参加するために，……

このフレーズは，私生活から公的生活まで，また学校から職場，学校教育から生涯学習，積極的な市民活動に至るまで，読解力が役割を果たすあらゆる状況を包含するものである。「自らの目標を達成し，自らの知識と可能性を発達させる」という部分には，読解力を身に付けることによって，個人の夢を――学校の卒業や就職といった明確な夢も，個人の生活や生涯学習を幅広い豊かなものにするといった，さほど明確でも直接的でもない夢も――実現することができるという考え方がはっきりと述べられている。「参加する」という言葉が使われているのは，読解力により，人は自分のニーズを満たすだけでなく，社会にも貢献できることを含蓄するからである。「参加」には，社会的，文化的，政治的関与が含まれる。

第2節　読解力分野の構成

ここでは，この分野をどう記述するかを考えることが重要となる。なぜなら，分野の記述と構成の仕方によって，テストがどう設計され，最終的に，生徒の習熟度についてどのようなデータが収集・報告され得るかが決まってくるからである。

読解力とは，多次元的な分野である。読解力は多くの要素によって構成されているが，PISA 調査を構築するに当たり，その全てを考慮の対象とすることはできない。最も重要と思われる要素だけが選択されている。

PISA 調査の読解力分野は，この分野の幅広い領域を確保するために，三つの主要な課題特性を基にして構築される。

- **状況**：読解が行われる幅広い文脈や目的の範囲。
- **テキスト**：読まれる素材の範囲。
- **側面**：読み手がどのようにテキストに取り組むかを決定する認知的アプローチ。

PISA 調査では，課題の難易度を変えるために，（状況を除いた）テキストと側面に関する変数の特徴も操作される。

読解とは複雑な活動である。その要素は互いにきちんと区切られて独立に存在しているわけではない。テキストや課題をカテゴリー分けするといっても，カテゴリーが厳密に区切られているわけでも，素材が理論的構造によって定められた細かい枠の中にばらばらに存在しているわけでもない。枠組みの体系を提供するのは，各課題の顕著な特徴とされるものに基づいて，扱うべき範囲を確保し，調査の開発を方向付け，報告のための変数を設定するためである。

読解力の問題例は『PISA 2012 Assessment and Analytical Framework』（OECD, 2013）（『PISA2012 年調査 評価の枠組み：OECD 生徒の学習到達度調査』OECD 編著，国立教育政策研究所監訳，明石書店，2016 年）や PISA 調査のウェブサイト（*www.oecd.org/pisa/*）で閲覧できる。

2.1　状況

PISA 調査の状況変数は，欧州評議会（Council of Europe, 1996）向けに作成された「基準に関する欧州共通枠組み（CEFR）」から採用されている。私的，公的，教育的，職業的という四つの状況変数について以下に説明する。

私的状況は，個人の実際的及び知的な興味を満たすためのテキストに関係している。また，他者との個人的なつながりを維持したり，発展させたりするためのテキストも含まれる。私的な手紙，小説，伝記，情報提供テキストなどがこれに当たり，余暇や気晴らしのための活動として，好奇心を満たすために読まれるものである。電子媒体に関しては，私的な電子メール，インスタント・メッセージ，日記形式のブログが含まれる。

公的状況に分類されるテキストは，より幅広い社会の活動や関心事に関するものであり，公的文書や公的行事に関する情報が含まれる。一般に，このカテゴリーに含まれるテキストは，多かれ少なかれ他者と匿名で接触することを想定したものであり，フォーラム形式のブログや報道ウェブサイト，オンライン・オフライン双方での公示が含まれる。

教育的状況に分類されるテキストは通常，教育目的で作られることがはっきりとしている。教科書や対話型学習用ソフトウェアが，この種の読解のために作成された素材の典型的な例である。このタイプの読解は通常，より大きな学習課題の一部として情報を獲得することを伴う。素材は多くの場合，読み手が選ぶのではなく，指導者が読み手に課すものである。原型的課題は，通常「学ぶための読解」（Sticht, 1975; Sigging, 1982）とされているものである。

15歳児の多くが，学校を出て1，2年のうちに労働力となる。典型的な**職業的**状況の課題は，目の前の仕事をこなすことに関連したものである。新聞の求人広告欄やオンラインで職探しをすること，職場の指示に従うことなどが含まれよう。このタイプの原型的課題はしばしば「なすための読解」（Sticht, 1975）と呼ばれる。

PISA調査の読解力分野において，**状況**とは，テキストとそれに関連する課題を定義するために用いられる用語であり，著者がそのテキストを作成した文脈と用途を指すものである。したがって，状況変数は想定される読み手と目的に基づいて特定されるものであり，単に読解活動が行われる場所に基づいて決定されるのではない。教室で使用されるテキストの多くは，教室での使用のために特定して設計されたものではない。例えば，国語や文学の授業で，15歳児は文学作品のテキストをよく読むものだ。しかし，そのテキストは（恐らく）読み手に私的な楽しみを与えることや，鑑賞を目的として書かれたはずである。その本来の目的を踏まえ，このようなテキストはPISA調査では**私的**に分類される。Hubbard（1989）が示したように，クラブの規則や試合の記録など，通常子供にとって学校外の環境に関わる読解は，学校でも非公式に度々行われている。このようなテキストはPISA調査では**公的**に分類される。逆に，教科書は学校でも家庭でも読まれるが，読む場所が変わってもそのプロセスと目的はほとんど変わらない。こうしたテキストはPISA調査では**教育的**に分類される。

四つのカテゴリーには重複する部分がある。実際問題として，例えば，楽しませることと指導することの双方を目的とするテキスト（私的と教育的）もあろうし，提供する専門的助言が，同時に一般的な情報でもある（職業的と公的），といった場合もあろう。本枠組みでは，内容は特に操作される変数ではないが，様々な状況にまたがるテキストを選ぶことにより，PISAの読解力調査に含まれる内容が最大限多様なものになることを意図している。

表3.2は読解力の課題において，状況別に見た読解力の問題の望ましい配分を示したものである。

表 3.2　状況別に見た読解力の問題の望ましい配分

状況	問題の割合（%）
私的	30
教育的	25
職業的	15
公的	30
合計	100

2.2　テキスト

読解には読み手が読む素材が必要である。調査では，その素材――特定の課題に関連する一つのテキスト（あるいは一連のテキスト）――は内部的に統一が取れていなくてはならない。つまり，追加的な素材を必要とせず，それだけで熟練した読み手に意味が伝わるようなテキストでなければならない[1]。様々なテキストが多数存在し，調査には広範囲にわたるテキストを含めるべきであることは明らかだが，テキストの種類について理想的な分類法があるかどうかは定かではない。

2.2.1　PISA2009 年調査及び PISA2012 年調査

PISA2009 年調査と PISA2012 年調査では，枠組みにデジタル読解力が加わったことから，この問題は更に複雑になった。この両年の調査では，筆記型読解力調査とデジタル読解力調査が企てられたため，四つの主要なテキストの分類があった。

- **媒体**：紙，電子。
- **環境**：受信型，相互発信型，混成型（電子媒体にのみ適用される）。
- **テキストの形式**：連続型，非連続型，混成型，複合型。
- **テキストのタイプ**：記述，叙述，解説，議論，指示，処理。

2.2.2　PISA2015 年調査

上記で述べたとおり，PISA2015 年調査では，以前の「筆記型読解力調査」に用いられた問題だけがコンピュータ若しくは紙を通じて生徒に出題される。また，2015 年調査では，テキストの分類は以下の二つだけである。

- **テキストの形式**
- **テキストのタイプ**

テキスト表示空間は，固定されたテキストとダイナミックなテキストという二つのカテゴリーを持つ，三つ目のテキストの分類である。この分類は PISA2015 年調査では使われないが，PISA2018 調査には組み込まれるであろう。

PISA2015 年調査では，「テキスト表示空間」という用語は空間の特徴――「固定された」か「ダイナミックな」か――を表すために用いられ，テキストを提示する調査実施形態のことを指すものではない。

固定されたテキストは通常，1枚の紙や小冊子，雑誌，書籍といった形態で紙面に現れるものであるが，PDF形式でスクリーン上に現れたり，電子書籍で現れたりする傾向がますます増してきている。こうした発展は，PISA2009年調査の枠組みで「筆記型読解力」「デジタル読解力」とラベル付けされたものの区分をますます不鮮明にする。PISA2015年調査では2009年調査で「筆記型読解力」とラベル付けされたものしか用いないので，2015年調査の側面については概念的な変更はない。固定されたテキストでは，その物理的状態によって，読み手はある特定の順序でテキストの内容にアプローチするように仕向けられる（とはいえ，強いられるわけではない）。本質的に，こうしたテキストは固定された静的な存在である。実生活でも調査の場面でも，読み手はテキストの範囲や量を容易に認識できる。

2015年調査において，固定されたテキストである「筆記型」読解力の継続問題を筆記型からコンピュータ使用型の調査実施形態に変更する際，ダイナミックなテキストに典型のナビゲーションツールの使用は控えめにし，使う場合は明らかにわかるものだけにするよう注意を払う必要があった。元々は筆記型で実施していた問題をコンピュータで実施することによって生じる影響については，予備調査で行った調査実施形態の違いに関する研究において検証された。

ダイナミックなテキストはスクリーン上にのみ現れ，**ハイパーテキスト**，すなわち，ナビゲーションのツール・機能を持つテキスト又はテキスト群と同義とみなされる。ナビゲーションのツール・機能によって，連続的でない読解が可能になり，また実際に連続的でない読解が必要となる。それぞれの読み手は，たどっていった先のリンクで出くわす情報から「カスタマイズした」テキストを構築する。本質的に，このようなテキストは固定されてない動的な存在といえる。ダイナミックなテキストでは，一般に，一度に見ることができるのは，入手したテキストの一部分だけであり，入手したテキストの範囲はわからないことが多い。PISA2015調査には，ダイナミックなテキストは含まれていない。

環境という分類は，PISA2009年調査の読解力の枠組みにおける新しい変数であった。この分類はダイナミックなテキストにのみ適用されるので，2015年調査の枠組みでは取り上げない。

2.2.3　テキストの形式

テキストの重要な分類は，連続型テキストと非連続型テキストの区別である。

連続型と**非連続型**のテキストの形式は，紙媒体，電子媒体のいずれにも現れる。**混成型**及び**複合型**形式のテキストも，両方の媒体に広く見られるが，特に電子媒体においてこの傾向が顕著である。これら四つの各形式について，以下で詳述する。

連続型テキストは段落を構成する文章からなる。これらは，節や章，本などの更に大きい構造の一部になることもある（例えば，新聞記事，エッセイ，小説，短編小説，批評，手紙。電子書籍も含む）。

非連続型テキストはほとんどの場合，母体となる形式の中にまとめられていて，数々のリストで構成されている（Kirsch and Mosenthal, 1990）（例えば，リスト，表，グラフ，図，広告，予定表，カタログ，索引，書式）。それゆえ，これらのテキストは連続型テキストとは異なった読解アプローチを必要とする。

多くのテキストは，**連続型**と**非連続型**双方の諸要素を一つに統一して作られたものである。うまく構成された**混成型**テキストにおいて，その構成要素（例えば，グラフや表を伴う散文体の説明文）は，あらゆる場所で一貫性や統一性を通じて，補完し合う関係にある。紙媒体における**混成型**テキストは，雑誌や参考図書，報告書によく見られる形式である。電子媒体においては，受信型ホームページが典型的な混成型テキストであり，リストや散文の段落のほか，画像を備えていることも多い。オンライン書式，電子メール，フォーラムといった相互発信型テキストも，**連続型**と**非連続型**の形式のテキストを組み合わせたものである。

複合型テキストは，別個に生成され，別個に意味をなす複数のテキストと定義される。調査を目的として，これらのテキストは特定の理由で並置されたり，互いに緩く結び付けられたりすることがある。テキスト間の関係は明白でない場合もあり，相補的な関係であったり，互いに矛盾する関係であったりする。例えば，異なる企業がそれぞれのウェブサイトで旅行のアドバイスを提供する場合，それらのウェブサイトは旅行者に同じような指示を出すかもしれないし，そうではないかもしれない。複合型テキストは単一の「純粋な」形式（例えば，連続型）を持つ場合もあれば，「連続型」と「非連続型」両方のテキストを含む場合もある。

表3.3は，テキストの形式別に見た問題の望ましい配分を示したものである。

表3.3　テキストの形式別に見た読解力の問題の望ましい配分

テキストの形式	問題の割合（%）
連続型	60
非連続型	30
混成型	5
複合型	5
合計	100

2.2.4　テキストのタイプ

テキストはそのタイプによっても分類される。テキストのタイプには，記述，叙述，解説，議論，指示，処理がある。

一般的に，世間で見られるテキストを分類するのは難しい。これらは決まりごとを念頭に置いて書かれたりしないのが普通であり，複数のカテゴリーにまたがる傾向があるためだ。読解力の問題が様々なタイプの読解を確実に表せるようにするために，PISA調査ではテキストをその顕著な特徴に基づいて分類している。

以下に示すテキスト分類法は，Werlich（1976）の研究をPISA調査に適応させたものである。

記述は，情報が事物の空間的な特性について言及しているテキストのタイプである。記述的テキストは一般に，「何か」といった質問に対する答えを提供する（例えば，旅行記や日記に見られる特定の場所の記述，カタログ，地図，オンラインの飛行機の時刻表，技術マニュアルにおける特徴や機能，プロセスの記述）。

叙述は，情報が事物の時間的な特性について言及しているテキストのタイプである。叙述は一般に，「いつ」又は「どのような順序で」といった質問に対する答えを提供する。また「物語の登場人物がなぜそのように振る舞うのか」といった重要な質問に答えるものでもある（例えば，小説，短編小説，戯曲，伝記，コマ割り漫画，フィクションのテキスト，出来事に関する新聞記事)。

解説は，情報が複合的概念や心的構成概念として，又はそれらを構成している諸要素として提示されるテキストのタイプである。このタイプのテキストは意味をなす全体の中で構成要素同士がどのような相互関係を持つかを説明するもので，多くの場合，「どのようにして」といった質問に答えるものである（例えば，学術的エッセイ，記憶モデルを示した図，人口の趨勢を示したグラフ，概念地図，オンライン百科事典の項目)。

議論は，複数の概念間又は主張間の関係を示すテキストのタイプである。議論的テキストは一般に「なぜ」といった質問に答えるものである。議論的テキストの重要な下位区分に，意見や考えに言及する説得的テキスト及び見解的テキストがある。**議論**の分類に入るテキストタイプの例は，編集者への手紙，ポスター広告，オンラインフォーラムへの投稿メッセージ，ウェブページ上の書評や映画評などである。

指示は，何をするべきかという指示を与えるテキストのタイプである。このテキストは，ある作業を完了させるために特定の行動を取るよう指示するものである（例えば，レシピ，応急手当を施すための手順を示した一連の図，デジタルソフトウェアの運用指針)。

処理は，テキストに概説された特定の目的を達成するためのテキストで，何かをしてもらうよう要請する，会議を運営する，友人と社会的な取組を行うなどである。デジタルコミュニケーションが普及する以前は，この種のテキストは手紙などの重要な構成要素であり，また口頭でのやり取りにおいては，多くの場合，電話をかける主な目的に当たるものだった。このテキストのタイプはWerlich（1976）の分類には含まれていなかったが，電子媒体が普及した（例えば，同僚や友人との間で調整を依頼，確認する電子メールやメッセージを日常的に交換するようになった）ことによって，PISA2009年調査の枠組みで初めて取り入れられた。

2.3　側面

ナビゲーションのツール・機能は，読み手がテキストの内部や周辺，間を進むことを可能にする，目に見える，又は物理的な特徴であるが，側面とは，その際に読み手が利用する精神面での方略，アプローチ，又は目的である。

次の五つの側面が，読解力調査の課題開発に影響を与える。

- **情報の取り出し**
- **幅広い理解の形成**
- **解釈の展開**
- **テキストの内容の熟考・評価**
- **テキストの形式の熟考・評価**

これら五つの側面それぞれを別の下位尺度として報告できるほど，十分な数の問題をPISA調査に盛り込むことは不可能なので，結果報告のためには，この五つの側面を次のような三つの上位カテゴリーにまとめることとする。

- **探求・取り出し**
- **統合・解釈**
- **熟考・評価**

情報の取り出しの課題は，読み手をテキスト内の別個の情報に注目させるものであり，**探求・取り出し**の尺度に割り振られる。

幅広い理解の形成及び**解釈の展開**の課題は，読み手をテキスト内の関係性に注目させるものである。テキスト全体に的を絞った課題では，読み手は幅広い理解を形成する必要があり，テキストの部分同士の関係性に的を絞った課題では，解釈を展開する必要がある。この二つをまとめて**統合・解釈**とする。

最後の二つの側面，**テキストの内容の熟考・評価**及び**テキストの形式の熟考・評価**を扱う課題は，**熟考・評価**という一つのカテゴリーにまとめる。このいずれの側面においても，読み手は主にテキスト外部の知識を活用し，その知識と今読んでいるものとを関係付ける必要がある。**内容の熟考・評価**の課題はテキストの概念的本質に，**形式の熟考・評価**の課題はテキストの構造や形式的特徴に関わるものである。

図 3.1　読解力の枠組みと側面の下位尺度との関係

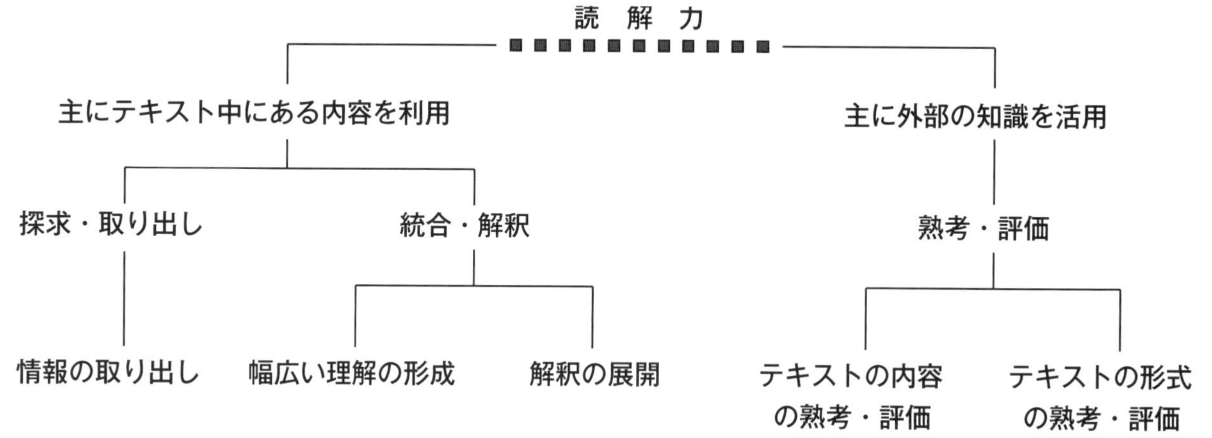

図 3.1 は，テスト開発においてターゲットにされた五つの側面と，報告目的でまとめられた三つの上位側面との関係を示している。

以下の節で，この三つの上位側面のカテゴリーについて詳述する。

2.3.1　探求・取り出し

探求・取り出しとは，与えられた情報空間に入り，その中を進んで，一つ又は複数の別個の情報を探し出し，取り出すことである。この側面に該当する課題には，求人広告から雇用主が求めている詳細情報を探し出すこと，複数の識別番号がついた電話番号を見つけること，誰かの主張に賛成又は反対するために特定の事実を見つけることなどが挙げられる。

取り出しが必要な情報を選択するプロセスを表すのに対し，**探求**は必要な情報の位置する場所，つまり情報空間に到達するプロセスを表している。課題によっては，情報の取り出しのみを求めるものもある。特に固定されたテキストの場合は，情報全体が即座に目に見え，読み手は明確に特定された情報空間から適切な部分を選び出しさえすればよいために，その傾向が顕著である。一方，ダイナミックなテキスト表示空間にある課題は，探求以上のことをほとんど必要としないものもある（例えば，検索結果のリストから一つの項目を選んでクリックする）。しかしながら，PISA2015年調査ではデジタル読解力調査が実施されないため，**探求・取り出し**の課題では前者のプロセスのみが必要となる。このような固定されたテキストの表示空間における**探求・取り出し**の問題では，読み手は関連のある情報に辿り着く前にテキストの適切な部分を見つけるために，表題や見出しといったナビゲーションの機能を使うことが求められる場合もある。情報の探求・取り出しのプロセスでは，情報の選択・収集・取り出しに関する技能が必要とされる。

2.3.2 統合・解釈

統合・解釈は，テキストが内部的に意味をなすように読む素材を分析することである。

統合とは，テキストの統一性に対して理解を示すことに重点を置く。類似点や相違点を特定することであれ，程度を比較することであれ，因果関係を理解することであれ，**統合**には，意味をなすように様々な情報を結び付けることが必要となる。

解釈とは，明言されていないものから意味を作り上げるプロセスである。解釈する際，読み手はテキストの一部又は全体の根底にある前提や含意を明らかにしようとする。

幅広い理解の形成には，**統合**と**解釈**の両方が必要である。読み手はテキストを全体として，あるいは幅広い視野から考察しなければならない。主要なテーマやメッセージを特定する，又はテキストの全般的な目的や用途を明らかにすることで，生徒は初期的理解を示すこともあるだろう。

統合と**解釈**は，**解釈の展開**をする際にも必要となってくる。その際，読み手は最初の大まかな印象を拡大させ，読んだ内容に対する理解をより深く，より具体的で，より完全なものへと発展させなければならない。**統合**の課題には，根拠を特定し列挙すること，情報を比較対照することが含まれ，それにはテキストから二つ以上の情報を結び付けることが必要となる。そのような課題では，一つ又は複数の出所から得た明示的・暗示的情報を処理するために，読み手はしばしば意図された関係やカテゴリーを推論しなければならない。**解釈**の課題では，例えば，テキストに特有のニュアンスを与えている語やフレーズの意味を解釈することなど，局部的な文脈から推論を導く必要もあろう。また，著者の意図を推論する，その意図を推論するのに用いた証拠を特定する，といった課題もある。

したがって，統合プロセスと解釈プロセスの関係は，密接で相互作用的なものと見ることができる。統合のプロセスでは，まずテキスト内の関係を推論し（一種の解釈），次に幾つかの情報をまとめることで，新たに統合された全体を形成するような解釈が可能となる。

2.3.3 熟考・評価

熟考・評価のプロセスでは，テキストで提供される情報と自分自身の概念的，経験的な基準の枠組みとを関係付けるために，テキストには含まれない知識や考え，態度を活用する必要がある。

熟考に関する問題は，自らの経験や知識に照らしながら，比較，対照，仮説立てを行うよう求めるものと考えられる。**評価**に関する問題は，テキストに含まれない基準に基づいて判断を下すように求めるものである。

テキストの内容の熟考・評価では，読み手はテキスト内の情報とほかの情報源からの知識を結び付ける必要がある。また，世界に関する自らの知識に照らし合わせて，テキストで主張される内容を評価しなければならない。多くの場合，読み手は自分自身の見解を明確に述べ，正当化するよう求められる。そのためには，テキストで述べられ，意図されていることへの理解を発展させなければならない。さらに，既に述べられた情報かほかのテキストにある情報のいずれかに基づいて，自分の知識や思考に照らして心に思い描いたことを分析しなければならない。一般的な知識と特定された知識の双方，及び抽象的な推測力を動員して，読み手はテキスト内にある根拠を求め，それとほかの情報源とを対照させなければならないのである。

テキストの形式の熟考・評価においては，読み手はテキストから距離を置き，それを客観的に考察し，その質と妥当性を評価することが求められる。こうした課題では，テキストの構造，ジャンル，言葉遣いといった暗示的知識が重要な役割を果たす。ある特性を表現することや，読み手を説得することに著者がどの程度成功しているかを評価することは，本質的な知識だけでなく，言語のニュアンスを感じ取る能力にも左右される。

テキストの形式を熟考・評価する課題の特性には，特定のテキストが明確な目的において有用かどうかを判断したり，著者が特定の目標を達成する上で特定のテキストの特徴を使用することについて評価したりすることなどが挙げられる。生徒は，著者のスタイルの使用について説明及びコメントすることや，著者の目的や態度を特定することを求められる場合もある。批判的判断をする際は常に，ある程度，読み手は自身の経験に照らし合わせるよう求められる。その一方で，熟考には評価（例えば，個人的な経験とテキストで述べられていることを比較すること）を必要としない場合もある。したがって，評価は熟考の一部をなすものと考えることができよう。

2.3.4　三つの側面の相互関係と相互依存

PISA の読解力調査のために定義された三つの上位側面は，全く関連のない独立したものではなく，むしろ相互に関連し依存し合っているものと考えられる。実際のところ，認知プロセスの観点からいえば，これらは半ば階層的なものといえる。最初に情報を取り出さなければ，解釈することや統合することはできないし，情報に何らかの解釈を加えなければ，熟考や評価を行うことはできないのである。しかし，PISA 調査では，枠組みにおける読解の諸側面についての記述で，様々な文脈や目的で求められる読解アプローチを区別している。そして，そうしたアプローチはある側面に的を絞った課題に反映される。表 3.4 が示すのは，側面別に見た問題の望ましい配分である。

表 3.4　側面別に見た読解力の問題の望ましい配分

側面	問題の割合（%）
探求・取り出し	25
統合・解釈	50
熟考・評価	25
合計	100

第３節　読解力の評価

前節では，読解力に関する概念的な枠組みの概略を示した。生徒の読解力習熟度のデータを収集するためには，次に，この枠組みに示された概念を課題と設問の形で示さなくてはならない。

これまで，状況，テキスト，側面といった，主要な枠組み変数への課題の分類について論じてきた。本節で考察するのは，調査の構築・運用におけるその他の主な問題，つまり，問題の難易度に影響を与える要因，難易度の操作方法，出題形式の選択，コード化や採点をめぐる問題などである。「紙媒体」で実施していた固定されたテキストの継続問題が，2015 年調査でコンピュータ使用型の調査実施形態へ移行したことに関する考察も，本節でより深く取り上げる。

3.1　問題の難易度に影響を与える要因

読解力の課題の難易度は，幾つかの変数の相互作用によって決まる。Kirsch と Mosenthal の研究（Kirsch, 2001; Kirsch and Mosenthal, 1990 参照）を参考に，側面とテキストの形式の変数に関する以下のような知識を応用することで，問題の難易度を操作できる。

探求・取り出しの課題の難易度は，読み手が発見する必要のある情報の数，必要となる推測の量，競合する情報の量と目立ち具合，そしてテキストの長さと複雑さによって決まる。

統合・解釈の課題の難易度は，必要となる解釈のタイプ（例えば，比較することは，対照を見つけ出すことよりも容易である），考慮すべき情報の数，テキスト上の競合する情報の量と目立ち具合，テキストの性質，といったことに影響を受ける。なじみの薄い内容やより抽象的な内容であるほど，また，テキストが長く複雑であるほど，課題は難しくなりやすい。

熟考・評価の課題の難易度に影響を与える条件は，必要となる熟考と評価のタイプ（熟考のタイプを簡単なものから順に挙げると，関連付け，説明と比較，仮定立てと評価），読み手がテキストに持ち込む必要のある知識の性質（幅広い一般的な知識より，狭い範囲の特殊な知識を利用する必要があるときの方が，課題は難しい），テキストの相対的な抽象性と長さ，課題をやり終えるのに必要なテキストに対する理解の深さ，である。

連続型テキストに関わる課題の難易度に影響する条件は，テキストの長さ，テキスト構造の明確性と透明性，各部分が全般的なテーマとどれほど明確な関連性を持つか，段落やタイトルといったテキストの特徴や順序を示す言葉などの談話標識があるかどうか，といったことである。

非連続型テキストに関わる課題の難易度に影響する条件は，テキストの情報量，リストの構造（単純なリストは複雑なリストより扱いやすい），構成要素が何らかのラベルや特別な体裁などを用いて順序立てられ，明確に構成されているかどうか，必要な情報がテキスト本体にあるか，又は脚注などの別個の部分にあるか，といったことである。

3.2　出題形式

エビデンスが収集される形式――出題形式――には様々なものがあり，収集されるエビデンスの種類によって適切と考えられる形式は異なるし，大規模調査における実際的な制約によっても変わってくる。どのような大規模調査においても，多肢選択形式問題（単一的なものと複合的なもの）と記述形式問題（生徒が自身の答えを書く形式）が最も扱いやすく，こうした調査に適した問題形式の幅は限られてくる。

国によって，生徒になじみのある出題形式となじみのない出題形式は様々である。多様な形式の問題を取り入れることで，ある程度は，国籍にかかわらず全ての生徒たちにとってなじみのある形式となじみのない形式の問題をバランスよく出題しやすくなる。

様々な国における能力幅を適切にカバーし，国家間や性別間に見られる違いを公正に考慮し，熟考・評価の側面について妥当な調査を行うことを保証するために，調査実施形態の変更にかかわらず，PISA の読解力調査では引き続き，多肢選択形式問題と自由記述形式問題の両方を用いる。筆記型読解力における問題タイプの配分が大きく変更されると，経年的な測定に影響を及ぼす場合もあるかもしれない。

表 3.5 は PISA 調査における読解力の課題のターゲットとなる採点基準を示している。この配分は読解力の評価における三つの側面に関連して示されている。専門家による判断を必要とする問題は，自由記述形式問題で構成される。採点者の判断を必要としない問題は，多肢選択形式問題，複合的選択肢形式問題，求答形式問題で構成される。求答形式問題とは，生徒は解答を作り出す必要があるが，採点者側は最低限の判断しか必要としないものである。例えば，テキストから一つの単語をそのまま抜き出して解答する課題で，正答となる単語が一つしかないものは，求答形式問題に分類される。こうした問題は業務の観点において負担が少ないため，実際的な視点から見て，これらの求答形式問題は多肢選択形式問題と同じ部類に入れられる。

表 3.5　PISA2015 年調査の採点基準別に見た課題のおおよその配分

側面	採点に専門家の判断が必要な課題の割合（%）	採点に専門家の判断が不要な課題の割合（%）	テストに占める割合（%）
探求・取り出し	11	14	25
統合・解釈	14	36	50
熟考・評価	18	7	25
合計	43	57	100

表 3.5 は専門家の判断が必要な問題と不要な問題が側面にまたがって配分されていることを示しているが，それらは均等に分けられていない。熟考・評価の側面の課題は，専門的な採点者の判断を必要とする記述形式問題を通じて評価される割合の方が高くなっている。

2015 年調査の実施形態がコンピュータ使用型であることを考えると，専門家の判断が不要な解答の中には，問題の構成や特性に影響を与えずにコンピュータによる採点が可能となるものもあるかもしれない。

3.3　コード化・採点

テスト問題にはコードが割り当てられる。多肢選択形式問題の場合は，生徒の選んだ選択肢を捉える大なり小なり自動化されたプロセスによって割り当てられ，記述式解答が必要な問題については，生徒の解答を最もよく捉えるコードを人間（コード化を行う専門家）が判断する。そして，そのコードは問題の点数に変換される。多肢選択形式問題や求答形式問題では，生徒が指定された正しい答えを選択するかしないかであるため，問題はそれぞれコード1（正答）又はコード0（誤答）とされる。より複雑な記述形式問題の採点については，不完全ながらも，不正確な答えや間違った答えより高いレベルの読解力を示している答えもあり，それゆえ部分正答が与えられるものもある。

3.4　筆記型実施形態からコンピュータ使用型実施形態への移行

以前のPISA調査では，筆記型が主な調査実施形態であった。2015年調査でコンピュータ使用型の実施形態に移行して，評価の比較可能性を維持することに注意しなくてはならなくなった。調査実施形態を筆記型からコンピュータ使用型に移行した際に考慮される幾つかの要素は，以下のとおりである。

- **問題タイプ**：コンピュータは，問題作成者に新しい問題形式（例えば，ドラッグアンドドロップ，ホットスポット）などの幅広い機会を提供する。2015年調査は経年的な研究を目的としているため，革新的な問題タイプを利用する機会は少なかった。出題形式の主体は2015年調査でも変わらないが，以前は専門家が採点していた問題をコンピュータで採点できるようにするために，ドラッグアンドドロップ又はホットスポットの問題も幾つか用いられる場合がある。しかし，このような問題は専門家の判断を必要としないもので，問いの構成概念が影響を受けることはない。
- **課題文の提示**：構成概念の中で定義される固定されたテキストの特徴は「テキストの範囲や分量が瞬時に読者に見える」ことである。紙とスクリーンのいずれにおいても，長文のテキストを一つのページ及びスクリーンに表示させることは明らかに不可能である。こうしたことを考慮しながら固定されたテキストの構成概念を満たすために，テキストにはスクロールよりもページ付けが用いられる。1ページを超えるテキストは，生徒が最初の設問を読む前に全体が表示される。
- **ITスキル**：筆記型調査が印刷物を使って作業するための基本的技能に依存するのと同様に，コンピュータ使用型調査はコンピュータを使う上での基本的技能に依存している。こうした技能には，基本的なハードウェア（例えば，キーボードやマウス）と基本的な決まりごと（例えば，矢印で前に進める，特定のボタンを押してコマンドを実行する）についての知識が含まれる。こうした技能の要求は最小のコアレベルにとどめる意向である。

コンピュータ使用型のテスト環境が生徒の読解力の到達度に影響を与える場合があることが，研究によって明らかになった。初期の研究の中には，調査の場面ではなく校正作業において実施されたものではあるが，コンピュータ使用型の環境では読解のスピードが落ち（Dillon, 1994），正確さも落ちるという結果もある（Muter *et al.*, 1982）。

筆記型とコンピュータ使用型のテストの同等性に関する，より最近の論文（例えば，Macedo

Rouet *et al.*, 2009; Paek, 2005 を参照）は多くあるものの，これらの明かした結果もやはり相反するものである。K-12（訳注：Kindergarten から 12 年生までの 13 年間の教育期間のこと）の生徒の数学的リテラシーと読解力の到達度を見た研究のメタ分析（Wang *et al.*, 2008）は，概して，調査実施形態は得点に関し，統計的に重要な影響を持たないことを明らかにした。

調査実施形態の違いによる影響に関する検証は，OECD の国際成人力調査（PIAAC: Programme for the International Assessment of Adult Competencies）の予備調査の一部として実施された。この研究では，調査に参加した成人が読解力と数的思考力の技能の調査においてコンピュータ使用型と筆記型のいずれかに無作為に割り当てられた。筆記型の実施形態で用いられた問題の大部分はコンピュータによっても実施できるようにされ，この検証に用いられた。これらのデータを分析することで，ほぼ全ての問題のパラメーターはこの二つの実施形態にわたって安定していることが明らかになり，それゆえ解答は同じ読解力と数的思考力の尺度で測定できることが示された。この研究は，結果とともに，『Technical Report of the Survey of Adult Skills』（OECD, 2014）の一部として記載された。こうした検証結果から，2009 年調査の読解力の問題は時系列データに影響を与えることなくスクリーンに置き換えることができると仮定された（PISA2015 年予備調査では，調査実施形態の変更が生徒の成績に与える影響について検証した。詳細はコラム 1.2 を参照のこと）。

3.5　読解力における習熟度の報告

PISA 調査では，政策目的とも解釈できる習熟度尺度によって，結果が報告される。PISA2015 年調査では，読解力は中心分野ではないので，参加する生徒に出題する読解力の問いの数は多くない。読解力の全般的な総合尺度に基づいて，一本化された読解力の尺度が報告されている。

PISA2015 年調査の複雑さと難易度を経年的に捉えるために，この読解力の総合尺度は 2009 年調査時の総合尺度を基にしており，七つのレベルに分けられている。図 3.2 は，読解力の七つの習熟度レベルを説明している。レベル 6 が最も高い習熟度を表すレベルである（2009 年より前はレベル 5 が最高であった）。測定される習熟度レベルで最も低いのはレベル 1b である（2009 年調査以降，それまでのレベル 1 はレベル 1a となり，新たにレベル 1b が加えられた。レベル 1b は，それまで「レベル 1 未満」とされていた生徒を表している）。このように習熟度レベルを変更したことによって，非常に高い，また非常に低い習熟度を持つ生徒がどういった課題に取り組む力を持っているかについて，参加国はより多くを知ることができる。レベル 2，3，4，5 については，2015 年調査でも 2000 年調査時から変わっていない。

図 3.2　PISA2015 年調査における読解力の七つの習熟度レベルに関する概要説明

レベル	得点の下限	課題の特徴
6	698	習熟度レベル 6 の生徒は，次のことができる。 詳細かつ正確に複雑な推論や比較あるいは対照すること。一つ以上のテキストについて，詳細かつ十分な理解を示し，二つ以上のテキストから情報を統合すること。明らかに競合する情報が示される中で見慣れないアイデアを扱い，その理解を抽象的なカテゴリーで示すこと。熟考・評価は，複合的な基準や視点を考慮したり，テキスト以外から精選された理解を適用しながら，見慣れないトピックに関する複雑なテキストについて仮説を立てたり，批判的に評価すること。探求・取り出しは，テキストの中の明白でない細部を正確に分析したり，適切な注意を払ったりすること。
5	626	習熟度レベル 5 の生徒は，次のことができる。 情報の取り出しに関して，テキストの情報が適切であるかどうかを推論しながら，深く組み込まれた情報の幾つかを探し出し，整理すること。熟考に関して，特定の知識を導きながら，批判的な評価あるいは仮説を立てること。解釈に関して，見慣れない内容や形式のテキストについて，詳細かつ十分に理解すること。予測に矛盾する概念を扱うこと。
4	553	習熟度レベル 4 の生徒は，次のことができる。 情報の取り出しに関して，深く組み込まれた情報の幾つかを探し出し，整理すること。解釈に関して，テキストを全体として考慮することによって，テキストのある一節にある言葉のニュアンスを捉えること。また，見慣れない状況においてカテゴリーを理解し，適応すること。熟考に関して，テキストについて仮説を立てたり，批判的に評価するために，フォーマルな知識や一般的な知識を用いること。見慣れない内容あるいは形式を持つ，長文あるいは複雑なテキストを正確に理解していることを示すこと。
3	480	習熟度レベル 3 の生徒は、次のことができる。 複数の条件を満たす情報の幾つかの関係を認識すること。解釈に関して，主要なアイデアを認識し，関係を理解し，一つの言葉や文の意味を解釈するために，テキストの幾つかの部分を統合すること。比較・対照したり，カテゴリー化する上での多くの特徴を考慮すること。熟考に関しては結び付けたり，比較したり，予測したりすること，すなわちテキストの特徴を評価すること。見慣れた，日常的な知識に関連したテキストを正確に理解していることを示すこと。テキストの詳細を幅広く理解することは求められないが，あまり一般的ではない知識を導き出すこと。このレベルでは，求められる情報があまり明確でなかったり，競合する情報がたくさんあったりすることが多い。予想に反するアイデアや否定的な言葉など，障害となるテキストが他にある。
2	407	習熟度レベル 2 の生徒は、次のことができる。 推論が必要で，幾つかの条件を満たさなければならない一つ以上の情報を探し出すこと。一つのテキストにある主要なアイデアを認識し，関係を理解し，情報が明白でなく低いレベルの推論が必要なテキストの限定された部分において，意味を推論すること。テキストにおけるある一つの特徴に基づいて比較・対照すること。個人的な経験，態度を導き出すことによって，テキスト同士や外部の知識を比較したり結び付けたりすること。
1a	335	習熟度レベル 1a の生徒は、次のことができる。 明確に述べられた情報について，一つ以上の独立した部分を探し出すこと。見慣れた情報について一つのテキストにおける主なテーマあるいは著者の目的を認識すること。テキストにおける情報及び一般的で日常的な知識同士を単純に結び付けること。このレベルでは，情報は明白で情報が競合する場合はほとんどない。読み手は，課題やテキストにおける適切な要素を検討することに明白に導かれる。
1b	262	習熟度レベル 1b の生徒は、次のことができる。 物語あるいは簡単なリストなど，文章の構成上，見慣れた状況やテキスト形式を持つ単純で短いテキストにおいて，明白な場所にある，明白に述べられた一つの情報を探し出すこと。解釈に関して，隣り合った情報を単純に結び付けること。このレベルでは，テキストは情報の繰り返し，絵，あるいは見慣れたシンボルなどによって，読み手を補助している。競合する情報は最小限しかない。

注記

1．これは，一つの課題で複数のテキストを使うことを避けるという意味ではなく，それぞれのテキストには一貫性がなくてはならないことを意味する。

参考文献・資料

Binkley, M. and **P. Linnakylä**（1997），“Teaching reading in the United States and Finland”, in M. Binkley, K. Rust and T. Williams（eds.），*Reading Literacy in an International Perspective*, US Department of Education, Washington, DC.

Bruner, J.（1990），*Acts of meaning*, Harvard University Press, Cambridge, MA.（『意味の復権：フォークサイコロジーに向けて』J・ブルーナー著，岡本夏木，仲渡一美，吉村啓子訳，ミネルヴァ書房，1999年）

Coulombe, S., J.F. Tremblay and **S. Marchand**（2004），“Literacy scores, human capital, and growth across fourteen OECD countries”, *International Adult Literacy Surevey*, Statistics Canada, Ottawa.

Council of Europe（1996），*Modern Languages: Learning, Teaching, Assessment: A Common European Framework of Reference*, CC LANG, Vol. 95/5, Rev. IV, Council of Europe, Strasbourg.

Cunningham, A.E. and **K.E. Stanovich**（1998），“Early reading acquisition and its relation to reading experience and ability 10 years later”, *Developmental Psychology*, Vol. 33, pp. 934-945.

Dillon, A.（1994），*Designing Usable Electronic Text: Ergonomic Aspects of Human Information Usage*, Taylor and Francis, London.

Dole, J.G. *et al.*（1991），“Moving from the old to the new: Research on reading comprehension instruction”, *Review of Educational Research*, Vol. 16/2, pp. 239-264.

Fastrez, P.（2001），“Characteristic（s）of hypermedia and how they relate to knowledge”, *Education Media International*, Vol. 38/2-3, pp. 101-110.

Halpern, D.F.（1989），*Thought and Knowledge: An Introduction to Critical Thinking*, Lawrence Erlbaum Associates, Hillsdale, NJ.

Holloway, J.H.（1999），“Improving the reading skills of adolescents”, *Educational Leadership*, Vol. 57/2, pp. 80-82.

Hubbard, R.（1989），“Notes from the underground: Unofficial literacy in one sixth grade”, *Anthropology and Education Quarterly*, Vol. 20, pp. 291-307.

Kirsch, I.（2001），*The International Adult Literacy Survey: Understanding What Was Measured*, Educational Testing Service, Princeton, NJ.

Kirsch, I. and **P.B. Mosenthal**（1990），“Exploring document literacy: Variables underlying the performance of young adults”, *Reading Research Quarterly*, Vol. 25/1, pp. 5-30.

Legros, D. and **J. Crinon**（eds.）（2002），*Psychologie des Apprentissages et Multimedia*, Armand Colin, Paris.

Leu, D.（2007），“Expanding the Reading Literacy Framework of PISA 2009 to include online reading comprehension”, unpublished document.

Macedo-Rouet, M. *et al.*（2009），“Students’ performance and satisfaction with web vs. paper-based practice quizzes and lecture notes”, *Computers and Education*, Vol. 53, pp. 375–384.

Muter, P. *et al.*（1982），“Extended reading of continuous text on television screens”, *Human Factors*, Vol.

24, pp. 501-508.

OECD (2014), *Technical Report of the Survey of Adult Skills (PIAAC)*, pre-publication, OECD, Paris, *www.oecd.org/site/piaac/_Technical%20Report_17OCT13.pdf.*

OECD (2013), *PISA 2012 Assessment and Analytical Framework: Mathematics, Reading, Science, Problem Solving and Financial Literacy*, PISA, OECD Publishing, Paris, *http://dx.doi.org/10.1787/9789264190511-en.*（『PISA2012年調査 評価の枠組み：OECD生徒の学習到達度調査』経済協力開発機構（OECD）編著，国立教育政策研究所監訳，明石書店，2016年）

OECD (2010), *PISA 2009 Assessment Framework: Key Competencies in Reading, Mathematics and Science*, PISA, OECD Publishing, Paris, *http://dx.doi.org/10.1787/9789264062658-en.*（『PISA2009年調査 評価の枠組み：OECD生徒の学習到達度調査』経済協力開発機構（OECD）編著，国立教育政策研究所監訳，明石書店，2010年）

Paek, P. (2005), *Recent Trends in Comparability Studies: Pearson Educational Measurement*, Pearson Educational Measurement, *http://images.pearsonassessments.com/images/tmrs/tmrs_rg/TrendsCompStudies.pdf* (accessed 21 November 2007).

Pew Internet and American Life Project (2005), "Internet: The mainstreaming of online life", *Trends 2005*, Pew Research Center, Washington, DC.

Reinking, D. (1994), "Electronic literacy" (Perspectives Series No.1-PS-N-07), The National Reading Research Center, Athens, GA, and College Park, MD.

Shetzer, H. and **M. Warschauer** (2000), "An electronic literacy approach to network-based language teaching", in M. Warschauer and R. Kem (eds.), *Network-based Language Teaching: Concepts and Practice*, Cambridge University Press, New York, pp. 171-185.

Smith, M.C. *et al.* (2000), "What will be the demands of literacy in the workplace in the next millennium?", *Reading Research Quarterly*, Vol. 35/3, pp. 378-383.

Sticht, T.G. (ed.) (1975), *Reading for Working: A Functional Literacy Anthology*, Human Resources Research Organization, Alexandria, VA.

Stiggins, R.J. (1982), "An analysis of the dimensions of job-related reading", *Reading World*, Vol. 82, pp. 237-247.

Sweets, R. and **A. Meates** (2004), *ICT and Low Achievers: What Does PISA Tell us?* , Hungarian Ministry of Education, Budapest, and OECD, Paris.

Wang, S. *et al.* (2007), "A meta-analysis of testing mode effects in Grade K–12 mathematics tests", *Educational and Psychological Measurement*, Vol. 67, pp. 219-238.

Warschauer, M. (1999), *Electronic Literacies: Language Culture and Power in Online Education*, Lawrence Erlbaum Associates, Mahwah, NJ.

Werlich, E. (1976), *A Text Grammar of English*, Quelle and Meyer, Heidelberg.

■ 第 4 章 ■

数学的リテラシー

本章では，2015 年の OECD 生徒の学習到達度調査（PISA）で評価される「数学的リテラシー」の定義と，数学的リテラシーに必要な能力について述べる。ここでは，PISA 調査の数学の問題に反映される数学的なプロセス・内容知識・文脈についてと，生徒の数学における到達度がどのように測定され，報告されるのかについても説明する。

はじめに

PISA2015年調査は数学的リテラシーを中心分野としていないが，生徒の到達度について経年比較を行う機会となる。数学は前回のサイクルで中心分野として再調査され，それに当たって改訂された2012年調査の枠組みの記述と図解を，本枠組みは踏襲している。

PISA2015年調査では，数学的リテラシーを含む全分野においてコンピュータが基本の調査実施形態となっている。しかしながら，生徒にコンピュータを用いるテストを受けさせないことを選択した国には，筆記型調査の手段が提供される。コンピュータ使用型と筆記型のいずれの手段においても，数学的リテラシーは同じ継続問題群から構成される。中心分野ではない分野の継続問題の数は，過去のPISA調査に比べると増えており，その結果，各問いに答える生徒の数は減っているが，構成概念の幅は広くなっている。こうした設計は，潜在的なバイアスを減らし，経年的な測定を安定させ発展させることを目的としている。

PISA2012年調査におけるコンピュータ使用型数学的リテラシー調査（CBAM）は，国際オプションの分野であり全ての国が実施したわけではなかったため，数学的リテラシーの継続問題の一部としては扱わない。それゆえ，調査実施形態が変更されても，PISA2012年調査のために開発されたCBAMの問題は，数学的リテラシーが中心分野ではない2015年調査には含まれていない。

この枠組みは調査実施形態の変更を反映して改訂されており，紙媒体の問題がスクリーン上で出題されるようになることへの検討事項について論じ，その結果がどのようなものであるかの例を含んでいる。しかしながら，数学的リテラシーの定義と構成概念は変更されておらず，2012年に用いられたものと一貫している。

PISA2015年調査の数学的リテラシーの枠組みは，三つの節で構成されている。第一節は「数学的リテラシーの定義」である。ここでは数学的リテラシーの定義など，PISA調査の数学における理論的基盤について説明している。続く第二節は「数学的リテラシー分野の構成」で，次の3点について説明する。ⅰ）数学的な**プロセス**及びプロセスの基盤となる**基本的な数学の能力**（fundamental mathematical capabilities: これまでの枠組みでは能力に「capabilities」ではなく「competencies」が用いられていた），ⅱ）PISA2015年調査の枠組みにおける，数学的な内容知識の構造化の方法と，調査の対象である15歳の生徒に適した内容知識，ⅲ）生徒が数学の問題に直面する際の文脈。最後の第三節「数学的リテラシーの評価」では，調査の構成，コンピュータ使用型調査への移行，習熟度の報告などの前述した枠組みの要素を適用するために取られたアプローチについて概説する。2012年の枠組みは，2012年数学的リテラシー専門委員会（MEG: Mathematics Expert Group）の指導の下で作成された。専門委員会（MEG）はPISA調査運営委員会（PGB: PISA Governing Board）の承認を得て，国際調査コンソーシアムが指名した組織で，10名の専門委員には，各国から集まった数学者，数学教育者，評価・テクノロジー・教育研究の専門家が含まれた。さらに，PISA2012年調査の数学的リテラシーの枠組みは，草案の段階で40か国以上の国々，170人を超える数学の専門家に照会をかけ，より広範な意見と検討を行った。経済協力開発機構（OECD）と契約を結んだアチーブ（Achieve）とオーストラリア教育研究所（ACER）の二つの機関が，調査の枠組みの開発を担当し，多くの研究活動，開発事業に対し，情報提供や支援を行った。調査の枠組みの開発や実施に当たっては，参加国の活動から情報を得たり支援を受けたりしている（例えば，OECDが2010年に出版した研究等）。PISA2015年調査の枠組みは，PISA運営理事会（PGB）の承認を得てコア1の請負機関が任命した機関である，2015年数学的リテラシー専門委員会（MEG）の指導の下で作成された改訂版である。

第1節　数学的リテラシーの定義

数学を理解することは，若者にとって現代社会で生きていくための準備として重要である。職場を含む日々の生活で直面する問題や状況では，あるレベルの数学の理解や数学的推論，数学的手段が，たとえ十分に理解し使いこなすことができないとしても，必要とされる場合があり，その割合は増える一方である。すなわち，個人的な領域から職業的，社会的，科学的にまで至る問題や課題に遭遇する若者たちにとって，数学は非常に重要なツールである。したがって，社会に出ようとする若者たちが，どの程度，数学を用いて重要な問題を理解し，解決することができるかを把握することが重要なのである。生徒の15歳時点での調査結果は，今後各々が生活の中で，数学に関係のある様々な状況にどのように対処していくかを示す早期の指標になる。

この報告書で用いられる数学的リテラシーの構成概念は，数学的に推論し，数学的な概念・手順・事実・ツールを使って事象を記述し，説明し，予測するための個人が有する力について述べることを目的としている。数学的リテラシーをこのように捉えることで，生徒が純粋数学の概念をしっかりと理解することの重要性や，数学という抽象世界で探求することから得られる恩恵が担保される。PISA調査で定義されている数学的リテラシーの構成では，ある文脈の中で数学を使う能力を高める必要性が強調され，この能力を発達させるために，数学の授業の中で豊かな経験を与えることが重要視されている。PISA2012年調査を目的として，数学的リテラシーはコラム4.1のように定義付けられた。

コラム4.1　PISA2015年調査における数学的リテラシーの定義

様々な文脈の中で数学的に定式化し，数学を活用し，解釈する個人の能力。それには，数学的に推論することや，数学的な概念・手順・事実・ツールを使って事象を記述し，説明し，予測することを含む。この能力は，個人が現実世界において数学が果たす役割を認識したり，建設的で積極的，思慮深い市民に求められる，十分な根拠に基づく判断や意思決定をしたりする助けとなるものである。

この定義はPISA2015年調査においても用いられる。

数学的リテラシーの定義の記述には，数学に対する積極的な関与に焦点を当てるとともに，数学的に推論し，数学的な概念・手順・事実・ツールを使って事象を記述し，説明し，予測することを包括しようとするねらいがある。特に，「定式化する（formulate）」「活用する（employ）」「解釈する（interpret）」という三つの動詞は，生徒が積極的な問題解決者として関与するプロセスを示す。

さらに，数学的リテラシーの定義では，数学的モデル化といった概念を取り込むことも意図している。このことは，PISA 調査の開始から 2015 年調査の数学的リテラシーの定義に至るまで，一貫して数学の枠組みの基礎となっている（例えば，OECD, 2004）。数学と数学的ツールを使って様々な文脈における問題を解く際には，ある一連の段階が踏まれる（これについては，本書で後ほど個別に詳述する）。

数学的モデル化サイクルは，生徒を積極的な問題解決者として捉えるという，PISA 調査の概念の中心的な側面である。しかしながら，数学的モデル化サイクルの全段階を問題解決者が踏む必要がない場合もあり，特に調査においてはそういったことがよくある（Niss *et al.*, 2007）。問題解決者はモデル化サイクルの全てではなく，幾つかのステップを実行したり（例えば，グラフを使用する場合），当初の決定と仮定を修正するためにそのサイクルを何度か行き来したりする場合が多い。

定義の中では，数学的リテラシーは，「個人が現実世界において数学が果たす役割を認識したり，建設的で積極的，思慮深い市民に求められる，十分な根拠に基づく判断や意思決定をしたりする助けとなるものである」とも言っている。

定義の中で言及している数学的なツールとは，あらゆる物理的な器具やデジタル機器，ソフトウェア，計算機といったものを指す。2015 年のコンピュータ使用型調査では，一部の問いで電卓が必要となるため，調査用具の一つとしてオンラインの電卓が提供された。

第２節　数学的リテラシー分野の構成

この数学の枠組みでは，PISA 調査における数学分野を定義し，15 歳の生徒の数学的リテラシーを評価する方法を説明している。PISA 調査は，15 歳の生徒がある状況や問題――大半は現実世界の文脈の中で提示される――に直面したときに，どの程度適切に数学を使うことができるかを見ようとするものである。

このため，PISA2015 年調査における数学的リテラシーの定義は，相互に関連する次の三つの側面から分析できる。

- ある文脈に置かれた問題を数学と結び付け，問題を解決するために行う数学的なプロセスと，こうしたプロセスの基盤となる能力。
- 調査問題で扱う数学的な内容。
- 調査問題が置かれた文脈。

以下では，これら三つの側面について詳しく説明する。PISA2015 年調査でも用いる PISA2012 年調査の数学の枠組みは，この分野におけるこれら三つの側面に焦点を当てることで，調査のために開発された問題に，様々なプロセス，内容，文脈を確実に反映させるのに役立つ。その結果，全体として見た場合，調査問題群は，この枠組みで数学的リテラシーとして定義したものを効果的に取り扱っている。数学的リテラシーの側面を説明するため，PISA2012 年調査の枠組み（OECD, 2013）や PISA 調査のウェブサイト（*www.oecd.org/pisa/*）では問題例を公開している。

本節の構成の背景には，以下のような問題意識があり，これらはPISA2015年調査における数学的リテラシーの定義に基づいている。

- ある文脈に置かれた数学的な問題を解決するに当たり，個人が行うのはどのようなプロセスか。また，数学的リテラシーが高くなると，生徒はどのような能力を示すことができるようになるのか。
- 個人，特に15歳の生徒にどのような数学的な内容知識を求めるか。
- どのような文脈で，数学的リテラシーが用いられ，またそれを評価できるのか。

図 4.1　実際の数学的リテラシーのモデル

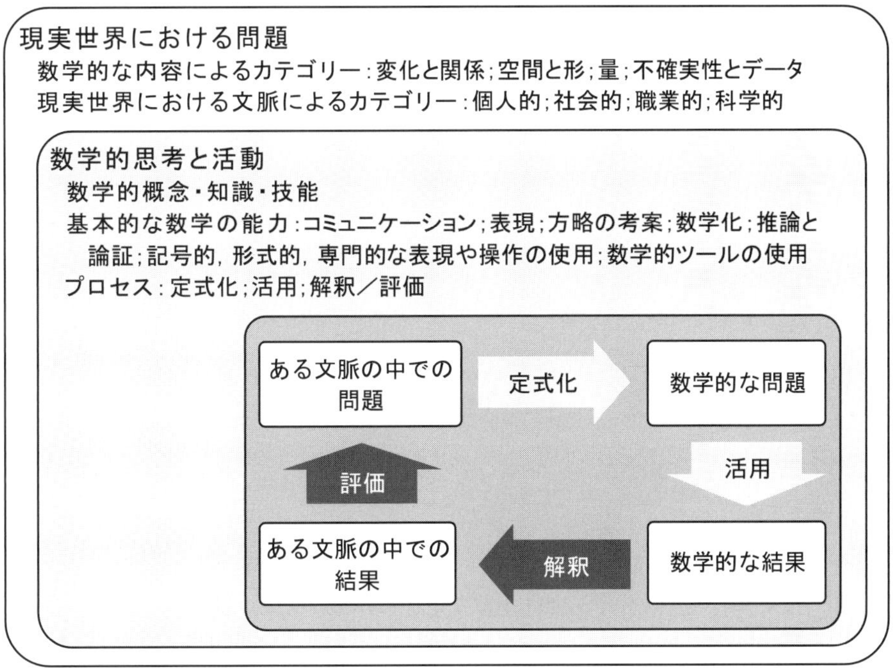

2.1　数学的なプロセスとその基盤となる数学の能力

2.1.1　数学的なプロセス

数学的リテラシーの定義で言及しているのは，数学的に**定式化**し，数学を**活用**し，**解釈**する生徒の能力のことである。「定式化する」「活用する」「解釈する」という三つの言葉を用いることによって，生徒が問題の置かれている文脈を数学と結び付けて，その問題を解決することを説明する数学的なプロセスを表す上で，有益で意味のある構造が与えられる。PISA2015年調査の数学的リテラシーの問題は，三つの数学的なプロセスの一つに割り当てられる。

- 数学的に状況を**定式化**する。
- 数学的概念・事実・手順・推論を**活用**する。
- 数学的な結果を**解釈**し，適用し，評価する。

政策立案者と，日々の教育実践に深く携わる人の双方にとって，生徒がどれだけ効果的にこれらの各プロセスに関与し得るのかを知ることは重要である。**定式化**のプロセスが示すのは，生徒がどれだけ効果的にある問題状況で数学を使う機会を見つけ特定し，必要な数学的構造を与え，その文脈に置かれた問題を数学的な形式へと定式化することができるかということである。**活用**のプロセスが示すのは，生徒がどれだけうまく計算や演算を行うことができるか，数学的に定式化した問題の解を導き出すために知っている概念と事実を適用することができるかということである。**解釈**のプロセスが示すのは，生徒がどれだけ効果的に数学的な解や結論を振り返り，現実世界における問題の文脈の中でそれを解釈し，その結果や結論の妥当性を判断できるかということである。問題や状況に対して数学を適用するという生徒の能力は，これら三つの各プロセスに含まれる固有の技能に左右される。また，各カテゴリーの有効性を理解することは，政策レベルの議論と授業実践レベルに近い判断の両者に情報を与えるのに役立つ。

2.1.2　数学的に状況を定式化する

数学的リテラシーの定義にある「定式化する」という語が示すのは，生徒が数学を使う機会を見つけて特定し，ある文脈の中で提示された問題に対し，数学的な構造を与えることである。**数学的に状況を定式化する**プロセスでは，生徒は問題を分析・設定・解決するために必要な数学が，どういった領域にあるのかを判断する。生徒は，現実世界にある問題場面を数学という分野の中での設定に置き換え，現実世界に数学的な構造・表現・特徴を持ち込む。また，問題における制約や仮定について推論したり，理解したりする。**数学的に状況を定式化する**というプロセスには，具体的に次のような活動が含まれる。

- 現実世界の文脈に置かれた問題の数学的側面と，重要な変数を見つける。
- 問題あるいは状況の中にある数学的な構造（規則性，関係，パターンなど）を認識する。
- 状況あるいは問題を単純化して，数学的な分析をしやすくする。
- 文脈から抽出された数学的モデル化や単純化の背後にある制約や仮定を見つける。
- 適切な変数，記号，図表，標準的なモデルを用いて，状況を数学的に表現する。
- 問題を別の方法で表現する。これには数学的な概念を用いて問題を構成したり，適切な仮定を置いたりすることが含まれる。
- 問題の文脈に固有な表現と，数学的に表現する際に求められる記号的・形式的な表現との関係を理解し，説明する。
- 問題を数学の言語や表現に翻訳する。
- 既知の問題や数学的概念・事実・手順と対応する問題の側面を認識する。
- テクノロジー（表計算ソフト，グラフ計算機のリスト機能など）を使い，ある文脈に置かれた問題に固有の数学的な関係を表現する。

2.1.3　数学的概念・事実・手順・推論を活用する

数学的リテラシーの定義にある「活用する」という語は，生徒が数学的概念・事実・手順・推論を用いて，数学的に構成された問題を解き，数学的な結論を得ることを示す。問題解決のために**数**

学的概念・事実・手順・推論を活用するプロセスの中で，生徒は結果を導いたり，数学的な解を得たりするのに必要となる数学的な手順を踏む（例えば，計算をする，方程式を解く，数学的な仮定から演繹する，記号操作を行う，表やグラフから数学的情報を読み取る，空間図形を表現し操作する，データを分析する）。生徒は問題状況のモデルを作り，規則性を捉え，数学的実体間の関連を見つけ，数学的な論証を行う。**数学的概念・事実・手順・推論を活用する**というプロセスには，次のような活動が含まれる。

- 数学的な解を見つけるための方略を考案して実行する。
- テクノロジーを含む数学的ツールを使用し，厳密な，あるいは近似的な解を求める助けとする。
- 解を求める際に，数学的な事実・規則・アルゴリズム・構造を用いる。
- 数，グラフで示された統計的データや情報，代数式や方程式，図形を操作する。
- 数学的な図やグラフを描いたり，作図をしたりする，また，そこから数学的な情報を引き出す。
- 解を求めるプロセスの中で様々な表現を使用し，それらを使い分ける。
- 解を求めるために用いた数学的手順に基づく一般化をする。
- 数学的論証を振り返り，数学的結果の説明や正当化をする。

2.1.4　数学的な結果を解釈し，適用し，評価する

数学的リテラシーの定義で用いられる「解釈する」という語は，生徒が数学的な解や結果，結論を振り返り，それらを現実世界という文脈の中で解釈する力に着目している。これは，数学的な解や推論を再度問題の文脈の中に戻し，それらが妥当で，問題の文脈の中で意味が通るかどうかを判断することである。この数学的なプロセスは，前に示した数学的リテラシーのモデル（図4.1を参照）にある「解釈」と「評価」の両矢印を含んでいる。このプロセスに取り組んでいる生徒は，数学的モデル化サイクルとその結果の双方を振り返りながら，問題の文脈の中で説明や論証を構成し，伝達することが求められる。**数学的な結果を解釈し，適用し，評価する**というプロセスには，次のような活動が含まれる。

- 数学的に得た結果を，現実世界の文脈に戻して解釈する。
- 数学的な解の妥当性を，現実世界の文脈の中で評価する。
- 現実世界が数学的手順やモデルの結果や計算に与える影響を理解することで，その結果をどのように調整したり，適用したりすべきかについての文脈に応じた判断をする。
- 数学的に得た結果や結論が，なぜ与えられた問題の文脈の中で意味を持つのか，あるいは持たないのかを説明する。
- 数学的概念と数学的な解が適用される範囲と限界を理解する。
- 問題を解くために使ったモデルの限界を，批判的に判断し，特定する。

2.1.5　数学的なプロセス別に見た問題の望ましい配分

調査を構成する際の目標は，現実世界と数学世界との間をつなぐ二つのプロセスと，数学的に定式化した問題に取り組むことを生徒に求めるプロセスとが，ほぼ等しい重みになるよう，バランス

をとることである。表4.1はプロセス別に見た問題の望ましい配分である。

表4.1　プロセス別に見た数学の問題の望ましい配分

プロセス	問題の割合（%）
数学的に状況を定式化する	25
数学的概念・事実・手順・推論を活用する	50
数学的な結果を解釈し，適用し，評価する	25
合計	100

2.1.6　数学的なプロセスの基盤となる基本的な数学の能力

10年にわたって，PISA調査の問題開発が行われ，問題に対して生徒がどう解答するかが分析されてきたことから，報告されるそれぞれの数学的なプロセス及び数学的リテラシーの基盤となる一連の基本的な数学の能力が実際に存在することが分かった。Mogens Nissとデンマーク人である彼の同僚による研究（Niss, 2003; Niss and Jensen, 2002; Niss and Højgaard, 2011）では，数学的な行動に役立つ八つの能力（capabilities）――Niss及びPISA2003年調査の枠組み（OECD, 2004）では「コンピテンス（competencies）」と呼んでいる――を特定している。

PISA2015年調査の枠組みでは，これら一連の能力の構成に修正を加え，八つの能力を凝縮して七つにした。これは，過去のPISA調査で実施した問題における能力（competencies）の働きを調査し，それに基づいた結果である（Turner *et al.*, 2013）。これらの認知的能力は，数学的な方法で世界を理解し，世界に関わるために，あるいは問題を解決するために，個人が活用したり，学んだりできるものである。個人が持つ数学的リテラシーのレベルが上がるにつれ，基本的な数学の能力をより高度に引き出すことができるようになる（Turner and Adams, 2012）。したがって，基本的な数学の能力の活性化（activation）が高まることは，問題の難易度にも関連付けられる。こうした観察結果は，過去のPISA調査における数学的リテラシーの各習熟度レベルを記述する際の基礎として使われた。この点については，本書で後述する。

本枠組みで用いる七つの基本的な数学の能力は，次のとおりである。

- **コミュニケーション**：数学的リテラシーはコミュニケーションを伴う。人はある課題の存在を知ると，その問題状況を認識し理解しようとする。記述，問い，課題，物体などを読んだり，解読したり，解釈したりすることによって，個人はその状況の心的モデルを作ることができる。これは問題を理解し，明確にし，定式化する重要なステップである。解決へと至るプロセスの中で，途中経過を一旦まとめ，提示することが必要となる場合がある。その後，解が得られれば，問題解決者は解と，その説明や妥当性を他者に示す必要もあるかもしれない。
- **数学化**：数学的リテラシーは，現実世界で定義された問題を，厳密に数学的な形式に変換する（構造化する，概念化する，仮定を置く，そして／あるいは，モデルを定式化する）ことや，数学的な結果や数学的モデルを元の問題と関係付けて解釈や評価をすることを伴う。数学化という用語は，関係する基本的な数学的活動を記述するために用いられる。
- **表現**：数学的リテラシーでは，数学的な物体や状況を表現することが多い。つまり，状況を捉え，問題と相互作用したり，自分の考えを示したりするために，様々な表現を，選択し，解釈し，変換し，使用する。ここで言う表現とは，グラフ，表，図，絵，方程式，公式，具体物などである。

- ●**推論と論証**：この能力は，問題の構成要素を探したり関連付けたりする，論理に根差した思考プロセスと関係があり，そこから推論をし，正当性の根拠をチェックし，記述や問題に対する解の妥当性を示す。
- ●**問題解決のための方略の考案**：数学的リテラシーには，数学的に問題を解決するための方略の考案を必要とする場合が多い。これには，個人が効果的に問題を認識し，定式化し，解決できるように導く，一連の批判的な制御プロセスが関係する。この技能は，課題や文脈から生じる問題を解決するために，数学を使う計画や方略を選んだり考え出したりすること，及びその方略を実行へと導くことを特徴とする技能である。この数学的能力は，問題解決のプロセスのいずれの段階でも求められる。
- ●**記号的，形式的，専門的な表現や操作の使用**：数学的リテラシーは，記号的，形式的，専門的な表現や操作の使用を必要とする。この能力に関係があるのは，数学的な作法や規則に従う数学的な文脈の中で，記号表現（算術式や演算を含む）を理解し，解釈し，操作し，利用することである。また，定義や規則，形式的なシステムに基づく形式的構成概念を理解して利用することや，これらとともにアルゴリズムを使うことにも関係する。使用される記号や規則，システムは，ある課題において，数学的に定式化し，解決し，解釈するために必要となる数学的な内容知識に応じて変わるだろう。
- ●**数学的ツールの使用**[1]：数学的ツールには，測定器具などの物理的な道具や電卓，ますます多くの場で使われるようになってきているコンピュータ上のツールを含む。数学的な課題を仕上げる上で，これらのツールをどのように用いて役立たせるかに加え，そうしたツールの限界についても生徒は知っている必要がある。また，結果を伝える際にも，数学的ツールは重要な役割を担う。

これら七つの基本的な数学の能力は，三つの数学的なプロセスのそれぞれにおいて，程度は様々だが明白に表れている。どのように表れるのかについては，図 4.2 で説明している。

問いの実証的難易度を決める指針となるのは，解法を考えて実行するのに必要となる基本的な数学の能力の側面がどれであるかを考えることである（Turner, 2012; Turner and Adams, 2012; Turner *et al.*, 2013）。最も易しい問いでは，活性化（activate）させる必要のある能力はほとんどなく，あるとしても比較的簡単なものである。最も難しい問いでは，複数の能力を複雑に活性化させなくてはならない。難易度を予測するには，求められる能力の数と活性化の複雑さの両方を考慮する必要がある。

図 4.2　数学的なプロセスと基本的な数学の能力との関係

	数学的に状況を「定式化」する	数学的概念・事実・手順・推論を「活用」する	数学的な結果を「解釈」し、適用し、評価する
コミュニケーション	記述・問い・課題・物体・画像あるいは，動画（コンピュータ使用型調査）を読み，解読し，解釈し，状況の心的モデルを形成する。	解を明確に表し，解に至る作業過程を示す，及び中間結果をまとめ提示する。	問題の文脈に沿って，説明と論証を構成し，伝達する。
数学化	現実世界における問題の中にある数学的変数と構造を見つけ，活用できるように仮定を置く。	問題の文脈を理解した上で，数学的解決のプロセスを主導し，前に進める。例えば，その文脈に応じた適切な精度で作業する。	適用した数学モデルに起因する数学的な解の範囲と限界を理解する。
表現	現実世界からの情報を，数学的に表現する。	問題と相互作用しながら，多様な表現を意味付け，関連付け，用いる。	状況又は活用の観点から様々な形式での数学的な結果を解釈する。 状況に関する二つ以上の表現を比較，あるいは評価する。
推論と論証	現実世界の状況に対する特定の又は作られた表現の正当性を説明，支持，提示する。	数学的な結果又は解を決定するために使ったプロセスや手順の正当性を説明，支持，提示する。 数学的な解に至る情報の断片をつなぎ合わせたり，一般化したり，あるいは何段階かある論証を行ったりする。	数学的な解を振り返り，問題の文脈と関連付けて，その解を支持，却下，認めるための説明や論証を行う。
問題解決のための方略の考案	文脈化された問題を数学的に再構成するために，計画や方略を選択したり，考案したりする。	数学的な解，結論又は一般化を導く何段階かの手順を通じ，効果的で持続した制御メカニズムを活性化（activate）する。	数学的な解を問題の文脈に位置付け，解釈し，評価し，検証するために，方略を考案して実行する。
記号的，形式的，専門的な表現や操作の使用	記号／正式用語を使って現実世界の問題を表すために，適切な変数，記号，図表，標準モデルを使う。	定義，規則，正式な体系や，アルゴリズムの使用を基に形式的構造を理解して利用する。	問題の文脈と数学的な解の表現の関係を理解する。この理解を使い，文脈の中での解を解釈し，解の実現可能性や有効範囲を評価する。
数学的ツールの使用	数学的な構造を見分ける，あるいは数学的関係を示すために，数学的ツールを使う。	数学的な解を得るためのプロセスと手続を実行するのに役立つ，様々なツールについて知り，適切に使うことができる。	問題の文脈を受け，数学的ツールを使って数学的な解の妥当性，及びその解の限界と制約を確認する。

2.2 数学的な内容知識

数学的な内容を理解すること――そして文脈の中で意味を持つ問題を解決する際に，その知識を適用する能力――は，現代に生きる市民にとって重要である。つまり，個人的，職業的，社会的，科学的な文脈の中で問題を解決したり，状況を解釈したりするためには，ある数学の知識と理解を活用する必要がある。

数学的な構造は，自然現象や社会現象を理解し，解釈する手段として，長い時を経て発達してきた。学校教育では，数学のカリキュラムは内容要素（例えば，数，代数，幾何）と詳細な項目のリストから構成される。これらは，歴史的に確立された数学の分野を反映し，構造化したカリキュラムを定義する上で役に立つ。しかしながら，数学の授業の外で生じる課題や状況には，どのような形で課題に向き合うかを示すような一連の規則や規範があるわけではない。通常はむしろ，その状況に関連した数学を利用できる可能性を把握したり，状況を数学的に定式化したりする際に，ある種の創造的思考を必要とする。同じ状況であっても，様々な数学的概念・手順・事実・ツールを利用して，異なった方法で処理することはよくある。

PISA 調査の目標は数学的リテラシーを測定することであるため，数学的な内容知識の組織的構造は，幅広く分類される問題の背後にある，具体的な数学的概念や手順の発達を促してきた数学的事象に基づいて提案されている。国レベルの数学カリキュラムは，典型的には，これと同じような背後にある数学的事象を処理するための知識と技能を生徒に身に付けさせることを目指して作成される。その結果，このような方法で編成された内容の範囲は，各国によって作成された数学のカリキュラムに典型的に見られるものとかなり整合的である。この枠組みは，11 か国のナショナルスタンダード（訳注：日本においては，学習指導要領のことを指す）の分析を基に，15 歳の生徒の数学的リテラシーを測定するのに適切な内容項目を挙げている。

数学的リテラシーの評価を目的とした数学分野を構成する上で重要なことは，数学の歴史的発展から生じる構造，数学の本質的要素を示すのに十分な多様性と深さを含む構造，また従来の数学的要素も受け入れられる形で表現あるいは包含する構造を選ぶことである。それゆえ，PISA2015 年調査の枠組みでは，背後にある数学的事象の範囲を反映した一連の内容カテゴリーが選択された。これらのカテゴリーは，過去の PISA 調査で用いられたカテゴリーと一貫している。

したがって，PISA2015 年調査で用いられる以下の内容カテゴリーは，歴史的発達の要求事項を満たし，数学分野やその発達を促す背後にある事象の範囲を網羅し，学校カリキュラムの主な要素を反映している。これら四つのカテゴリーは，教科の核となる数学的内容の範囲を特徴付けるものであり，PISA2015 年調査の問題で用いられた幅広い内容を表している。

- 変化と関係
- 空間と形
- 量
- 不確実性とデータ

数学分野は，これらの四つのカテゴリーを用いて問題の内容を分野全体に確実に分布させ，重要な数学的事象に焦点を当てた形で構成される。しかし同時に，現実の状況に基づいた豊かでやりがいのある数学の問題に着目することのない，あまりにも純粋な分野は避けられる。問題の開発と選択，及び調査結果の報告には，内容カテゴリーによる分類が重要であるが，その一方で，内容項目によっては，二つ以上の内容カテゴリーに属する場合もあることに留意しなくてはならない。四つの内容カテゴリーをまたがる内容の側面間のつながりは，教科としての数学の一貫性に貢献している。また，そのつながりはPISA2015年調査で採用された幾つかの調査問題に表れている。

幅広い数学的な内容カテゴリーと，後述する15歳の生徒に適切なより具体的な内容項目は，PISA2015年調査に含めるのにふさわしい内容のレベルと範囲を反映している。まず，各内容カテゴリーについての説明と，そのそれぞれが意味のある問題を解く上でどのように関連するかを述べる。次に，15歳の生徒の数学的リテラシーを調査するのに適した内容の種類について，より具体的な定義を示す。こうした具体的な項目は，様々な国や教育管轄機関が持つ期待像に見られる共通性を反映している。これらの内容項目を特定するために検証したスタンダードは，各国の数学の授業で何が教えられているかという証拠だけでなく，各国の考える15歳の生徒が建設的で積極的，思慮深い市民となる準備をする上で重要な知識と技能とは何かといった指標でもある。

この四つのカテゴリー――**変化と関係**，**空間と形**，**量**，**不確実性とデータ**――を特徴付ける数学的な内容知識について，以下で説明する。

2.2.1　変化と関係

自然界及び人工的に形成された世界には，物体間や環境の一時的な関係や永久的な関係が数多く見られる。そこでは，相互に関係し合う物体のシステムの中や，要素が互いに影響し合う環境において，変化が起こっている。多くの場合，これらの変化は時間の経過とともに起こるが，一つの物体又は数量の変化が，別の物体又は数量の変化と関係することもある。こうした状況は離散的な変化の場合もあれば，連続的な変化の場合もある。関係には，永久的あるいは不変の性質を持つものも存在する。変化と関係に関する能力がより高いと，変化を表したり予測したりするのに適した数学的モデルを使うために，変化の基本的な種類を理解し，それがいつ起こるのかを認識することができる。数学的に言えば，このことは，適切な関数や方程式を使って変化と関係をモデル化すること，関係を表した記号やグラフを作ったり，解釈したり，変換したりすることを意味する。

変化と関係は，有機体の成長，音楽，季節の循環，天気のパターン，雇用水準，経済状態などの多様な場面に見られる。関数と代数という伝統的な数学的内容の側面には，代数式，方程式と不等式，表やグラフなどがあり，これらは変化する事象を記述し，モデル化し，解釈する際の中心となる。また，統計を利用したデータと関係の表現も，変化と関係を説明したり解釈したりする上でよく用いられる。さらに，**変化と関係**を定義し，解釈するためには，数と単位の基本についてのしっかりした基礎教育も必要である。幾何の測定からは，周の長さの変化が面積の変化と関連していることや，三角形の各辺の長さの関係性など，興味深い関係が生じることもある。

2.2.2　空間と形

空間と形には，我々を取り囲む視覚的・物理的世界の至るところで出会う幅広い事象が含まれる。図形，物体の特性，位置と方向，物体の表現，視覚情報の解読と符号化，ナビゲーション，実物と表現との動的な相互作用などである。幾何学は，**空間と形**にとって不可欠な基盤としての役割を持つ。しかし，PISA 調査における空間と形というカテゴリーは，内容，意味，方法において伝統的な幾何学の域にとどまらず，空間での視覚化，測定，代数といった数学の他の要素も必要としている。例えば，形が変化したり，点が軌跡に沿って動いたりすると，関数の概念が必要とされる。測定の公式はこの分野の中心である。動的幾何学ソフトから全地球測位システム（GPS）に至るような，ツールを必要とする場面に置かれた形を操作したり，解釈したりすることは，この内容カテゴリーに含まれる。

PISA 調査では，**空間と形**に関する数学的リテラシーにとって，一連の中核となる概念や技能を理解することが重要であるという前提を置いている。**空間と形**の領域における数学的リテラシーには，遠近法を理解する（例えば，絵画），地図を描いたり読んだりする，テクノロジーを使って，あるいは使わずに形を変換する，様々な視点から三次元の状況を解釈する，形を図に表すなどといった，一連の活動が関係している。

2.2.3　量

量という概念は，我々の世界に関わり作用する，最も広く知られた重要な数学的側面であろう。それは物体，関係，状況，世界に存在するものの属性を数量化し，それらの数量化したものを様々な形で表したものを理解し，数量に基づいた解釈や論証を評価することである。世界における数量化に関与することは，測定，数え上げ，大小，単位，指標，相対的な大きさ，数の傾向やパターンなどを理解することでもある。数量的推論の側面――数感覚，数の多様な表現，計算の手際，暗算，結果の妥当性の見積りや評価など――は，**量**に関する数学的リテラシーの本質である。

数量化とは，世界の側面にある膨大な属性を記述し，測定する主要な方法である。数量化するということは，状況をモデル化すること，変化と関係を調べること，空間と形を記述し操作すること，データを整理し解釈すること，不確実性を測定し評価することを念頭に置いている。それゆえ，量の領域における数学的リテラシーは，幅広い場面で，数の知識と数の演算を利用する。

2.2.4　不確実性とデータ

科学やテクノロジーにおいて，また日常生活の中で，不確実性は常に存在する。不確実性はそれゆえ，多くの問題状況を数学的に分析する上で，その中心にある事象である。確率と統計の理論やデータの表現・記述の技術は，不確実性を扱うために確立されてきた。**不確実性とデータ**の内容カテゴリーには，プロセスにおけるばらつきがどこにあるかを見分けること，そのばらつきを数量化したものを理解すること，測定における不確実性と誤差を認識すること，蓋然性について知ることが含まれる。また，不確実性を中心とする状況において導き出される結論を形成し，解釈し，評価することも含まれる。データの表現と解釈は，このカテゴリーにおける鍵となる概念である（Moore, 1997）。

科学的な予測，選挙結果，天気予報，経済モデルなどには，不確実性が存在する。製造過程やテストの点数，調査結果にはばらつきがあるし，個人が楽しむレクリエーションの背後には蓋然性があることが多い。伝統的なカリキュラムにおける確率と統計の分野では，ある種の不確実性を伴う事象を記述・モデル化・解釈して，推論をする形式的な手法が扱われる。さらに，数の知識やグラフ・記号表現などの代数的側面の知識は，内容カテゴリーにおける問題に取り組みやすくする。データの解釈と表現に注目することは，**不確実性とデータ**の重要な側面である。

2.2.5　内容別に見た問題の望ましい配分

PISA2015年調査に向けて選ばれた継続問題は，表4.2に示すように四つの内容カテゴリーに配分されている。調査を構築する上での目標は，問題を各内容カテゴリーにバランス良く配分することである。なぜなら，これらのカテゴリーはどれも，建設的で積極的，思慮深い市民にとって重要だからである。

表4.2　内容別に見た数学の問題の望ましい配分

内　容	問題の割合（%）
変化と関係	25
空間と形	25
量	25
不確実性とデータ	25
合計	100

2.2.6　数学的リテラシー調査を方向付ける内容項目

変化と関係・空間と形・量・不確実性とデータに関わる文脈化された問題を効果的に理解し，解決するためには，様々な数学的概念・手順・事実・ツールを適度な深さと精密さで活用する必要がある。数学的リテラシーを評価する上でPISA調査が試みていることは，十分な根拠に基づく判断や意思決定をすることのできる建設的で積極的，思慮深い市民にこれからなろうとしている15歳の生徒にとって適切な数学のレベルや種類を調査することである。PISA調査は，カリキュラム型の評価にはなっておらず，またそれを意図しない一方で，生徒が15歳までに学習する機会があったと考えられる数学を反映しようと努めている。

PISA2015年調査に含まれる内容は，PISA2012年調査で開発されたものと同じである。**変化と関係・空間と形・量・不確実性とデータ**という四つの内容カテゴリーは，内容の範囲を特定するための基盤としての役割を持つ。しかしながら，これらのカテゴリーに1対1で対応する内容項目はない。以下に示す内容は，これらの概念の重要性を四つの内容カテゴリー全てに反映し，教科としての数学の一貫性を強調しようとするものである。これらは，PISA2015年調査に含まれる内容項目を例証しようと試みたものであって，網羅的に列挙したものではない。

- **関数**：関数の概念とその性質，それらの多様な記述と表現。特に重要なのは一次関数だがこれに限定するわけではない。よく使われる表現は，言葉，記号，表，グラフである。
- **代数的表現**：数値，記号，演算，指数，根号を含む代数的な表現の言葉による解釈や操作。
- **方程式と不等式**：一次方程式，一次不等式，二次方程式，解析的・非解析的解法。
- **座標**：データ，位置，関係性の表現と記述。
- **二次元，三次元での幾何学的物体内，及び物体間の関係**：図形の要素間にある代数的関係などの静的な関係（例えば，直角三角形の三辺の関係であるピタゴラスの定理），相対位置，相似と合同，変換や物体の運動といった動的な関係，二次・三次元物体間の対応。

- **測定**：角度，距離，長さ，周囲の長さ，円周，面積，体積などのような，図形や物体の特徴，及び図形間や物体間の特徴の数量化。
- **数と単位**：数の概念と表現，及び記数法。これには，整数と有理数の特性，無理数の適切な見方，時間・お金・重さ・温度・距離・面積・体積などの事象に関する量と単位，求めた量とその数値的記述が含まれる。
- **演算**：演算の性質と特性，それに関連する表記法。
- **百分率，割合，比例**：相対的な大きさを数値的に記述すること。また，問題を解くために比例や比例的推論を適用すること。
- **数え上げの原理**：簡単な順列と組合せ。
- **見積り**：有効数字と四捨五入を含む，目的に合った数・量の近似。
- **データの収集，表現，解釈**：様々な種類のデータの性質，出所，収集と，それらのデータの様々な表現や解釈の方法。
- **データのばらつきとその記述**：データセットのばらつき，分布，中心化傾向などの概念。これらを数量の観点から記述し解釈すること。
- **標本と標本抽出**：標本の特性を基にした単純な推測を含む，標本抽出の概念と母集団からの標本抽出。
- **蓋然性と確率**：ランダムな事象の表記法，ランダム変動とその表現，事象の蓋然性と頻度，確率概念の基本的側面。

2.2.7　文脈

適切な数学的方略・表現の選択は，数学的な問題が生じている文脈によって決まることが多い。文脈は，問題解決者に更なる要求を課す問題解決の側面として広くみなされている（統計的な結果については Watson and Callingham, 2003 を参照）。PISA 調査において重要なことは，様々な文脈を幅広く使うということである。そうすることで，可能な限り幅広い個人の興味や，21 世紀の人々が関わる状況に，関連付けやすくなる。

PISA2015 年調査の数学の枠組みを構築するために，四つの文脈カテゴリーが定義された。これらを用いて，PISA 調査に向けて開発された調査問題を分類する。

- **個人的**：個人的な文脈カテゴリーに入る問題は，自分自身や家族，友人に焦点を当てる。個人的とみなされる文脈の種類には，（限定するわけではないが）食事の支度，買物，ゲーム，個人の健康，個人の移動手段，スポーツ，旅行，個人のスケジュール，個人の資金などに関わるものが含まれる。
- **職業的**：職業的な文脈カテゴリーに入る問題は，仕事の世界を中心としている。職業的として分類される問いは，（限定するわけではないが）測定，建築資材の費用計算や注文，給料・会計，品質管理，日程計画・在庫管理，設計・建築，職に関連した意思決定などと関係している。職業的状況は，熟練を必要としない仕事から非常に専門性の高い仕事に至るまで，あらゆるレベルの仕事に関係がある。とはいえ，PISA 調査の問題は 15 歳の生徒にとってなじみのあるものでなければならない。

- **社会的**：社会的な文脈カテゴリーに入る問題は，地域社会（地方，国，世界は問わない）に焦点を当てる。これには（限定するわけではないが）投票制度，公共交通，政府，公共政策，人口統計，広告，国の統計，経済が含まれる。人は個人のやり方でこれら全てに関わっているが，社会的な文脈カテゴリーでは地域社会的観点に問題の焦点が当てられる。
- **科学的**：科学的な文脈カテゴリーに入る問題は，自然界や，科学，技術に関する問題・話題に数学を適用することに関わる。このカテゴリーに特有な状況は，（限定するわけではないが）天候や気候，生態学，医薬品，宇宙科学，遺伝学，測定，数学の世界そのものなどである。数学内の問い，すなわち，あらゆる構成要素が数学の世界に属しているような問いは，この科学的文脈に分類される。

PISA の調査問題は，場面が設定された課題文を共有する大問ごとにまとめて出題される。したがって，同じ大問の中にある問いは全て，通常は同じ文脈カテゴリーに属する。ただし，例外もある。例えば，課題文の問題場面が，ある問いでは個人的観点から検討され，別の問いでは社会的観点から検討される場合などである。ある問いが，置かれた大問の文脈的要素について言及することなく，単に数学的構成だけを持つ場合でも，その問いは置かれた大問の文脈カテゴリーに割り当てられる。珍しいケースではあるが，大問が数学的要素だけからなり，数学の世界の外部にある文脈に言及していない場合，その大問は科学的な文脈カテゴリーに分類されることになる。

これらの文脈カテゴリーによって，問いの文脈の組合せを選ぶための基礎が提供され，また，日常的で個人的な数学利用から，グローバルな問題の科学的必要性のための数学利用に至るまで，数学の幅広い範囲での利用をこの調査に確実に反映させることができる。さらに，様々な難易度の調査問題をそれぞれの文脈カテゴリーに広く配置することが重要となる。文脈カテゴリーの主な目的は，幅広い文脈の中で生徒の力を発揮させることである。したがって，それぞれのカテゴリーが数学的リテラシーの測定に十分に寄与すべきである。ある文脈カテゴリーに入る調査問題の難易度を，別のカテゴリーに入る調査問題の難易度に比べて計画的に高くしたり，低くしたりすることがあってはならない。

適切な文脈を特定する上で重要なことは，生徒が 15 歳までに習得した数学的な内容知識・プロセス・能力をどの程度利用できるかを評価するという，この調査の目的を，常に意識することである。したがって，調査問題に取り入れる文脈は，生徒の興味や生活との関わりや，彼らが建設的で積極的，思慮深い市民として社会に出たときの必要性を踏まえて選択される。適切さの程度の判断には，PISA 調査参加国の各国調査責任者（NPM）が携わっている。

2.2.8　文脈別に見た問題の望ましい配分

表 4.3 に示すように，PISA2015 年数学的リテラシー調査に向けて選択された継続問題は，これらの文脈カテゴリー全体に均等に配分されている。このような配分によって，一つの文脈が優位を占めることはなく，幅広い個人の興味や，生活の中で遭遇し得る状況をカバーした問題を生徒に提供することができる。

表4.3　文脈別に見た数学の問題の望ましい配分

文脈	問題の割合（%）
個人的	25
職業的	25
社会的	25
科学的	25
合計	100

第3節 数学的リテラシーの評価

ここでは，前述した枠組みの要素をPISA2015年調査に適用させるためのアプローチについて概説する。こうしたアプローチには，PISA調査における数学的構成要素の構造，筆記型の継続問題をコンピュータ使用型の調査実施形態に移行させる上での取決め，数学の習熟度の報告が含まれる。

3.1　調査手段の構成

数学的リテラシーが中心分野であったPISA2012年調査では，筆記型の調査手段に合計270分の数学の問題が入っていた。問題は九つの問題群にまとめられており，各問題群のテスト時間はそれぞれ30分である。問題群はローテーション設計に従ってブックレットに配置され，継続問題も含まれていた。

2015年調査では，数学的リテラシーは中心分野ではなく，生徒に出題される問題群は2012年調査より少ない。しかし，これらの問題群も同じように構成され，ローテーションされた。過去の調査サイクルから使われている「易しい」問題群と「難しい」問題群を一つずつ含んだ六つの数学の問題群が，協同問題解決能力の国際オプションを実施するかどうか，あるいは筆記型で調査を実施するかどうかによって，三つの設計のうちの一つに用いられる。これまでの調査サイクルにおいては，中心分野ではない場合は三つの問題群を用いるのが通例だったが，今回は問題群を六つ用いることによって継続問題の数が増えることとなり，構成概念の幅が広くなる。しかし，各問いに解答する生徒の人数は減る。この設計は潜在的なバイアスを減少させることを目的としており，経年的な測定を安定させ，発展させる。調査実施形態の違いによる影響に関しては検証を行い，コンピュータ使用型形式と筆記型形式の同等性を確立するため，予備調査を実施した。

3.2　出題形式

PISA2015年調査では，数学的リテラシーを評価するのに三つの出題形式が使われる。自由記述形式問題，求答形式問題，選択肢形式問題（多肢選択形式及び複合的選択肢形式）である。自由記述形式問題は，ある程度の記述式解答を生徒に求めるものである。また，この種の問題では，問題を解く手順を示すことや，どのようにしてその答えにたどりついたかを説明することが求められる場合もある。こうした問題は，訓練を受けた専門家が手作業で生徒の解答をコード化する必要がある。

求答形式問題は，より端的な形で問題の解を示すよう求める問題で，生徒の解答の正誤は簡単に判断できる。この種の問いに対する生徒の解答はデータ入力ソフトに打ち込まれ，機械的にコード化されることが多いが，中には訓練を受けた専門家の採点が必要なものも存在する。ほとんどの場合，求答形式問題の解答は一つしかない。

選択肢形式問題では，生徒は複数の選択肢の中から一つ，あるいは複数の解答を選ぶよう求められる。こうした問いに対する解答は通常，機械的に処理される。調査手段を構築する際，これら三つの出題形式は，ほぼ均等な割合で出題される。

3.3　問題の採点

ほとんどの問いは二分法的（すなわち，正答か誤答かのいずれか）に採点されるが，自由記述形式問題では部分正答が与えられる場合もある。その場合，解答は「正しさ」の度合いに従って採点される。この種の問いには，解答が正答，部分正答，誤答のどれに当たるかについての詳細な採点ガイドがあり，訓練を受けた採点者はそれに従って生徒の解答をコード化する。これは，解答のコード化が全ての参加国で一貫した，信頼の置ける方法で確実に行われるようにするためである。筆記型調査とコンピュータ使用型調査の比較可能性を最大にするため，重要な要素が確実に含まれるように，採点ガイドには十分な注意が払われている。

3.4　数学のコンピュータ使用型調査

PISA2012年調査の主要な調査実施形態は筆記型であった。2015年調査で実施形態がコンピュータ使用型に移行するに当たり，二つの調査実施形態間の比較可能性が最大になるよう注意が払われた。以下の節では，コンピュータ使用型調査に固有の幾つかの特徴について記述する。これらの特徴は以下に概説するような機会を提供するが，比較可能性を確保するため，PISA2015年調査は2012年の筆記型調査で用いられた問題のみから構成される。しかし，従来の調査との比較可能性を確保するためにこうした特徴の導入をコントロールできる場合，ここで記す特徴は今後のPISA調査に用いられるだろう。

仕事における数学的なタスクが何らかのエレクトロニクス技術を要することは増えてきており，その結果，数学的リテラシーとコンピュータ利用の結び付きは強まった（Hoyles *et al*., 2002）。今や，あらゆるレベルの職場で働く就業者にとって，数学的リテラシーとコンピュータ技術の利用は相互に依存し合っている。PISA調査の問題を紙媒体ではなくコンピュータで解答することによって，PISA調査は21世紀における現実と要求に適合したものになる。

筆記型及びコンピュータ使用型のテストの成績については非常に多くの検証があるが，それらの結果は相反している。幾つかの研究では，コンピュータ使用型のテスト環境が生徒の成績に影響を与えることを示している。Richardson *et al*.（2002）によると，問題のタイプに慣れていなかったり，難しい種類の問題があったりすることが多いにもかかわらず，生徒はコンピュータ使用型の問題解決課題に引き付けられ，やる気になる。図に興味をひかれて生徒の気が散ったり，課題に取り組もうとするときのヒューリスティックが乏しかったりする場合もあった。

筆記型とコンピュータ使用型のテストの比較において最も大きいものの一つでは，8 年生の生徒の平均点について，コンピュータ使用型のテストの方が同等の問題を含む筆記型のテストよりも 4 ポイント高いことが Sandene *et al.* によって明らかになった。Bennet *et al.*（2008）は，自身の研究から，コンピュータへのなじみ深さがコンピュータ使用型の数学のテストの成績に影響を与えると結論付けた。一方で，コンピュータ使用型のテストを通じて利用できる機能の幅が成績に影響を与える場合があることを明らかにした研究者もいる。例えば，Mason（2001）によると，コンピュータ上で解答を見直してチェックすることができない場合，コンピュータ使用型のテストは筆記型のテストと比較して生徒の成績に否定的な影響を与えることがわかった。Bennett（2003）は，恐らくコンピュータ画面が小さいとスクロールをする必要があることから，スクリーンサイズが言語能力テスト（verbal-reasoning tests）の得点に影響を与えることを明らかにした。

対照的に，Wang *et al.*（2008）は，K-12（訳注：Kindergarten から 12 年生までの 13 年間の教育期間のこと）の生徒の数学の到達度に関連する研究のメタ分析を行い，調査実施形態は得点に対し統計的に重要な影響を持たないことを示した。さらに，国際成人力調査（PIAAC: Programme for the International Assessment of Adult Competencies）の一部として最近行われた調査実施形態の違いに関する検証によると，同等性の達成は可能であることが明らかになった（OECD, 2014）。この検証では，調査に参加した成人が読解力と数的思考力の技能の調査においてコンピュータ使用型と筆記型のいずれかに無作為に割り当てられた。筆記型の実施形態で用いられた問題の大部分はコンピュータによっても実施できるようにされ，この研究に用いられた。これらのデータを分析することで，ほぼ全ての問題のパラメーターはこの二つの実施形態にわたって安定していることが明らかになり，それゆえ解答者の読解力と数的思考力の能力は同じ尺度で測定できることが示された。こうした検証結果から，PISA2012 年調査で使われた数学的リテラシーの問題は，時系列データに影響を与えることなくスクリーンに置き換えることができると仮定された（PISA2015 年予備調査では，調査実施形態の変更が生徒の成績に与える影響について検証した。詳細はコラム 1.2 を参照のこと）。

筆記型調査が印刷物を使って作業するための基本的技能に依存するのと同様に，コンピュータ使用型調査はコンピュータを使う上での基本的な ICT 技能に依存している。こうした技能には，基本的なハードウェア（例えば，キーボードやマウス）と基本的な決まりごと（例えば，矢印で前に進める，特定のボタンを押してコマンドを実行する）についての知識が含まれる。コンピュータ使用型調査では，こうした技能の要求を最小のコアレベルにとどめる意向である。

3.5　数学における習熟度の報告

PISA 調査の数学の結果報告には，幾つかの方法がある。包括的な数学の習熟度が各参加国で抽出された生徒から推計され，習熟度レベルが定められる。各レベルの生徒が持つ，典型的な数学的リテラシーの習熟度がどの程度であるかの記述も開発されている。PISA2003 年調査では，四つの幅広い内容カテゴリーに基づく尺度が開発された。図 4.3 は，2012 年の PISA 調査で，包括的な数学の尺度として報告された六つの習熟度レベルを説明するものである。これらはPISA2015年調査における数学の尺度の基礎となっている。最終的な承認を得たこの2012年の尺度は，2015年調査の結果報告に用いられる。**数学的リテラシー**は2015年では中心分野ではないため，包括的な習熟度の尺度のみが報告される。

包括的な数学的リテラシー及び報告される各プロセスが，様々なレベルの尺度において，何を意味するのかを定義付ける上で，基本的な数学の能力は中心的な役割を果たす。例えば，レベル4の習熟度における記述（図4.3を参照）では，2～3文目でこのレベルにおいて顕著な数学化と表現の側面に焦点を当てている。4～5文目では，レベル4で特徴的なコミュニケーション，推論，論証について強調している。レベル3では論証については触れられていないこと，レベル5では振り返る力が追加されていることと対照することができる。この枠組みの前半部及び図4.2の中では，それぞれの数学的なプロセスについて，個人がそのプロセスに取り組む際に活性化するであろう基本的な数学の能力の観点から説明した。

図4.3　PISA2015年調査における数学の六つの習熟度レベルの概説

レベル	生徒が典型的にできること
6	習熟度レベル6以上の生徒は，次のことができる。 探究や複雑な問題状況におけるモデル化に基づく情報を概念化したり，一般化したり，利用したりすること。あまり標準的ではない文脈の中で知識を用いること。様々な情報源や表現を結び付け，それらを柔軟に解釈すること。高度な数学的思考・推論を行うこと。記号的・形式的な操作や関係に関する熟達した知識・技能を用いながら，洞察や理解を適用し，見たことのない状況に取り組むための新たなアプローチや方略を発展させること。行動を振り返り，自らの結論，解釈，論証と，それらの元の状況に対する適切性についての自らの行動や省察を筋道立てて，正確にコミュニケーションを行うこと。
5	習熟度レベル5の生徒は，次のことができる。 制約を見つけ出し，仮定を明確にしながら，複雑な状況において，モデルを発展させて使うこと。これらのモデルに関連した複雑な問題に対処するために，適切な問題解決の方略を選択し，比較し，評価すること。広く十分に発達した思考や推論の技能，適切に結び付けられた表現，記号的・形式的な特徴付け，状況に付随する洞察を用いて，戦略的に問題に取り組むこと。自らの考えを振り返り始め，自らの解釈や推論を筋道立ててコミュニケーションを行うこと。
4	習熟度レベル4の生徒は，次のことができる。 制約のある，又は仮定の設定を必要とする，複雑だが具体的な状況において，明示されたモデルを効果的に使うこと。現実世界における状況の側面に直接結び付けながら，記号表現を含む様々な表現を選択したり，統合したりすること。単純な文脈において，ある種の洞察を持ち，限られた範囲の技能を活用して推論すること。自らの解釈，論証，行動に基づき，説明や論証を構築してコミュニケーションを行うこと。
3	習熟度レベル3の生徒は，次のことができる。 一連の意思決定を要する手続を含む，明確に述べられた手順を実行すること。簡単なモデルを作ったり，簡単な問題解決の方略を選択して適用したりする上での基盤となる解釈を十分に行うこと。様々な情報源に基づいて表現を解釈し，用い，それらの表現から直接的に推論すること。一般に，ある程度，百分率，分数，小数を扱ったり，比例関係を用いたりすること。自らの基礎的な解釈や推論について振り返ること。
2	習熟度レベル2の生徒は，次のことができる。 直接的な推論以上のことは要求されない文脈において，状況を解釈し認識すること。一つの情報源から関連する情報を引き出し，一つの表現様式で利用すること。基本的なアルゴリズム，公式，手順，作法を適用し，正の整数に関する問題を解決すること。結果に対する文字通りの解釈を行うこと。
1	習熟度レベル1の生徒は，次のことができる。 関連する情報が全て与えられ，問いも明確に定義されている見慣れた文脈において，問いに答えること。明示的な状況において，直接的な指示に従って，情報を見つけ出し，決まりきった手順を実行すること。ほとんどの場合で単純な行動を実行し，与えられた課題文に直接従うこと。

注記

1. 国によっては，「数学的ツール」という語はアルゴリズムなどの確立した数学的手順を指す場合もある。PISA 調査の枠組みの目的では，「数学的ツール」は本節で説明した物理的な器具とデジタルツールだけを指すものとする。

参考文献・資料

Bennett, R.E. (2003), *Online Assessment and the Comparability of Score Meaning*, Research Memorandum, Educational Testing Service, Princeton, NJ.

Bennett, R.E. *et al.* (2008), "Does it matter if i take my mathematics test on computer? A second empirical study of mode effects in NAEP", *Journal of Technology, Learning, and Assessment*, Vol. 6/9.

Hoyles, C. *et al.* (2002), *Mathematical Skills in the Workplace: Final Report to the Science Technology and Mathematics Council*, Institute of Education, University of London, London, *http://eprints.ioe.ac.uk/1565/*.

Mason, B., M. Patry and **D. Berstein** (2001), "An examination of the equivalence between non-adaptive computer based and traditional testing", *Journal of Education Computing Research*, Vol. 1/24, pp. 29-39.

Moore, D. (1997), "New pedagogy and new content: The case of statistics", *International Statistical Review*, Vol. 2/65, pp. 123-137.

Niss, M. (2003), "Mathematical competencies and the learning of mathematics: The Danish KoM Project", in A. Gagatsis and S. Papastavridis (eds.), *3rd Mediterranean Conference on Mathematics Education*, Hellenic Mathematical Society, Athens, pp. 116-124.

Niss, M., W. Blum and **P. Galbraith** (2007), "Introduction", in W. Blum, P.L. Galbraith, H.W. Henn and M. Niss (eds.), *Modelling and Applications in Mathematics Education* (The 14th ICMI Study), Springer, New York, pp. 3-32.

Niss, M. and **T.H. Jensen** (2002), "Kompetencer og matematiklaring: Ideer og inspiration til udvikling af matematikundervisning I Danmark, uddannelsesstyrelsens temahafteserie", No. 18, Ministry of Education, Copenhagen, *http://pub.uvm.dk/2002/kom/*.

Niss, M. and **T. Højgaard** (eds.) (2011), "Competencies and mathematical learning: Ideas and inspiration for the development of mathematics teaching and learning in Denmark", Ministry of Education, Report No. 485, Roskilde University, Roskilde, *https://pure.au.dk/portal/files/41669781/thj11_mn_kom_in_english.pdf*.

OECD (2014), *Technical Report of the Survey of Adult Skills (PIAAC)*, pre-publication, OECD, Paris, *www.oecd.org/site/piaac/_Technical%20Report_17OCT13.pdf*.

OECD (2013), *PISA 2012 Assessment and Analytical Framework: Mathematics, Reading, Science, Problem Solving and Financial Literacy*, PISA, OECD Publishing, Paris, *http://dx.doi.org/10.1787/9789264190511-en*.（『PISA2012 年調査　評価の枠組み：OECD 生徒の学習到達度調査』経済協力開発機構（OECD）編著，国立教育政策研究所監訳，明石書店，2016 年）

OECD (2010), *Pathways to Success: How Knowledge and Skills at Age 15 Shape Future Lives in Canada*, PISA, OECD Publishing, Paris, *http://dx.doi.org/10.1787/9789264081925-en*.

OECD (2004), *The PISA 2003 Assessment Framework: Mathematics, Reading, Science and Problem*

Solving Knowledge and Skills, PISA, OECD Publishing, Paris, *http://dx.doi.org/10.1787/9789264101739-en*.（『PISA2003年調査 評価の枠組み：OECD生徒の学習到達度調査』経済協力開発機構（OECD）編著，国立教育政策研究所監訳，ぎょうせい，2004年）

Richardson, M. *et al.* (2002), "Challenging minds? Students' perceptions of computer-based world class tests of problem solving", *Computers in Human Behavior*, Vol. 18/6, pp. 633-649.

Sandene, B. *et al.* (2005), *Online Assessment in Mathematics and Writing: Reports from the NAEP Technology-Based Assessment Project, Research and Development Series* (NCES 2005–457). US Department of Education, National Center for Education Statistics, US Government Printing Office, Washington, DC.

Turner, R. and **R.J. Adams** (2012), "Some drivers of test item difficulty in mathematics: an analysis of the competency rubric", paper presented at the annual meeting of the American Educational Research Association (AERA), 13-17 April, Vancouver, *http://research.acer.edu.au/pisa/7/*.

Turner, R. *et al.* (2013), "Using mathematical competencies to predict item difficulty in PISA", in M. Prenzel *et al.* (eds.), *Research on PISA: Research Outcomes of the PISA Research Conference 2009*, Springer, New York, pp. 23-27.

Watson, J.M. and **R. Callingham** (2003), "Statistical literacy: A complex hierarchical construct", *Statistics Education Research Journal*, Vol. 2/2, pp. 3-46.

Wang, S. *et al.* (2007), "A meta-analysis of testing mode effects in Grade K–12 mathematics tests", *Educational and Psychological Measurement*, Vol. 67, pp. 219-238.

■ 第5章 ■

ファイナンシャル・リテラシー

本章では，PISA 調査における 15 歳の生徒のファイナンシャル・リテラシーの測定に関する理論的根拠について説明し，用語の定義付けを行う。ここでは調査の中で用いられたファイナンシャル・リテラシーの問題で反映された内容，プロセス，文脈について説明するとともに，生徒のファイナンシャル・リテラシーの習熟度がどのように測定され，報告されたかを記述する。

はじめに

PISA2012 は，若者のファイナンシャル・リテラシーを評価する最初の大規模な国際調査であった。本調査によって，参加国の内外でファイナンシャル・リテラシーのレベルに様々なバリエーションがあることがわかった。PISA2015 は，経年比較と，前回このオプション調査に参加しなかった国々のデータについての情報を提供している。

この枠組みは，2012 年調査の枠組みを発展させたものである。ファイナンシャル・リテラシーを測定し描写するために用いられた問題と言語がいかに設計され開発されたかを論じている。この枠組みは，ファイナンシャル・リテラシーの定義を含み，15 歳の生徒に関連した内容，プロセス，文脈を中心として体系化する。この枠組みによって論じられる内容分野には，「金銭と取引」「ファイナンスに関する計画と管理」「リスクと報酬」ならびに「ファイナンスに関する情勢」が含まれる。この枠組みは，「ファイナンスに関する情報の識別」「ファイナンスに関する文脈における情報の分析」「ファイナンスに関する論点の評価」「ファイナンスの知識と理解とを適用する」といった，それらを通じ生徒が彼らのファイナンシャル・リテラシーを示す幾つかのプロセスをカバーしている。問題は「教育と仕事」「家庭と家族」，そして「個人的」と「社会的」といった文脈を扱う。さらに，この枠組みは，ファイナンシャル・リテラシーと，非認知的技能，そして，数学的リテラシーと読解力の両方との関係について論じる。さらに，どのように生徒のファイナンス上の行動と経験を測定したかを論じる。

第１節　ファイナンシャル・リテラシーの政策的関心

近年，先進及び新興国・地域は自国民のファイナンシャル・リテラシーのレベルについてますます関心を持つようになった。この高まりは，とりわけ，縮小する官民の支援制度，少子高齢化など人口統計の変化，そして，金融市場における広範な開発に端を発する。ファイナンシャル・リテラシーの欠如は無知な金融決定につながり，こうした決定が今度は，個々人の，ひいては世界規模の金融に莫大な負の効果をもたらし得る（OECD/INFE, 2009; OECD, 2009a）（ファイナンシャル・リテラシーと住宅ローン不履行の実証的分析については Gerardi *et al.*, 2010 も参照）。その結果として，ファイナンシャル・リテラシーは今や，経済とファイナンス上の安定及び発展の重要な要素として世界的に認められている。このことは，最近の G20 が OECD/INFE（International Network on Financial Education：金融教育に関する国際ネットワーク）金融教育の国家戦略に関するハイレベル原則（G20, 2012; OECD/INFE, 2012），若者のためのファイナンシャル・リテラシーに関する金融教育とコア・コンピテンシーのための国家戦略に関する OECD/INFE の政策ハンドブックにおいて，PISA のファイナンシャル・リテラシー調査を含むファイナンシャル・リテラシーを測定するための道具を広く使うことを支持する記述（G20, 2013; OECD/INFE, 2015b; OECD INFE, 2015c）を承認したことに反映されている。

1.1　人口統計的，文化的な変化

ほとんどの国で寿命は延び，多くの国で出生率は下がっている。同時に，労働力における女性の参加と高等教育に入った人々の割合は共に増えており，成長した子供たちは，昔の世代に比べ，高齢の家族の近くに住み続けない傾向にある。こうした変化は，退職時の金融セキュリティーや高齢者専門のケアのニーズが高まり，追加的な政府支出につながるといった結果をもたらす可能性がある（Colombo *et al.*, 2011）。勤労世代の大人たちは，彼ら自身の退職に向けた貯金や，自身の学生ローンの返済，活動しない時期や自営，再教育の時期も含めた人生における就業期間の軌跡の変化の増大を管理すると同時に，この追加的な支出を賄う税負担を負うことが期待されるかもしれない。

1.2　リスクの移転と増大する個人の責任

政府と雇用者の双方から個人へのリスク移転が進んでおり，このことは今多くの人たちが長寿や投資，信用取引，医療費の個人負担分と長期間にわたるケアに関連した財政的危機に直面していることを意味する。市場と経済が変化した結果，個人が行わなければならないファイナンス上の決定の数とこれらの決定の重要性が増加している。例えば，長寿化は，多くの国で定年の年齢が徐々に上がっているにもかかわらず，個人が，より年齢の高い世代よりはるかに長い退職後の期間を埋め合わせる貯蓄を確保する必要があることを意味する。伝統的な賦課方式（PAYG: pay-as-you-go）の公的年金制度は個人から資金を得るスキームによって補われるが，この制度において，個人は寄与率や投資配分，支払の成果のタイプなどを含んだ投資を決定するのに責任を有することになるかもしれない。その上，新規参入者については，不確かな投資成果と平均余命の伸長のリスクを労働者に移す方向で，確定拠出型年金が，確定給付型年金に急速に取って代わりつつある。

個人が金融仲介機関やファイナンシャル・アドバイザーのサービスを利用する場合であっても，何が提案又は助言されているのかを理解するため，そして選んだ製品を管理するためにファイナンシャル・リテラシーを備える必要がある。個人は利益相反に直面するアドバイザーも出てくるかもしれないことを自覚しておく必要がある。ファイナンスのアドバイスに関する国家の法的枠組みにもよるが，個人は購入を決めた金融商品について全面的に責任を有し，そして選択の全ての結果と対峙することになるかもしれない。

調査は，大多数の労働者が現在直面しなければならないリスクを自覚しておらず，また，仮に自覚していてもこのようなリスクにうまく対処するために十分なファイナンスの知識又は技能を有していないことを明らかにしている（OECD, 2008; Money and Pensions Panel, 2013; Barrett *et al.*, 2013）。

1.3　増加した広範なファイナンス商品・サービス供給

さらに，あらゆる国において，更に多くの消費者が，様々な供給者から様々な手段を介して提供される広範なファイナンス商品とサービスとにアクセスしている[1]。新興経済地域におけるファイナンス上のサービスにアクセスすることに関する改善（financial inclusion：金融包摂），世界規模のテクノロジーの発展，そして規制緩和の結果，当座預金，送金商品からリボ払い，株式投資まであらゆる種類のファイナンス商品を利用する機会が広がりつつある。利用可能なファイナンス商品も複雑さを増しており，個人は手数料，金利の受払い，契約期間，リスク負担のような多数の方法でこれらの商品を比較することが求められる。また個人は，地域団体，伝統的金融機関，ネット銀行（online banks），携帯電話会社を含む無数の可能性から適切な供給者と受け渡し手段を識別する必要がある。

1.4　増加したファイナンス商品・サービス需要

経済的・技術的発展は，コミュニケーションとファイナンス取引の手法と頻度においてだけでなく，社会的相互作用と消費者の行動とにおいて，より大きな世界的なつながりと大規模な変化をもたらした。このような変化によって，個人がファイナンスに関する供給者や仲介者と相互作用的に関われることがより重要となった。とりわけ，消費者はしばしば，収入，送金，オンライン取引といった電子的な支払の授受を行ったり，現金や小切手がもはや好まれない社会で対面での取引を行ったりするためにさえ，ファイナンスに関するサービス（銀行や郵便局のような他の供給者など）を利用する必要がある。同時に，これらの傾向によって，主要なファイナンスの決定の責任が個人へと移転し，（新しいファイナンスに関する消費者を含む）多くの人に対する選択肢が広がるとともに，彼らが直面する複雑性のレベルが上昇した。こうした状況を背景に，個人は，自身と親族を保護し，自らのファイナンスに関する厚生（financial well-being）を確保するために必要不可欠な対策を講ずるために十分なファイナンシャル・リテラシーを備えるよう期待されている。

1.5　期待されるファイナンス教育の利点とファイナンシャル・リテラシーレベルの向上

既存の経験的証拠によれば，先進経済地域と新興経済地域のいずれにおいても，質の良いファイナンス教育を受けた若者や成人はそうでない者よりも，将来の計画を立て，貯蓄し，その他の責任あるファイナンス的行動を取る可能性が高いことを示している（Bernheim *et al.*, 2001; Cole *et al.*, 2011; Lusardi, 2009; Atkinson *et al.*, 2015; Bruhn *et al.*, 2013; Miller *et al.*, 2014）。この証拠は，ファイナンス教育と成果との間に起こり得る関連性を示唆しており，また，ファイナンシャル・リテラシーレベルの向上によって肯定的な行動の変化をもたらすことができることを明らかにしている。

他の諸研究は，ファイナンシャル・リテラシーを備えることによる多数の潜在的利点を示唆している。先進国では，より高いファイナンシャル・リテラシーを備える者は，自己の金銭をよりうまく管理し，株式市場に参加し，自己の株式投資の選択により良く対処すること，そして，このような者はより低い手数料で投資信託を選択する可能性が高いという，ますます多くの証拠がある（Hastings and Tejeda-Ashton, 2008; Hilgert *et al.*, 2003; Lusardi and Mitchell, 2008, 2011; Stango and Zinman, 2009; van Rooij *et al.*, 2011; Yoong, 2011）。新興経済国では，ファイナンシャル・リテラシーは銀行預金口座のような基本的な金融商品を持ったり，保険を買ったりといった行為と関連があることが示されている（OECD/INFE, 2013; Xu and Zia, 2012）。同様に，2012 年の PISA 調査に参加した OECD 各国を平均すると，銀行預金口座を持つ 15 歳の学生は，持っていない学生より高度なファイナンシャル・リテラシーを有している（OECD, 2014c）。さらに，より多くのファイナンス上の知識を持つ成人はより多くの財産を蓄積する可能性が高い（Lusardi and Mitchell, 2011）。

ファイナンシャル・リテラシーレベルが高いことは，資産形成だけでなく負債やその管理にも関係があることがこれまでにわかっている。ファイナンシャル・リテラシーレベルの高い個人は，より低コストの住宅ローンを選択し，高利の支払や追加手数料を避けている（Gerardi *et al.*, 2010; Lusardi and Tufano, 2009a, 2009b; Moore *et al.*, 2003）。

個人に特定された利点に加えて，大きい規模のファイナンシャル・リテラシーは多くの理由から経済及びファイナンス上の安定の改善のために期待され得る（OECD, 2005）。ファイナンシャル・リテラシーを備えた消費者は，より情報に基づいた決定を行い，より質の高いサービスを要求することができ，このことは，次に市場における競争とイノベーションを促進し得る。個々人が収入あるいは支出のショックから大部分身を守ることができ，貸付承諾の債務不履行に陥ることが少ないほど，マクロレベルのショックがファイナンシャル・リテラシーを備えた人々に与える影響は小さくなる。またファイナンシャル・リテラシーを備えた消費者は，予測できない方法で市場状況に反応したり，根拠のない苦情を申し立てたりする可能性が低く，自己に移転したリスクを管理するために適切な手段を講じる可能性が高い。これらの要因の全てが，より効率的なファイナンシャル・サービス部門につながり得る。これら要因は，究極的には，賢明でないファイナンス上の意思決定を行った者や意思決定を全く行わなかった者に対する政府の援助（及び課税）を低減するのに役立ち得る。

コラム 5.1　ファイナンス教育に関係する OECD の活動

2002 年，OECD は，ファイナンシャル・リテラシーレベルが低いことによって起こり得る結果に対して生じている政府の新たな懸念に対処するために，広範なファイナンス教育プロジェクトを開始した。このプロジェクトは，OECD の金融市場委員会（CMF: Committee on Financial Markets）及び保険及び私的年金委員会（IPPC: Insurance and Private Pensions Committee）によってサービスが提供され，更に学校に関連した問題では教育政策委員会（Education Policy Committee）など他の関連機関とも連携している。このプロジェクトは，ファイナンス・消費者問題に対して包括的な取組を行っており，ファイナンスに関する利用可能性の向上，適切な消費者保護及び規制の枠組みとあいまって，ファイナンス教育がファイナンシャル・リテラシーのより良い成果（outcome）を上げるにあたって，どのように相補的な役割を果たすかを強調している。

ファイナンス教育プロジェクトの幾つかあるうちの最初の一里塚は，OECD 理事会（OECD, 2005a）による『金融教育と意識向上の原則と良い慣行（Good Practices）に関する理事会勧告』の採択である。これら勧告と並行して，『Improving Financial Literacy: Analysis of Issues and Policies』は，ファイナンス教育に焦点を当てる理由を詳説し，様々な国で行われているファイナンス教育の初めての国際的な動向を提供している（OECD, 2005b）。またこの書籍は，自国でのファイナンシャル・リテラシーレベルの向上を求める政策立案者や他の関係者のための基準と優れた実践も含んでいる。この書籍は，ファイナンス教育に関する世界的な情報センターであるOECDファイナンス教育国際ゲートウェイ（*http://www.financial-education.org/home.html*）によって補完される。このゲートウェイは世界中のファイナンス教育の論点とプログラムに関するデータ，リソース，研究，ニュースを収集している。

OECDは，ファイナンシャル・リテラシー及びファイナンス教育に関する論点が世界的な問題となりつつあることを認識し，2008年に先進及び新興経済地域の経験と専門知識から利益を得るために，金融教育に関する国際ネットワーク（INFE）を創設した。110以上の国と地域から240以上の公的機関がINFEに加盟している（2015年の数字）。加盟団体は年に2度の会合を持ち，自国での最新の進展状況を議論し，専門的見解を共有し，証拠を収集したり，それだけではなく分析的研究及び比較研究，方法論，優れた実践，政策手段，そして主要な優先度の高い分野での実践的な助言を開発したりしている。

若者向け及び学校におけるファイナンス教育

2005年のOECD理事会勧告は，「ファイナンス教育は学校で始めるべきである。人々は人生においてできる限り早くファイナンス上の事柄について教育を受けるべきである」と勧告している（OECD, 2005a）。二つの主要な理由がOECD勧告を裏付けている。すなわち，若者が活動的なファイナンス消費者になり始める前に生きるための技能を彼らに提供するために若者に焦点を当てることの重要性，及び，大人になってから再教育を試みるよりもファイナンス教育を学校で提供する方が相対的に効率が良いということである。

OECD勧告が出された当時，若者向け及び学校におけるファイナンス教育の構想を実施するためのガイダンスは欠如していた。OECD/INFEはその後政策と実践ツールを開発させるための専門的なサブグループを創設した。その結果出された文書は，2013年9月，G20のリーダーたちに歓迎された。この文書には学校におけるファイナンス教育のガイドライン及びファイナンス教育に関する学習の在り方に関する助言も含まれており，これらは，2012年8月のアジア太平洋経済協力（APEC）財務大臣会合によって支持された。

若者がファイナンス教育の重要な対象と見られることが増えてきている。欧州委員会が支援した個人レベルでのファイナンシャル・リテラシーの制度に関する調査（Habschick *et al.*, 2007）によって，その多くが子供や若者向けであることがわかった。また，OECD/INFEによって始められた実績評価により，多くのOECD及び非OECD加盟国が様々な程度で学校でのプログラムを開発した，あるいは開発していることが示された。

注：2012年APECの財務大臣会合での閣僚級共同声明は *http://mddb.apec.org.* から入手できる。

1.6　若者に焦点を当てる

人は両親や周囲の人々から学習して，若いころに習慣や行動を形成する。このことは，利益の上がる行動や態度を形成するのを助けるために早い段階から介入することがどれだけ重要であるかを示している（Whitebread and Bingham, 2013）。若者は，しばしば成人する前におかれる可能性の高い複雑なファイナンスに関する情勢の中で動くために，若いうちから基本的なファイナンスの原理と実践を理解する必要がある。若年世代は，ファイナンス商品，サービス，市場において高まる一方の複雑性に直面する可能性が高いだけではなく，前述のとおり成人後には親よりも大きなファイナンスに関するリスクを負う可能性も高い。とりわけ若年世代は，自分自身の退職後の貯蓄や投資，医療ニーズへの対応の必要などの計画により大きな責任を負う可能性が高い。さらには，より高度かつ多様なファイナンス商品を扱う必要に迫られるであろう。

若い人々は支出に優先順位を付けたり，「雨の日のために」貯蓄をするといった利益の上がる行動を友人や家族から学習するかもしれない。しかし最近の市場や社会保障制度（social welfare systems）の変化により，関連した分野で働かない限り，こういったシステムに関する十分な知識又は情報を得る可能性は低くなっている[2]。若者の大多数は，彼らのスキルを，情報を探したり問題を解決したり，いつ専門的なファイナンス上の助言による情報に基づいて利用するかといった事柄に活用させなければならないだろう。職場又は他の環境でのファイナンス上の知識を得させるための取組も，早期のファイナンス教育や継続的なファイナンス教育の利点への認知がなければ，非常に限定的なものとなり得る。したがって，ファイナンシャル・リテラシーの基盤を確立するための早期の機会を提供することが重要である。

若者に成人後の生活に対して準備させることに加えて，若者向け及び学校でのファイナンス教育は，若者が直面する喫緊のファイナンスに関する問題も扱うことができる。子供たちは多くの場合，若年からファイナンス上のサービスの消費者である。PISA2012のファイナンシャル・リテラシー調査の結果，参加した13のOECD加盟国・地域を平均して，15歳の生徒のほぼ60%が銀行預金口座を持っていることが明らかになった（OECD, 2014c）。その上，ティーンエイジャーになる前にオンライン決済を利用できる口座を持つこと，又は（様々な支払選択のある）携帯電話を使用するのはまれなことではない。明らかに，彼らは改善したファイナンシャル・リテラシーのスキルから利益を得るだろう。学校を卒業する前であっても，彼らはスクーターや車両の保険，貯蓄商品，当座借り越しといった問題についての意思決定もしなければならないかもしれない。

多くの国では，およそ15～18歳の年齢の若者とその親は，最も重要なファイナンスの決定の一つ，すなわち，中等教育以降の第3段階教育（高等教育など）に投資するか否かを迫られる。多くの経済圏では大卒労働者と非大卒労働者との間の賃金格差が広がった（OECD, 2014a）。同時に，学生とその家族が負担する教育費も増加し，多くの場合，多額の返済の必要のあるローンを組んだり，潜在的に借入れに依存している（Bradley, 2012; OECD, 2014b; Ratcliffe and McKernan, 2013; Smithers, 2010）。

1.6.1　ファイナンス教育を学校で提供する効率性

研究では，ファイナンシャル・リテラシーと家庭の経済的，教育的背景との関連性が示唆されている。より高いファイナンシャル・リテラシーを備えた者は，広範なファイナンス商品を保有する高学歴な家庭の出身であることが非常に多い（Lusardi *et al.*, 2010）。PISA2012のファイナンシャル・リテラシー調査によると，OECD加盟国・地域を平均して，それぞれの国・地域におけるファイナンシャル・リテラシーの生徒の成績の変化の14%が生徒の社会的，経済的地位と関連していたこと，そして少なくとも一方の親が第3段階教育（高等教育など）を受けた生徒は，その他の生徒に比べ平均して点数が高いことがわかった（OECD, 2014c）。全ての生徒に機会の平等を提供するためには，さもなければ，ファイナンス教育を受ける機会がないであろう者にファイナンス教育を提供することが重要である。全ての人口層のファイナンシャル・リテラシーを高め，かつ，ファイナンシャル・リテラシーの世代間を含む格差及び不平等を低減するためには，学校は望ましい存在である。

若者に対するファイナンシャル・リテラシーの重要性と，より高い技能と知識を備えた将来世代を創出するための学校プログラム特有の可能性とを認識して，子供と若者のためのファイナンス教育プログラムを開発し始めた国が増加している。これらプログラムは，若者一般あるいは学校の生徒向けに提供されており，また，地域，地方レベルのプログラムと試行的な課題（pilot exercise）を含んでいる。

1.7　データの必要性

政策立案者，教育者，研究者は，優先順位を識別し，経時的な変化を測定することによって，ファイナンス教育の戦略を提供し，ファイナンス教育プログラムを学校で実施するために，ファイナンシャル・リテラシーレベルに関する信頼性の高いデータを必要とする。

幾つかの国は成人人口に対してファイナンシャル・リテラシーの全国調査を既に行っており，OECDは，国際レベルで成人のファイナンシャル・リテラシーレベルを捉えるようデザインされた質問調査を発展させた。すなわち，最初に2010年に試行され，現在は第2の国際比較研究に用いられている（Atkinson and Messy, 2012; OECD/INFE, 2011; OECD/INFE, 2015a）。しかしながら，2012年のPISA調査にファイナンシャル・リテラシーが含まれるまで，18歳未満の若者のファイナンシャル・リテラシーレベルに関するデータ収集の取組はほとんどなく，異なる国の間で比較できるものは全くなかった。

若者のファイナンシャル・リテラシーレベルの確実な評価尺度によって，ファイナンス教育に対する現在の取組方法が効果的か否かを示すことが可能な国レベルの情報を提供することができる。とりわけ，この評価尺度は，学校又は課外活動で対応を必要とする問題，又は成人期においてファイナンス上の決定を行うべく適切かつ公正に準備できるようにするプログラムの識別に役立ち得る。このような評価尺度は，今後，学校や他のプログラムでの成功を評価され見直されるための基準値としても用いることができる。

国際的な研究によって，政策立案者や他の利害関係者に対して追加的な利益を提供する。ファイナンシャル・リテラシーレベルを異なる国の間で比較することによって，いずれの国が最も高いファイナンシャル・リテラシーレベルを有するのかがわかり，特に効果的な国家戦略と優れた実践を識別することができる。共通の困難を認識し，直面した問題への国際的な解決策を見いだす可能性の調査研究も可能である。

それゆえに，生徒集団において確実で国際比較が可能なファイナンシャル・リテラシーのデータを収集することによって，政策立案者，教育者，カリキュラムやリソースの開発者，研究者，並びに，その他の人々に対して，以下を提供する。

- より的を絞ったプログラムと政策を開発するために用いられ得る，どのように若者のファイナンシャル・リテラシーの習熟度が分布しているかという国際的なエビデンス。
- 異なる国の間のファイナンス教育戦略を比較し，良い実践を模索する機会。
- ファイナンシャル・リテラシーの傾向を追い，ファイナンシャル・リテラシーと学校でのファイナンス教育の利用可能性との関連性を潜在的に評価するための経時的に比較可能なデータ。

加えて，異なる国で適用可能なファイナンシャル・リテラシーの評価の枠組みの開発によって，国内研究の資金調達を行う必要なく，国内当局に対して，ファイナンシャル・リテラシーの適用範囲と運用上の定義に関する詳細な助言を提供している。「Financial Literacy and Education Research Priorities」という論文に記述されたように，ファイナンシャル・リテラシーについての研究にはプログラムの成功の定義や測定についての一貫性の欠如に関する格差がある。「ファイナンス教育を受けた」の意味の明確な理解を研究者たちが発展させる必要がある（Schuchardt *et al.*, 2009）。

1.8　PISA調査におけるファイナンシャル・リテラシーの測定

PISA2012年調査は，若者のファイナンシャル・リテラシーを評価する最初の大規模な国際研究であった。PISA調査は，国や地域の15歳から，認知的情報やその他の情報を収集，分析することによって，生徒の義務教育後の人生に対する準備と，とりわけ知識と技能を使用する彼らの能力を評価する。

PISAのファイナンシャル・リテラシーのデータは，政策立案者や他の関係者が証拠に基づいた決定を行う際に使用できる豊かな比較データ一式を提供する。ファイナンシャル・リテラシーに関する国際比較データは，「若者が，よりグローバルで複雑になりつつある新しいファイナンスシステムに対してどれだけ十分に準備ができているか」「どこの国や地域で生徒がハイレベルのファイナンシャル・リテラシーを示しているか」といった問いに答えることができる。

PISA調査の中心分野である読解力，数学的リテラシー，科学的リテラシーと同様，PISA調査におけるファイナンシャル・リテラシーの主な焦点は，15歳の生徒が知識と技能を明示し，適用する際の習熟度を測定することである。また，他のPISA調査分野と同じく，ファイナンシャル・リテラシーは，妥当で，信頼でき，比較できるデータを提供するためにデザインされた手段（instrument）を用いて評価される。

2012年に開発されたPISAのファイナンシャル・リテラシーの評価の枠組みは，これら三つの広範な基準を満たす評価を構築する最初の段階を提供した（OECD, 2013）。評価の枠組みを構築することによる主な利点は，測定が改善されることである。なぜなら，この枠組みは，個別の問題を開発し，分野の評価に用いられる道具をデザインするための明瞭に記述された計画を提供するからである。更なる利点として，この枠組みは，分野の議論のために共通言語を提供し，それによって測定対象の理解を深める。評価はまた，該当分野における能力と関連する知識と技能の種類についての分析を促進し，その結果，習熟度レベルの説明，又は結果の解釈に用いることができる尺度を構築するための基盤を提供する。

PISA 調査における評価の枠組みの策定は以下の六つの段階を順に並べて，論じることができる。

- 分野のための実用的な定義，及び定義の根底にある仮定に関する記述の開発。
- 国際的に使用される調査課題を構築する際に考慮すべき一連の主要な特性の特定。
- テストの構成において用いる一連の主要な特性の操作。同時に，他の大規模調査で実施した既存の文献と経験に基づく定義を含む。
- 各評価分野における 15 歳の生徒の習熟度に関する参加国の政策決定者や研究者への報告のための，構築された一連の課題を体系化する方法の評価。
- 変数の妥当性検証，並びに，異なる参加国間での課題の難易度を理解するために各変数が寄与する度合いの評価。
- 結果のための習熟度レベル説明書の作成。

2015 年の枠組みでは，2012 年に用いられた分野の定義を維持しつつ，一方で金融市場における最近の発展や最新の研究の成果と確実に一致するよう分野の操作化を更新する。

第２節　ファイナンシャル・リテラシーの定義

ファイナンシャル・リテラシー国際専門委員会（FEG）は，国際的なファイナンシャル・リテラシー評価のデザインの基盤として使用できる，ファイナンシャル・リテラシーの実用に適した定義を策定するに当たり，既存の PISA 調査のリテラシーの定義，及びファイナンス教育の性質の明確な表現の両方を検討した。

PISA 調査では，リテラシーを，主要分野（key subject areas）において知識と技能を適用するとともに，様々な状況において問題を呈示，解決，解釈する際に，効果的に分析，推論，コミュニケーションを行う生徒の能力と考えている。PISA 調査は，将来を見越し，単なる特定のカリキュラムの内容の習得度合いよりも，若者が実生活の困難に対応するために自分の知識と技能を使用する能力に焦点を当てている（OECD, 2010a）。

OECD は「金融教育と意識向上の原則と良い慣行に関する理事会勧告（Recommendation on Principles and Good Practices for Financial Education and Awareness）」において，ファイナンス教育を「ファイナンスの消費者／投資家が，ファイナンス商品，概念，リスクの理解を深め，そして，情報，指導及び／又は客観的な助言を通じて技能や自信を発達させることによって，金融のリスクや機会の認知を高め，情報に基づく選択を行い，どこで支援を得るべきかを知り，自己のファイナンスに関する厚生（financial well-being）を高めるための他の効果的な行動をするプロセス」と定義した（OECD, 2005a）。

ファイナンシャル・リテラシー国際専門委員会（FEG）は，「理解（understanding）」「技能（skills）」，そして，理解や技能を適用する概念（「効果的な行動」）がこの定義の主要な要素であることに合意した。しかしながら，ファイナンス教育の定義は成果よりもむしろプロセス，すなわち教育を説明していることが認識されていた。評価の枠組みに求められたのは，習熟度又はリテラシーの観点からそのプロセスの成果を包含する定義であった。

PISA のファイナンシャル・リテラシーの定義は以下のコラム 5.2 のとおりである。

コラム 5.2　PISA2015 年調査におけるファイナンシャル・リテラシーの定義

ファイナンシャル・リテラシーとは，広範なファイナンスに関する文脈において効果的な意思決定を行い，個人や社会のファイナンスに関する厚生を向上し，経済生活への参加を可能にするために，ファイナンスの概念とリスクに関する知識と理解と，このような知識と理解を適用する技能，動機付け，自信である。

この定義は，他の PISA 調査分野の定義と同じように，二つの部分からなる。第一の部分は分野を特徴付ける思考や行動の種類を指す。第二の部分は特定のリテラシーを開発する目的を指す。

以下の段落では，ファイナンシャル・リテラシーの定義を，評価と関連した意味を明確にするための一助となるよう，各部を順々に検討する。

ファイナンシャル・リテラシーとは……

リテラシーとは，個人が人生を通して構築する，拡大する一連の知識，技能そして方略と考えられ，固定量や，一方がイリテラシーでもう一方がリテラシーという越えるべき線ではない。リテラシーには，蓄積された知識の基本的な再生をはるかに上回るものが含まれるが，評価においてファイナンスの予備知識の測定は重要である。リテラシーには，認知的技能，実践的技能及び，態度，動機付け，価値といった他のリソースの動員（mobilisation）が含まれる。PISA におけるファイナンシャル・リテラシーの評価は，日常生活と現代社会における不確かな将来のファイナンスの需要に対処する能力に関連した広範な知識と技能を利用する。

……ファイナンスの概念とリスクに関する知識と理解……

このようにファイナンシャル・リテラシーは，主要なファイナンス概念，並びに，ファイナンス商品の目的や基本的特徴をはじめとする，ファイナンス上の世界の基本要素に関する一定の知識と理解に左右される。ファイナンシャル・リテラシーは，ファイナンスに関する厚生や保険証券，年金を脅かし得るリスクも含んでいる。15 歳の生徒は，この知識を獲得し，彼らが自身と家族が暮らし，大きなリスクに直面するファイナンスに関する環境（financial environment）の経験を得始めていると想定できる。全ての生徒が，日用品又は個人用品の購入のためにショッピングをしたことがある可能性が高い。生徒の中には，金銭についての，また，欲しい物が本当に必要なのかどうか，若しくは，買う余裕があるのかどうかに関する家族の話合いに参加したことがあるだろう。かなりの割合の生徒が，既に収入を得て，貯蓄を始めているだろう。生徒の中には，銀行口座又は携帯電話契約により既にファイナンス商品及び契約上の責務を経験しているであろう。利息，インフレ，コストパフォーマンスといった概念の把握は，まだそうではないかもしれないが，じきに彼らのファイナンスに関する厚生にとって重要となるだろう。

……技能，……

これら技能には，ファイナンスに関する文脈に適用される，情報へのアクセス，比較と対照，推定と評価といった一般的な認知プロセスが含まれる。技能には，百分率を計算し，基本的な数学的操作に取り組み，通貨から別の通貨へ換算する能力など数学的リテラシーや，広告や契約文を読み，解釈する能力などの言語的技能といった，基本的技能も含まれる。

……動機付け，自信……

ファイナンシャル・リテラシーは，ファイナンスに関する論点を扱うための知識，理解及び技能だけでなく，非認知的特性（non-cognitive attributes），すなわち，ファイナンスに関する活動に携わるために情報及び助言を求める動機付け，それを行う自信，ファイナンスに関する意思決定に影響する感情的及び心理的要因を管理する能力を伴う。これら特性はファイナンス教育の目標と考えられているが，同時にファイナンスに関する知識と技能の構築に有益である。

……効果的な意思決定を行うために，このような知識と理解を適用する……

PISA 調査は，知識の再生の能力よりもむしろ実生活の状況で知識と理解を働かせ，適用する能力に焦点化する。この能力は，ファイナンシャル・リテラシーを評価する際には，若者がパーソナル・ファイナンスから自己が学習したことを効果的な意思決定に移転（transfer），適用する能力の測定尺度に置き換えられる。「効果的な意思決定」という用語は，与えられた必要性を満たす情報に基づく，責任のある意思決定を意味する。

……広範なファイナンスに関する文脈において……

効果的なファイナンスに関する意思決定は，若者の現在の日常生活や経験に関連した様々なファイナンスに関する文脈（contexts）に適用されるが，彼らが近い将来成人として講じる可能性の高いステップにも適用される。例えば，現在の若者は小遣いをどのように使うか，又は，せいぜい，どの携帯電話の契約を選択するかといった比較的単純な決定を行っている可能性がある。しかし，すぐに教育と仕事の選択肢に関する長期的なファイナンスに関する影響を伴う決定に直面する可能性がある。

……個人や社会のファイナンスに関する厚生を向上し……

PISA 調査におけるファイナンシャル・リテラシーは，主として個人の，又は世帯のファイナンシャル・リテラシーと考えられており，需要と供給の理論，市場の構造のような概念を含む経済的リテラシー（economic literacy）とは区別されている。ファイナンシャル・リテラシーは，個人が自己とその世帯（多くの場合，自分の家族を意味する）のファイナンスに関する私事を理解，管理，計画する方法に関係している。しかしながら，個人の優れたファイナンスに関する理解，管理，計画はより広い社会に対する一定の集団的な影響も有し，国家的及び世界的な安定，生産性，発展にも寄与する。

……経済生活への参加を可能にする……

他のPISA調査のリテラシーの定義と同じように，ファイナンシャル・リテラシーの定義は，思慮に富み，積極的に関わる社会の一員としての個人の役割の重要性を示唆している。高いレベルのファイナンシャル・リテラシーを備えた個人は，自分にとって利益となる意思決定を行うことや，自分が生活する経済社会（economic world）を建設的に支持，批評するための備えもよりよくできている。

第3節　ファイナンシャル・リテラシー分野の構成

分野を表現し，体系化する方法によって，問題開発をはじめとする評価のデザイン及び，究極的には，収集，報告できる生徒の習熟度についての証拠が決定される。多くの要素は，ファイナンシャル・リテラシーの概念の一部であるが，その全てをPISA調査のような調査において考慮することはできない。適切な範囲の難易度，そして，広範な分野からなる評価の構成を最もよく保証する要素を選択する必要がある。

過去の大規模研究，そして，特にPISA調査において採用された取組方法と根拠を見直すと，ほとんどの研究は，評価の内容，プロセス，文脈はその研究が評価したいものとして規定しているものであることを示した。内容，プロセス，文脈は，評価対象の領域（areas）についての三つの異なる観点であると考えることができる。

- **内容**は，問題におけるリテラシーの領域で必要不可欠な知識と理解からなる。
- **プロセス**は，問題に解答するために要求される心的方略又は取組方法を説明する。
- **文脈**は，分野の知識，技能，理解が適用される，個人的から世界的までに至る状況を意味する。

評価を構成するために，各観点の中での異なるカテゴリーを識別，重み付けし，次いで一連の課題がこれらカテゴリーを反映するために開発された。この三つの観点は，当該領域における達成の報告方法について考える際にも有益である。

以下の節は，三つの観点のそれぞれと各観点が分割される枠組みのカテゴリーについて分析する。これらの三つの異なる観点を説明するPISA2012年調査の予備調査から得た問題例が，PISA2012年評価の枠組み（OECD, 2013），及びPISAのウェブサイト（*www.oecd.org/pisa/*）で入手できる。これらは，本調査で用いられた例を代表しているが，これら特定の問題例は本調査の問題には用いられていない。厳重に保管された未公開の問題のみが，本調査に用いられ，生徒の習熟度測定のために収集されるデータの整合性を保護する。

3.1　内容

ファイナンシャル・リテラシーの内容は，ある特定の課題を実行するために利用する必要がある知識と理解の領域であると考えられている。オーストラリア，ブラジル，イングランド，日本，マレーシア，オランダ，ニュージーランド，北アイルランド，スコットランド，南アフリカ，アメリカ合衆国における既存のファイナンシャル・リテラシーの学習の枠組みの内容の見直しによって，「ファイナンシャル・リテラシー」の内容領域（content areas）についての一定の意見の一致があることを示した（OECD, 2014b）。その見直しは，学校でのファイナンス教育の内容が，文化的な違いはあるものの比較的類似していたこと，そして，これら枠組みに一般的に含められる一連の題材を識別することが可能であったことを示した。これらの題材はPISA調査のファイナンシャル・リテラシーの四つの内容領域：「金銭と取引」「ファイナンスの計画と管理」「リスクと報酬」「ファイナンスに関する情勢」を形成する。若者のファイナンシャル・リテラシーの核となる能力の枠組みを開発するためにOECD/INFEが取り組んだ更なる仕事は，望ましい結果に向けてこれらの内容をどう位置付けるかという点に関する追加の助言を提供する（OECD/INFE, 2015c）。

3.1.1　金銭と取引

この内容領域は，金銭の異なる形態や目的と，消費，支払を含む金融取引の管理，コストパフォーマンスを考慮に入れること，カード，小切手，銀行口座，通貨の使用を含んでいる。この内容領域は，現金やその他の貴重品を管理し，コストパフォーマンスを計算し，文書や領収書に記入するといった実践もカバーしている。

この内容領域における課題は，生徒に対して以下を示すよう求めることである。

●金銭の異なる形態や目的を知っている。
- 紙幣と硬貨を認識する。
- 金銭が物やサービスと交換できるということを理解する。
- 購入した物品の支払のための対面又は遠距離（例えばカタログやオンラインなど）の様々なやり方を識別する。
- 他人から金銭を受け取り，人又は組織の間で送金するための様々なやり方（対面での，あるいはオンラインでの現金や小切手，クレジットカードでの支払，あるいはオンラインやSMS経由の電子取引など）を認識する。
- 金銭は貸借できること，そして利息の目的（幾つかの宗教では利息の授受は禁止されていることも考慮に入れる）を理解する。

●取引を管理し，監督する自信と能力がある。
- 物品の購入のために，現金，カード，他の支払方法を利用できる。
- 現金を引き出すことや，口座残高を取得するために現金自動預け払い機を利用できる。
- 正しい釣銭を計算することができる。
- 個人の具体的なニーズや状況を考慮して，異なる大きさの二つの消耗品のいずれがより良いコストパフォーマンスを提供するかの答えを出すことができる。
- 銀行の取引明細書に記載された取引を確認し，異常を指摘できる。

3.1.2　ファイナンスに関する計画と管理

収入，支出と財産には，短期と長期両方の計画と管理が必要である。この内容領域は管理，計画，収入と支出のチェック，財産とファイナンスに関する厚生を高める方法を理解するプロセスを反映している。それは信用取引の使用のみならず貯蓄と財産の形成に関する内容を含んでいる。

この内容領域における課題は，生徒に以下のことを知っていて，できるかどうかを示すよう求めることができる。

●収入と支出を監督しコントロールすること。
- 様々な種類の収入（例：小遣い，給料，手数料収入，給付金）や収入を論じる方法（時給，総利益及び純利益）を識別する。
- 日常的な消費や貯蓄を計画するための予算を作成しその中でやりくりする。

●ファイナンスに関する厚生を高めるために，短期，長期の収入と他の利用可能なリソースを活用すること。
- 予算の様々な要素を巧みに扱う方法を理解する。例えば，収入が計画した支出に満たない場合に優先順位を識別する，又は支出を減らすか収入を増加させるといった貯蓄額を増加させる方法を発見する。
- 異なる消費計画の影響を評価し，短期，長期の消費の優先順位を設定できる。
- 将来の出費の支払を前もって計画する。例えば，特定の物を購入する又は支払をするために毎月貯蓄するべき金額を求める。
- クレジットを利用する目的，並びに，借金又は貯蓄によって支出を経時的に平準化する方法を理解する。
- 富を構築する考え方，複利の貯蓄への影響，投資商品の良い点，悪い点を理解する。
- 長期的目標，又は独立して生活する等予想される状況変化のための貯蓄の利益を理解する。
- 政府の税金や給付がどのように個人及び家計の金融の計画に影響を与えるかを理解する。

3.1.3 リスクと報酬

リスクと報酬はファイナンシャル・リテラシーの主要領域（key area）である。それはバランスを取り，リスクを補償し，様々なファイナンスの文脈における利益又は損失の可能性の理解の不確実性のもとでファイナンスを管理するやり方を識別する能力を包含している。この分野には，とりわけ重要な2種類のリスクがある。第一のリスクは，途方もなく高額な又は反復されるコストに起因するような個人が負担することができないファイナンス上の損失に関係する。第二のリスクは，変動金利での借入れ契約等，ファイナンス商品又は投資商品に固有のものである。この内容領域はそれゆえ，ネガティブな結果から人々を守るのに役立つ商品の種類の知識（保険や貯蓄のみならず，異なる商品，購入物，行動又は外的要因に関連したリスクや報酬のレベルの評価など）を含んでいる。

この内容領域の課題は生徒に以下のことを示すよう求める。

●異なるニーズと状況に応じて様々なリスクを管理，相殺するために保険などの所定のファイナンス商品や貯蓄などのプロセスを利用できることを認識する。ある保険政策が利益となり得るか否かを評価する方法を知っている。

●多角化や不測事態対応策の利益，請求書や借入れ契約の支払不履行による損害などを理解する。以下の決定をするためにこの知識を適用できる。

- 個人資本に対するリスクを限定する決定。
- 公式のファイナンス商品や保険商品など，必要に応じて，様々な種類の投資や貯蓄手段についての決定。
- 非公式及び公式の借入れ，無担保及び担保付の借入れ，循環期限及び固定期限の借入れ，固定金利又は変動金利の借入れをはじめとする，様々な形態の借入れについての決定。

●人生上の出来事，経済及び他の外部要因に関連した，以下のような潜在的な影響など，リスクと報酬を知っている，あるいは管理できる。

- 個人の物品の盗難又は紛失，失業，子供の誕生又は養子縁組，健康又は移動性の悪化。
- 金利，為替レートの変動。
- 他の市場の変化。

●ファイナンス商品の代わりになるもので，とりわけ以下に関連したリスクと報酬について知っている。

- 現金貯蓄，又は，資産，富の備蓄としての家畜又は金の購入。
- 非公式な金融業者からの現金又はクレジットでの借入れ。

●新しいファイナンス商品（例として，革新的デジタルファイナンス又は「クラウドファンディング」などが含まれるだろうが，定義次第ではこの例は徐々に変化するだろう）に関連した未確認のリスクと報酬があるかもしれないことを知っている。

3.1.4　ファイナンスに関する情勢

この内容領域は，ファイナンス上の世界の特性と特徴に関連している。この領域は，規制と消費者保護の役割に気付くこと，ファイナンス市場，及び，一般的なファイナンスに関する環境における消費者の権利と責任，そして，ファイナンス契約の主要な含意を知ることを取り扱っている。情報リソースもこの内容領域に関連する題材である。また**ファイナンスに関する情勢**という領域は最広義において，個人，家計，そして社会に向けた金利，インフレ，課税又は福祉給付の変化といった経済条件や公共政策における変化の影響を理解することを組み入れている。

この内容領域の課題は生徒に以下のことを示すよう求める。

●規制と消費者保護の役割についてわかっていること。

●権利と責任について知っていること。

- 買手と売手が，救済を申請することができるような権利を有することを理解する。
- 買手と売手が，以下をはじめとする責任を有することを理解する。
  - ・消費者／投資家はファイナンス商品を求める際に正確な情報を提供する。
  - ・供給者は，全ての重要事実を開示する。
  - ・消費者／投資家は，一方の当事者がそれを行わない場合の影響を知っている。
- ファイナンス商品又はサービスを購入する際に提供される法的文書の重要性と，内容を理解する重要性を認識する。

- ファイナンスに関する環境について知り，理解すること。
  - いずれの供給者が信頼できるか，又はいずれの商品やサービスが規制又は消費者保護法を通じて保護されているかを識別する。
  - ファイナンス商品を選択する際に誰に助言を求めるか，又はファイナンスに関する事柄に関連して誰に援助や案内を求めるかを識別する。
  - なりすまし犯罪や詐欺といったファイナンス犯罪の存在について認知し，個人情報の保護と他の詐欺を避けるための適切な予防措置を取る方法を知り，また被害者になった際の権利と責任を知る。
  - ファイナンス犯罪の新たな形式の潜在性及びリスクについてわかっていること。
- 自身や他人に対する影響も含めた，自身のファイナンスに関する意思決定が及ぼす影響について知り，理解すること。
  - 個人が消費や貯蓄の選択を行うことと，それぞれの行為が個人や社会に影響を及ぼすことを理解する。
  - 個人のファイナンスに関する習慣，行為，決定が個人，コミュニティ，国内，国際レベルでどのように影響するかを認識する。
- 経済的要因及び外部要因の影響について理解すること。
  - 経済情勢を認識し，卒業後訓練の資金調達や強制加入年金制度に関連した改革などの政策変更の影響を理解する。
  - 財産の構築や，借入れを利用する能力が，金利，インフレ，信用度の点といった経済的要因によって決まることを理解する。
  - 広告，同業者（peer）からの圧力といった様々な外部要因が個人のファイナンスに関する選択や成果に影響し得ることを理解する。

3.2　プロセス

プロセスカテゴリーは認知プロセスに関連する。このカテゴリーは，分野に関連する概念を認識，適用する生徒の能力を説明し，解決策を理解，分析，推論，評価，提案するために用いられる。PISA 調査のファイナンシャル・リテラシーでは，四つのプロセスカテゴリー，**ファイナンスに関する情報の識別**，**ファイナンスに関する文脈における情報の分析**，**ファイナンスに関する論点の評価**，**ファイナンスに関する知識及び理解の適用**が定義された。ここで用いられる動詞（verbs）は Bloom の教育目的のカテゴリーにおける動詞と幾分の類似性がある（Bloom, 1956）ものの，重要な違いは，ファイナンシャル・リテラシーの構成概念におけるプロセスは技能のヒエラルキーとして操作化されていないことである。その代わりに，ここでのプロセスは，並列的かつ必要不可欠な認知アプローチであり，その全てがファイナンシャル・リテラシーを備える個人の様々な能力の一部である。ここで各プロセスが提示される順序は，典型的な思考プロセスや行為の順序に関連しており，難易度又は困難さの程度の順序ではない。同時に，ファイナンス上の思考，決定，行為は，この節で論じられるプロセスの帰納的で相互作用的な混合にしばしば最も依存していることが認識されている。この評価の目的のために，各課題は，その完了のために最も中心的であると判断されるプロセスと同一であるとされる。

3.2.1　ファイナンスに関する情報の識別

このプロセスは，個人がファイナンスに関する情報源を検索・接続し，関連性を識別又は認識する場合に関わる。PISA2015年調査において，情報は契約，広告，図，表，書式，取扱説明書といった画面に表示された文の書式である。典型的な課題では，生徒に対して，仕入れ送り状の特徴を識別するか，又は，銀行取引明細書の残高を認識することを想定している。より難解な課題では，複雑な法的言語を使用する契約書を検索して，ローンの支払不履行の結果を説明する情報を見いだすよう求めるかもしれない。このプロセスカテゴリーは，「インフレ」という用語を価格が時間とともに上昇することを説明するために用いられるものとして認識するなど，ファイナンスの専門用語を認識することに関わる課題にも反映されている。

3.2.2　ファイナンスに関する文脈における情報を分析する

このプロセスは，ファイナンスに関する文脈で行われる，提供された情報の解釈，比較対照，合成，情報からの推定など，広範な認知的活動を取り扱う。本質的に，このプロセスは明示的でないものを認識する，すなわち，あるファイナンスに関する文脈における問題の基礎となっている想定又は意味合いを識別することを伴う。例えば，ある課題は，異なる携帯電話契約から提示される条件を比較するか，又は，あるローン広告に記載されていない条件が含まれている可能性が高いか否か答えを出すことに関わるかもしれない。

3.2.3　ファイナンスに関する論点の評価

このプロセスでの焦点は，ファイナンスに関する正当化や説明を認識又は構築し，ファイナンスの知識及び理解を指定された文脈に適用して利用することである。このプロセスには，説明，評価，一般化といった認知的活動を伴う。このプロセスでは，生徒が，知識，論理，説得力のある推論を利用して，ファイナンスに関連する問題を理解するか，又は，それについて考えを形成する必要がある場合に，批判的思考が活用される。このような問題に対処するために求められる情報は，課題文に部分的に提供されるかもしれないが，生徒はこのような情報を以前から持っている自己のファイナンスに関する知識及び理解と結びつける必要があるだろう。

PISA調査の文脈では，問題を理解するために求められるあらゆる情報は，15歳の経験の予想される範囲内，すなわち，直接経験，又は，容易に想像，理解できる経験となるよう意図されている。例えば，15歳の生徒は，何かを欲した経験により，音楽プレイヤーやゲーム機といった必要不可欠でないものを識別できる可能性が高いと想定されている。このシナリオに基づく課題では，与えられた規定のファイナンスに関する事情において，購入又は保留の相対的なファイナンス上の利点に基づいた意思決定をする際に考慮され得る要因について，問うことも可能であろう。

3.2.4　ファイナンスの知識と理解を適用する

第４のプロセスは，ファイナンシャル・リテラシーの定義「このような（ファイナンスの）知識と理解を適用する」から用語を抽出している。このプロセスは，ファイナンス商品及びファイナンス上の文脈の知識，そして，ファイナンス概念の理解を利用して，あるファイナンスに関する情勢において効果的な措置を取ることに焦点を当てる。このプロセスは，多くの場合複数の条件を考慮して，計算し，問題を解決することを伴う課題に反映されている。この種の課題の一例は，2年間のローンの利息を計算することである。このプロセスは，ある特定の文脈において予備知識との関連性を認識するよう要求する課題にも反映されている。例えば，ある課題は生徒に対して，価格が所定の割合で変化しつつある場合に購買力が経時的に低下するか又は上昇するかについて答えを出すよう要求することを想定している。この場合，インフレについての知識を適用する必要がある。

3.3　文脈

ファイナンス上の論点に関する決定は，多くの場合，その論点が提示する文脈や状況によって決まる。課題を様々な文脈に位置付けることによって，この評価は，21世紀において個人が機能する必要がある様々な状況において，可能な限り最も広い範囲の個人の関心と関連付ける可能性を提供する。

ある状況は，他の年代よりも15歳の生徒の方がよりなじみがあるだろう。PISA調査において，評価課題は，日常生活の状況で組み立てられており，これは学校の文脈を含み得るが，それに限定されない。焦点は，個人，家族又は同僚集団（peer group），より広いコミュニティ又は世界的な規模に当ててもよい。

出発点として，ファイナンシャル・リテラシー国際専門委員会（FEG）は国際成人力調査（PIAAC: the Programme for the International Assessment of Adult Competencies）のリテラシーの枠組みにおいて用いられる文脈，すなわち**教育と労働**，**家庭と家族**，**娯楽とレクリエーション**，**コミュニティと市民権**（PIAAC Literacy Expert Group, 2009）を検討した。ファイナンシャル・リテラシー分野の目的のために，**娯楽とレクリエーション**は，若者の携わるファイナンスの取引の多くが，個人消費者としての自分自身に関係しているという事実を反映するべく，**個人的（individual）**に置き換えられた。こうした取引には娯楽やレクリエーションも含まれるかもしれないが，これらに限定されない。さらに，**コミュニティと市民権**を**社会的（societal）**へと置き換えることも決定された。**コミュニティと市民権**は個人よりも広い観点での考え方を捉えている一方で，**コミュニティ**という用語は十分広いものではないと感じられた。これに対して**社会的**は，暗黙のうちに国内又は世界的な状況，あるいは，より地域的な状況も包含しており，ファイナンシャル・リテラシーの潜在的な射程により適合している。したがって，ファイナンシャル・リテラシーの評価のために特定された文脈は，**教育と労働**，**家庭と家族**，**個人的**，**社会的**である。

3.3.1　教育と労働

教育と労働（education and work）の文脈は若者にとって非常に重要である。15歳の生徒のほぼ全員は，既存の収入を消費するか，将来の教育の選択肢を考慮するか，又は，自分の労働生活を計画するかのいずれであれ，じきに，教育と労働の両方に関連したファイナンス上の事柄について考え始めるであろう。

PISA調査の対象となる生徒は，定義によって，学校を基本とする母集団の標本であるので，教育の文脈は生徒と明白な関連性がある。実際のところ生徒の多くは，しばらくの間は教育又は訓練を継続するだろう。しかしながら，多くの15歳の生徒は1～2年以内に学校から労働力へと移行し，また，現在も15歳の生徒の多くは，授業時間外のアルバイトに既に関わり，仕事の文脈を同様に妥当にしている。加えて，20代になる前に，多くが自営業も含め教育から何らかの形の雇用に移るであろう。

この文脈における典型的な課題には，給与明細の理解，第三段階教育（tertiary education）のための貯蓄の計画，学生ローンへの加入，利益とリスクの調査，職場の財産形成貯蓄制度（workplace savings scheme）への参加が含まれ得るだろう。

3.3.2　家庭と家族

家庭と家族（home and family）には，世帯の切り盛りに関わるコストに関連したファイナンス上の論点が含まれる。15歳の生徒にとって，家族が最も可能性の高い世帯環境である。しかしながら，このカテゴリーには，家族関係に基づいていない世帯，例えば多くの場合，若者が実家を離れて間もなく使用する共同宿泊施設の種類も含まれる。この文脈に入る課題には，家財道具又は家庭用日用品の購入，家族の消費の記録，家族行事の計画が含まれ得る。消費の予算立て，優先度設定に関する決定もこの文脈の中に位置付けられ得る。

3.3.3　個人的

個人的な（individual）文脈はパーソナル・ファイナンスにおいて重要であるが，その理由は，個人が行う決定のうち多くは，完全に個人の利益又は満足のためのみに行われ，多くのリスクと責任を自身で負う必要があるからである。これらの決定は，必要不可欠な個人のニーズから娯楽やレクリエーションの範囲にわたる。これらの決定には，衣類，化粧品又は散髪といった個人的な商品やサービスの購入，電子機器又はスポーツ用品といった消費財の購入，定期券又はジムの会員権など長期間の契約上の義務が含まれる。これらの決定は，個人的な決定を行うプロセスや，個人情報を安全な状態にし，よく知らない商品に用心するといった個人的なファイナンスの安全性を確かなものとすることの重要性も含んでいる。

個人によって行われる決定は家族や社会の影響を受ける可能性はあるものの（そして最終的には社会に影響を与えるかもしれない），銀行口座の開設，株の購入又はローンの取得に関して言えば，法的責任を負い所有権を有するのは概して個人である。したがって，**個人的な**状況には，銀行口座の開設，消費財の購入，レクリエーション活動の支払といった行事に関する契約的な事柄，そして，借入れ，保険などより大きな消費項目などに関連するファイナンス上のサービスを扱うことも含まれる。

3.3.4　社会的

若者が暮らす環境は，変化，複雑性，相互依存性を特徴としている。グローバル化（globalisation）によって，新しい形態の相互依存性を作り出し，そこでは，行為が，個人や地域コミュニティをはるかに超える経済的な影響や結果に依存する。ファイナンシャル・リテラシー分野の中心がパーソナル・ファイナンスに焦点化される一方，**社会的な（societal）**文脈は，個人のファイナンスに関する厚生は社会のその他の部分とは完全に切り離すことができないことを認識している。個人のファイナンスに関する厚生は，地域コミュニティ，国内，さらには世界的な活動に対して影響を及ぼすとともに，それらからの影響をも受ける。この文脈におけるファイナンシャル・リテラシーには，消費者の権利と責任が伝えられていること，税金や地方政府課徴金の目的の理解，事業利益を知っていること，消費者購買力の役割の考慮といった事柄が含まれている。ファイナンシャル・リテラシーは，非営利団体や慈善事業への寄附といったファイナンス上の選択を検討することにも拡張される。

3.4　非認知的要因

PISA 調査における実用に適したファイナンシャル・リテラシーの定義には，非認知的な用語である**動機付け**と**自信**，すなわち一部の人の言うところの，金銭管理行動の態度における影響（Johnson and Staten, 2010）が含まれている。PISA 調査はファイナンス上の態度と行動との両方を，独立したファイナンシャル・リテラシーの側面として考えている。また態度と行動は，ファイナンシャル・リテラシーの認知的要素との相互作用の観点からも興味深い。15 歳の生徒のファイナンス上の態度と行動に関して収集された情報は，ファイナンス上の行動を含む成人のファイナンシャル・リテラシーの長期的調査にとっての有用な基準データを構成し得る。

ファイナンシャル・リテラシー国際専門委員会はこの枠組みに包含する四つの非認知的要因，すなわち**情報と教育への接続**，**金銭とファイナンス商品への接続**，**ファイナンス上の論点に対する態度と自信**，**消費行動と貯蓄行動**を特定した。

3.4.1　情報と教育への接続

正式な学校教育のみならず，友人，親又は他の家族などとの非公式な議論，ファイナンス部門からの情報を含め，生徒が利用できる様々なファイナンス上の情報と教育がある。この分野の文献ではしばしば，ファイナンシャル・リテラシーを獲得する過程として見られる「ファイナンスの社会化（financial socialisation）」の過程が言及される。両親は子供のファイナンスの社会化に主要な役割を担っているが，前述したとおり，彼らは子供たちが直面する全てのファイナンスの文脈と決定を経験してきてはいない（Gudmondson and Danes, 2011; Otto, 2013）。友人とファイナンスの行動について真似，議論することは社会化のもう一つの重要な材料となり得るが，これもまた，英国の最近の研究が，お金のことは正直に語られることはまれであると指摘するように（Money Advice Service, 2014），質と信頼性の観点から変化するかもしれない。加えて，生徒が受けるお金や個人のファイナンスに関する正式な教育や訓練の量と質も，国内や異なる国の間で異なっている（OECD, 2014b, 2014c）。

ファイナンスの情報と教育への生徒のアクセスに関するデータは，生徒への質問紙と学校長への質問紙の両方を通じて収集できる。生徒質問紙では，典型的な情報源について，各々の情報源がファイナンシャル・リテラシーとどの程度関連しているかを分析するために尋ねることができる。これは，生徒が認知評価でカバーされる適切な情報源やアドバイスを用いることの重要性を理解しているかどうかを評価するというよりも，生徒の情報の社会化の主な情報源に関する説明を提供しようとしている。生徒にはまた，カリキュラムの授業の中で，彼らが直面する課題の種類や，彼らがさらされたファイナンスの概念について問うことができる。学校質問紙では，学校長に，彼らの学校でのファイナンス教育の入手可能性と質について尋ねることができる。ファイナンシャル・リテラシーのレベルと学校内外でのファイナンス教育間の関連性の度合いに関する証拠は，ファイナンシャル・リテラシーを向上させるための教育プログラムを具現化するために，特に有用である可能性が高い。

3.4.2　金銭とファイナンス商品への接続

2012年のPISAファイナンシャル・リテラシー調査の結果によると，ベルギーのフランドル地方，エストニア，ニュージーランド及びスロベニアで，銀行口座を保有する生徒は，同等の社会経済的地位にあって銀行口座を保有しない生徒よりもファイナンシャル・リテラシーの得点が高かった（OECD,2014c）。これは因果関係を示していないが，実生活でのファイナンス商品の経験は，若者のファイナンシャル・リテラシーに影響を与え，逆もまたしかりであるとの推測も妥当と思われる。個人的な経験は，例えば，支払カードなどのファイナンス商品の使用，銀行制度への対処，学校外でのアルバイトに由来する可能性がある。

お金を稼いだり小遣いを受け取ったりといったファイナンスに係る事柄に対処するような個人的経験の多い生徒は，このような経験のない生徒よりテストの成績が良いと予想され得る。しかしながら，最近の調査によると，鍵となる要因は経験ではなく，若者が下した消費の決定にどの程度親が関わっているか，つまり親がより関与したほどファイナンシャル・リテラシーが高いとされる（Drever *et al.*, 2015）。2015年の枠組みでは，生徒が金銭やファイナンス商品にアクセスするかどうかを知ることの重要性を認識している。

3.4.3　ファイナンス上の論点に対する態度と自信

ファイナンシャル・リテラシーのPISAでの定義は，態度の重要な役割を強調している。個人の選好は，ファイナンス上の行動を決定し，ファイナンスの知識の用いられ方に影響を与え得る。PISA2012では，課題解決にあたっての生徒の忍耐力と寛容さは，ファイナンシャル・リテラシーの得点に強く関係していることがわかった（OECD, 2014c）。加えて，生徒が彼らの未来を管理していると信じている程度及び現在の消費に関する選好は，彼らのファイナンス上の決定や，彼らの独立性，どのように彼ら自身のファイナンシャル・セキュリティーに関する計画を作るかを学ぶ傾向に影響を与えるかもしれない（Golsteyn *et al.*, 2013; Lee and Mortimer, 2009; Meier and Sprenger, 2013）。

ファイナンス上の決定をする自身の可能性に関する自信もまた，誰が複雑なファイナンス上の問題を通して働いたり，幾つかの可能な商品の中から選択をしたりするだろうかという点を説明する重要な要素になるかもしれない。しかしながら，同時に，自信は自信過剰に陥り，誤りと非常に危険な決定の傾向につながるかもしれない。2015年の枠組みは生徒自身のファイナンスに関する知識と技能に関する知覚の重要性を認識している。

3.4.4　消費行動と貯蓄行動

テスト問題が，特定の消費や貯蓄について意思決定する生徒の能力を測定する一方で，生徒の実際の（報告された）行動は何か，すなわち，生徒が実際のところどのように貯蓄，消費するかについての測定尺度を持つことも有用である。PISA のファイナンシャル・リテラシーの調査は，15 歳の生徒が消費し，貯蓄した行動と生徒のファイナンシャル・リテラシーのテスト結果との潜在的な関係を見る機会を提供する。

第４節　ファイナンシャル・リテラシーの評価

4.1　評価の構成

2012 年の PISA ファイナンシャル・リテラシーの評価は，他の認知分野からなる 1 時間に加えて，1 時間の筆記型の問題として開発された。ファイナンシャル・リテラシーの評価は予備調査で用いられた 75 問の課題から選ばれた，二つの問題群に分けられた 40 問の問題から構成されていた。問題の選択は，各問が高得点の生徒と低得点の生徒の間を確実に区別する計量心理測定特性に基づいて行われた。

2015 年調査では，問題はコンピュータ型調査に移行される。追加の問いは，2012 年結果の報告書で公開された問題と置き換えるために，この形式での出題で開発された。2015 年のファイナンシャル・リテラシー調査は，二つの問題群に分けられた 43 問からなる，1 時間の調査として開発された。

他の PISA 調査分野と同じく，コンピューター型のファイナンシャル・リテラシーの問題は，共通の課題文を中心に一つ又は二つの問題から構成される各大問にグループ分けされている。この選集には，練習問題，図表，表，図，図解など多様な形式のファイナンス面に的を絞った課題文が含まれている。全てのファイナンシャル・リテラシーの評価は，様々な難易度を取り扱う広範な問題のサンプルを含み，これによって，生徒とその主要なサブグループの強みと弱みを測定し，説明することができる。

4.2　出題形式と採点

PISA 調査の問題の中には，短い記述式の回答を要求するものや，一文，又は，二文の回答や計算を要求するものもあるが，チェックボックスに印を付けて解答することができる問題もある。データを収集する形式，すなわち，問題の出題形式に関する決定は，収集される証拠の種類を考慮すると何が適切と考えられるか，並びに，技術的かつ実用的な考慮事項に基づいて行われる。ファイナンシャル・リテラシーの評価では，他の PISA 調査と同じく，問題の二つの広範な出題形式，すなわち，記述形式問題と選択肢形式問題が用いられる。

記述形式問題は生徒に対して自分自身の解答を作成するよう要求する。解答形式（format of the

answer）は，1単語又は図，若しくは，より長い2，3の文又は計算式であってもよい。より長い解答を要求する記述形式問題は解答を説明し，あるいは，分析のプロセスを実演する生徒の能力に関する情報を収集するためには理想的である。

出題形式と採点の観点での問題の二種類目は，選択肢形式である。この種の問題は，生徒に対し，与えられた一連の選択肢から一つ以上の代替案を選択するよう求める。このカテゴリーにおける最も一般的な種類は単純な多肢選択形式問題であり，（通常は）四つの選択肢のうち一つの選択を要求している。

選択肢形式問題の二つ目は複雑な複数の選択であり，生徒は一連の「はい／いいえ」型の問題に回答する。選択肢形式問題が情報の識別や認識に関連した問題の評価に最も適していると考えられているが，また，生徒自身が容易に表現できない可能性がある高次元の概念における生徒の理解の測定にも有用なやり方である。

特定の出題形式はそれ自体が特定の種類の問題に役立っているものの，出題形式が結果の解釈に影響しないようにするべきである。ある研究は，異なる集団（例えば男子と女子，及び様々な国の生徒）は様々な出題形式に異なった態様で解答することを示唆している。PISA 調査のデータに基づいた出題形式の影響に関する研究の幾つかは，複数の選択肢形式問題と記述形式問題の混合を保つことを裏付ける有力な証拠を示唆している。IEA の読解力研究（IEARLS: IEA Reading Literacy Study）と比較したPISA 調査における読解力の研究において，Lafontaine and Monseur（2006）は，出題形式は男女別の成績に有意に影響することを見いだした。別の研究では，各国は，PISA 調査の読解力における異なる出題形式の問題に関して，同等の問題の難易度差を示すことが見いだされた（Grisay and Monseur, 2007）。この知見は，特定の出題形式に対して，国が異なれば，なじみがより深かったり，より薄かったりするという事実に関連している可能性がある。PISA 調査のファイナンシャル・リテラシーの選択肢には，出題形式が生徒の習熟度に影響する潜在可能性を最小とするために，様々な出題形式が含まれている。このような影響は，意図された測定の対象，この場合，ファイナンシャル・リテラシーにとって本質的でないものであろう。

出題形式の配分（distribution of item formats）を検討する際，直前の段落で論じた公平さの問題と同じく，リソースの問題を考慮する必要がある。記述形式問題の最も単純な問題を除く全ての問題が専門の採点者（expert judges）によって採点されており，専門の採点者は訓練と監視を受ける必要がある。選択肢形式問題と短い「求答」形式問題は，専門の採点者による採点を必要とせず，したがって，要求するリソースも少ない。

記述形式問題と選択肢形式問題の割合は，これらの事項の全てを考慮に入れて決定される。PISA2015 年調査の本調査のために選択される問題のほとんどは，専門の採点者による採点を要求しない。

大部分の問題は二分法（完全正答又は誤答）で採点されているが，必要に応じて，問題の採点システムは部分正答を認めている。部分正答によって，問題によるより微妙な採点が可能になる。解答の中には，不完全であっても，他の解答よりも優れた解答がある。ある特定の問題に対する不完全な解答が不正確な解答又は誤答よりも高いレベルのファイナンシャル・リテラシーを示す場合に，その問題に対して部分正答を認める採点システムが考案された。このような「部分正答」問題には2点以上得点を与える。

4.3 配点

PISA 調査のファイナンシャル・リテラシーの各問題が単一の内容，単一のプロセス，及び単一の文脈カテゴリーに準拠して分類されている一方で，PISA 調査は実生活の状況及び問題を反映することを目的としているので，多くの場合，一つの課題に二つ以上のカテゴリー要素が存在している。このような場合には，その問題は課題への解答に成功するために最も不可欠であると判断されたカテゴリーであると識別される。

ファイナンシャル・リテラシーの内容領域に準拠した目標配点率（target distribution of score points）を表 5.1 に示す。幾つかの部分正答問題が含まれているので，「問題」よりはむしろ「得点（score point）」という用語が用いられる。配点は範囲の観点から表現され，様々なカテゴリーのおおよその重み付けを示している。2012 年と 2015 年の評価のために開発されたオリジナルの問題の混合も含んでいる。

この配点は，**金銭と取引**が 15 歳の生徒にとって最も直接的に関連する内容領域であるとみなされていることを反映している。

表 5.2 は四つのプロセス間の目標配点率を示す。

この重み付けは，より高い重要性がファイナンス上の論点の評価と，ファイナンスの知識と理解の適用にあることを示している。

表 5.3 は四つの状況間の目標配点率を示す。

表 5.1　内容別のファイナンシャル・リテラシーにおける配点率　（%）

金銭と取引	ファイナンスの計画とマネジメント	リスクと報酬	ファイナンス情勢	合計
30 - 40	25 - 35	15 - 25	10 - 20	100

表 5.2　プロセス別のファイナンシャル・リテラシーにおける配点率　（%）

ファイナンス情報を特定する	あるファイナンスの文脈において情報を分析する	ファイナンスの課題を評価する	ファイナンスの知識と理解を適用する	合計
15 - 25	15 - 25	25 - 35	25 - 35	100

表 5.3　状況別のファイナンシャル・リテラシーにおける配点率　（%）

教育と労働	家庭と家族	個人的	社会的	合計
10 - 20	30 - 40	35 - 45	5 - 15	100

15 歳の生徒の個人のファイナンシャル・リテラシーの評価と一貫して，**個人的**が明確に強調されているが，家庭や家族の問題のファイナンス上の関心にも重み付けがなされている。**教育と労働**と**社会的な**状況への重み付けは小さいが，ファイナンス上の経験の重要な要素であるのでこの構想に含められている。

第５節　ファイナンシャル・リテラシーにおける他の分野の知識と技能の影響

所定のレベルの数的思考力（numeracy）（あるいは数学的リテラシー）はファイナンシャル・リテラシーの必須条件とみなされている。Huston（2010）は「個人が算数の技能に苦労する場合は，その人のファイナンシャル・リテラシーに間違いなく影響するであろう。しかしながら，利用可能な道具（例えば，計算機）がこのような能力の不足を補うことができる。したがって，パーソナル・ファイナンスの誘導への成功に直接関連する情報は，ファイナンシャル・リテラシーの尺度のための数的思考力よりもより適正な焦点となる」と論じている。数感覚（number sense），数の複数の表現方法になじんでいること，暗算の技能といった数学に関連した習熟度，推定，そして結果の合理性の評価は，ファイナンシャル・リテラシーの幾つかの側面に内在するものである。

他方では，数学的リテラシーの内容とファイナンシャル・リテラシーの内容が交わらない，より大きな領域がある。PISA2012年調査における数学的リテラシーの枠組みで定義されたように，数学的リテラシーは四つの内容領域，**変化と関係**，**空間と形**，**量**及び**不確実性とデータ**を包含している。これらのうち，**量**のみがPISA調査におけるファイナンシャル・リテラシーの評価の内容と直接交わっている。生徒に対して確率の測定尺度と統計を適用するよう求めている数学的リテラシーの内容領域**不確実性とデータ**とは異なり，ファイナンシャル・リテラシーの内容領域**リスクと報酬**は，お金を失うリスクや（時には）得る可能性があることを示す特定の状況又は商品の特徴の理解を要求している。これは，ファイナンスに関する厚生（financial well-being）が，偶然によって，そして，損失から保護する関連する商品と行為を認知することによって影響を受け得る態様の非数値的な理解である。

ファイナンシャル・リテラシーの評価では，前に掲載した量に関連する習熟度は，数学的リテラシーの評価において期待され得る知識よりもより多くのファイナンス上の知識を要求する問題に適用され得る。同様に，ファイナンス上の事柄に関する知識，そして，このような知識と推論をファイナンス上の文脈に適用する際の能力は，（具体的な数学の内容が何もない場合）ファイナンシャル・リテラシーの四つの内容領域，すなわち**金銭と取引**，**ファイナンスの計画と管理**，**リスクと報酬**及び**ファイナンス情勢**の多くを特徴付けている。図5.1はPISA調査における数学的リテラシーの内容とファイナンシャル・リテラシーの内容を表している。

運用上，図の二つの円が交わるエリアに配分される問題はほとんどない。ファイナンシャル・リテラシーの評価において，期待される数学的リテラシーの種類は基本的な計算能力（arithmetic），すなわち四則演算（足し算，引き算，掛け算，割り算），整数，小数及び一般的な百分率である。このような計算能力はファイナンシャル・リテラシーの文脈に内在する一部として発生し，これによってファイナンシャル・リテラシーの知識を適用し，明示することができる。

このような算数の技能を必要とする問題は，大部分の15歳にとって十分手の届くレベルの基本的な数学を含んでいる。ファイナンスの公式（代数の能力を要する）の使用は適切とみなされていない。評価において計算への依存度は最小化した。課題は，相当量の又は反復的な計算の必要性を

図 5.1　PISA における数学的リテラシーとファイナンシャル・リテラシーの内容との関係

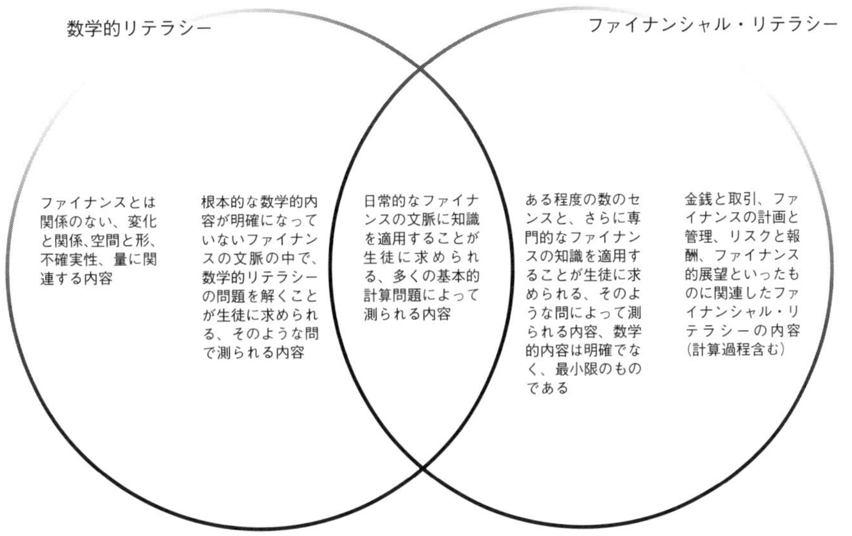

回避するやり方で組み立てられている。学校の授業や PISA 調査の数学的リテラシーの評価で生徒が用いる計算機は，ファイナンシャル・リテラシーの評価でも利用可能であるが，各問題での正誤は計算機の使用に依存しない。

同様のことは読解力に関しても言える。ファイナンシャル・リテラシーの評価に参加する全ての生徒は一定の基本的な読解力習熟度（reading proficiency）を有することが前提とされているが，一方では，過去の PISA 調査から読解力が各国内や異なる国の間で大きく異なることがわかっている（OECD, 2010b）。要求される読解力のレベルを最小化するため，課題文と設問はできる限り明確，単純かつ短いよう一般的にデザインされている。しかしながら，場合によっては，課題文が複雑，又は幾分専門的な言葉を意図的に提示する可能性もある。ファイナンスに関する書類，又は疑似的なファイナンスに関する書類の文言を読み，解釈する能力は，ファイナンシャル・リテラシーの一部とみなされている。

ファイナンスに係る事柄に関連した高度に技術的な専門用語は回避されている。ファイナンシャル・リテラシー国際専門委員会は，15 歳が理解するよう期待するのが合理的であると判断する用語を利用するように提言してきた。これらの用語の幾つかは評価課題の焦点となり得る。

実際に，2012 年の PISA のファイナンシャル・リテラシーの評価の結果では，生徒のファイナンシャル・リテラシーの成績について，読解力や数学的リテラシーの成績と比較しての，より正確な測定ができた。結果によると，ファイナンシャル・リテラシーの得点の約 25% が，ファイナンシャル・リテラシーの評価によって固有に捕まえることができる要素を反映した。一方で，ファイナンシャル・リテラシーの得点の残りの 75% が，数学的リテラシー又は読解力の評価で測定された技能を反映した。

ファイナンシャル・リテラシーとその他の分野との関連では，一般的に，数学的リテラシーや，又は読解力の得点が高い生徒はファイナンシャル・リテラシーも優れていることがわかった。しかしながら，数学的リテラシーや読解力のあらゆるレベルで，ファイナンシャル・リテラシーの成績に大きな違いが見られた。このことは，ファイナンシャル・リテラシーの評価で計測された技能が，義務教育で教わった科目で獲得した知識を用いる能力を超える又は達しないことを意味する。例えば，オーストラリアやベルギーのフランドル地方，チェコ共和国，エストニア，ニュージーランド，ロシア連邦では，数学的リテラシーと読解力が同程度の他の国の生徒に比べ，生徒はファイナンシャル・リテラシーに関してはより高い成績であった。一方，対照的に，フランスやイタリア，スロベニアでは，読解力と数学的リテラシーが同レベルの他の国や地域の生徒と比べて，平均して生徒のファイナンシャル・リテラシーの成績が低かった（OECD, 2014c）。

第６節　ファイナンシャル・リテラシーの報告

2012 年のファイナンシャル・リテラシーの評価データは，PISA 調査のメインデータベースとは別のデータベースに保管されている。2015 年の調査では，全ての分野のデータが一緒に示される。このデータベースは標本抽出された生徒のファイナンシャル・リテラシー，数学的リテラシーと読解力のテスト結果，ファイナンシャル・リテラシーについての短い質問調査からの行動データ，そして，通常の生徒質問調査と学校質問調査からのデータを含んでいる。

各々の PISA のサイクルの中で，ファイナンシャル・リテラシーが独立した結果として，他分野の成績と関連し，ファイナンス上の行動，そして，社会経済的背景や移民背景といった背景情報の項目と関連して報告される。このデータによって，OECD プロジェクトの後援を受けるファイナンス教育についての将来の研究開発も可能になる。

ファイナンシャル・リテラシーのテスト結果データは他の PISA 調査データと類似のやり方で評価される。評価のために使用されるモデル化技法の包括的な説明は，PISA2012 年調査テクニカルレポート（OECD, 2014d）に見いだすことができる。

各問題は，難易度を示す PISA 調査のファイナンシャル・リテラシーの測定尺度（scale）上の特定の点に関連しており，各生徒の成績は生徒の推定される習熟度を示す同じ尺度上の特定の点に関連している。

他の PISA 調査分野と同じく，あるテストにおける課題の相対的な難易度は，各問題を正しく解答した生徒の割合を考慮することによって推定される。特定のテストを受ける生徒の相対的習熟度は，彼らが正答したテスト問題の割合を考慮することによって推定される。問題の難易度と生徒の習熟度との関係を示す単一の継続的な測定尺度が構築される。

2012 年調査から始まり，測定尺度は一連の統計学的原則に従ってレベル分けされ，次いで，各レベルに位置付けられた課題に基づいて，当該課題の完了の成功に必要な技能と知識の種類をまとめる記述が作成された。測定尺度と一連の記述は，記述された習熟度レベル（described proficiency scale）として知られている。

各問題の難易度を構成することによって，各問題が表現するファイナンシャル・リテラシーのレベルを位置付けることが可能である。各生徒の習熟度を同じ測定尺度上で示すことによって，生徒が持つファイナンシャル・リテラシーの度合いを記述することが可能である。記述された習熟度レベルは，生徒のファイナンシャル・リテラシーの得点が事実上何を意味するかを解釈する助けとなる。

PISA 調査の実践に従って，平均点 500 点，標準偏差 100 で尺度が構築される（参加している OECD 加盟国に基づく）。ファイナンシャル・リテラシーにおける五つの習熟度レベルは，ファイナンシャル・リテラシーがどのように発達するかを報告する最初のステップとして評価の中で説明される。その結果，各参加国・地域の内部と，異なる参加国・地域間での生徒の成績を比較するようになった（OECD, 2014c, Chapter 2 を参照）。

注記

1. 金融包摂は，2011 年に金融機関あるいはモバイルマネーサービスの口座を持つ成人人口の 51% から，2014 年に 62% までに増えた。しかしながら，200 万人の成人が銀行口座を全く持っていない（Demirguc-Kunt *et al.*, 2015）。
2. PISA2012 では，限られた数の国でしかデータを入手できないものの，親がファイナンスサービス部門で働いている生徒は，平均して，より高いレベルのファイナンシャル・リテラシーを身に付けていることが示されている。

参考文献・資料

Atkinson, A. *et al.*（2015）, "Financial Education for Long-term Savings and Investments: Review of Research and Literature", *OECD Working Papers on Finance, Insurance and Private Pensions*, No. 39, OECD Publishing, Paris, *http://dx.doi.org/10.1787/5jrtgzfl6g9w-en.*

Atkinson, A. and **F. Messy**（2012）, "Measuring Financial Literacy: Results of the OECD/International Network on Financial Education（INFE）Pilot Study", *OECD Working Papers on Finance, Insurance and Private Pensions*, No. 15, OECD Publishing, Paris, *http://dx.doi.org/10.1787/5k9csfs90fr4-en.*

Barrett, A., I. Mosca and **B.J. Whelan**（2013）, "（Lack of）Pension knowledge", *IZA Discussion Paper*, No. 7596, August.

Bernheim, D., D. Garrett and **D. Maki**（2001）, "Education and saving: The long-term effects of high school financial curriculum mandates", *Journal of Public Economics*, No. 85, pp. 435-565.

Bloom, B.S.（ed.）（1956）, *Taxonomy of Educational Objectives: The Classification of Educational Goals*, David McKay, New York.

Bradley, L.（2012）, *Young People and Savings: A Route to Improved Resilience*, Institute for Public Policy Research, London.

Bruhn, M. *et al.*（2013）, "The impact of high school financial education : Experimental evidence from Brazil", *Policy Research Working Paper*, No. WPS 6723, Impact Evaluation series No. IE 109, World Bank Group, Washington, DC., *http://documents.worldbank.org/curated/en/2013/12/18640673/impact-high-school-financial-education-experimental-evidence-brazil.*

Cole, S., T. Sampson and **B. Zia**（2011）, "Prices or knowledge? What drives demand for financial services in emerging markets?", *The Journal of Finance*, Vol. 66/6, pp. 1933-1967.

Colombo, F. *et al.*（2011）, *Help Wanted?: Providing and Paying for Long-Term Care*, OECD Health Policy Studies, OECD Publishing, Paris, *http://dx.doi.org/10.1787/9789264097759-en.*

Demirguc-Kunt, A. *et al.*（2015）, "The Global Findex Database 2014: Measuring financial inclusion around the world", *Policy Research Working Paper*, No. 7255, World Bank, Washington, DC.

Drever, A.I. *et al.*（2015）, "Foundation of financial well-being: Insights into the role of executive function, financial socialization and experience-based learning in childhood and youth", *Journal of Consumer Affairs*, Vol. 49/1, Spring, pp. 13-38.

G20（2013）, "G20 Leaders Declaration", Saint Petersburg, *www.oecd.org/g20/summits/saint-petersburg/Saint-Petersburg-Declaration.pdf.*

G20（2012）, "G20 Leaders Declaration", Los Cabos, *www.consilium.europa.eu/uedocs/cms_Data/docs/pressdata/en/ec/131069.pdf.*

Gerardi, K., L. Goette and **S. Meier**（2010）, "Financial literacy and subprime mortgage delinquency: evidence from a survey matched to administrative data", *Working Paper Series*, No. 2010-10,

Federal Reserve Bank of Atlanta, Atlanta, *http://dx.doi.org/10.2139/ssrn.1600905.*

Golsteyn, B., B.H. Grönqvist and **L. Lindahl** (2013), "Time preferences and lifetime outcomes", *IZA Discussion Paper*, No. 7165, *http://ssrn.com/abstract=2210825.*

Grisay, A. and **C. Monseur** (2007), "Measuring the equivalence of item difficulty in the various versions of an international test", *Studies in Educational Evaluation*, Vol. 33/1, pp. 69-86.

Gudmondson, C.G. and **S.M. Danes** (2011), "Family financial socialization: Theory and critical review", *Journal of Family and Economic Issues*, Vol. 32, pp. 644-667.

Habschick, M., B. Seidl and **J. Evers** (2007), *Survey of Financial Literacy Schemes in the EU27*, Evers Jung, Hamburg.

Hastings, J. and **L. Tejeda-Ashton** (2008), "Financial literacy, information, and demand elasticity: Survey and experimental evidence from Mexico", *NBER Working Paper*, No. 14538, Cambridge, MA.

Hilgert, M.A., J.M. Hogarth and **S.G. Beverly** (2003), "Household financial management: The connection between knowledge and behavior", *Federal Reserve Bulletin*, Vol. 89/7, pp. 309-322.

Huston, S.J. (2010), "Measuring financial literacy", *The Journal of Consumer Affairs*, Vol. 44/2, pp. 296-316.

Johnson, C. and **M. Staten** (2010), "Do inter-temporal preferences trump financial education courses in driving borrowing and payment behaviour?", paper presented at the 1st Annual Boulder Conference on Consumer Financial Decision Making, 27-29 June, Boulder, CO.

Lafontaine, D. and **C. Monseur** (2006), "Impact of Test Characteristics on Gender Equity Indicators in the Assessment of Reading Comprehension", University of Liege, Liege.

Lee, J.C. and **J.T. Mortimer** (2009), "Family socialization, economic self-efficacy, and the attainment of financial independence in early adulthood", *Longitudinal and Life Course Studies*, Vol. 1/1, pp. 45-62.

Lusardi, A. (2009), "Household savings behavior in the United States: The role of literacy, information, and financial education programs", in C. Foote, L. Goette and S. Meier (eds.), *Policymaking Insights from Behavioral Economics*, Federal Reserve Bank of Boston, pp. 109-149.

Lusardi, A. and **O.S. Mitchell** (2011), "Financial literacy and planning: Implications for retirement wellbeing", in A. Lusardi and O.S. Mitchell (eds.), *Financial Literacy: Implications for Retirement Security and the Financial Marketplace*, Oxford University Press, Oxford.

Lusardi, A. and **O.S. Mitchell** (2008), "Planning and financial literacy: How do women fare?", *American Economic Review*, Vol. 98/2, pp. 413-417.

Lusardi, A. and **P. Tufano** (2009a), "Debt literacy, financial experiences, and overindebtedness", *NBER Working Paper*, No. 14808, Cambridge, MA.

Lusardi, A. and **P. Tufano** (2009b), "Teach workers about the perils of debt", *Harvard Business Review*, November, pp. 22-24.

Lusardi, A., O.S. Mitchell and **V. Curto** (2010), "Financial literacy among the young", *The Journal of Consumer Affairs*, Vol. 44/2, pp. 358-380.

Meier, S. and **C.D. Sprenger** (2013), "Discounting financial literacy: Time preferences and participation in financial education programs", *Journal of Economic Behavior and Organization*, Vol. 95, November, pp. 159-174, *http://dx.doi.org/10.1016/j.jebo.2012.02.024.*

Messy, F.A. and **C. Monticone** (2016a forthcoming), "Trends and recent developments on financial

第5章

education in Europe", *OECD Working Papers on Finance, Insurance and Private Pensions*, OECD Publishing, Paris, France, forthcoming.

Messy, F.A. and **C. Monticone** (2016b), "Financial education policies in Asia and Pacific", *OECD Working Papers on Finance, Insurance and Private Pensions*, No. 40, OECD Publishing, Paris, *http://dx.doi.org/10.1787/5jm5b32v5vvc-en.*

Miller, M. *et al.* (2014), "Can you help someone become financially capable? A meta-analysis of the literature", *Policy Research Working Paper*, No. WPS 6745, World Bank Group, Washington, DC.

Money Advice Service, (2014),"It's time to talk: Young people and money regrets", the Money Advice Service, London.

Money and Pensions Panel (2013), "Basic pension: The default option for labour-market pensions", report by the Committee of the Money and Pension Panel, Danish Parliament, Copenhagen.

Moore, D. *et al* (2003), *Survey of Financial Literacy in Washington State: Knowledge, Behavior, Attitudes, and Experiences*, Technical Report 03-39, (Social and Economic Sciences Research Center, Washington State University), Washington State Department of Financial Institutions, Olympia, Washington.

OECD (2014a), *Education at a Glance 2014: OECD Indicators*, OECD Publishing, Paris, *http://dx.doi.org/10.1787/eag-2014-en.* (『図表でみる教育 OECD インディケータ（2014 年版）』経済協力開発機構（OECD)編著，徳永優子，稲田智子，定延由紀，矢倉美登里訳，明石書店，2014 年)

OECD (2014b), *Financial Education for Youth: The Role of Schools*, OECD Publishing, Paris, *http://dx.doi.org/10.1787/9789264174825-en.*

OECD (2014c), *PISA 2012 Results: Students and Money (Volume VI): Financial Literacy Skills for the 21st Century*, PISA, OECD Publishing, Paris, *http://dx.doi.org/10.1787/9789264208094-en.*

OECD (2014d), *PISA 2012 Technical Report*, PISA, OECD, Paris, *www.oecd.org/pisa/pisaproducts/PISA-2012-technical-report-final.pdf.*

OECD (2013), *PISA 2012 Assessment and Analytical Framework: Mathematics, Reading, Science, Problem Solving and Financial Literacy*, PISA, OECD Publishing, Paris, *http://dx.doi.org/10.1787/9789264190511-en.* (『PISA2012 年調査 評価の枠組み：OECD 生徒の学習到達度調査』経済協力開発機構（OECD)編著，国立教育政策研究所監訳，明石書店，2016 年)

OECD (2010a), *PISA 2009 Assessment Framework: Key Competencies in Reading, Mathematics and Science*, PISA, OECD Publishing, Paris, *http://dx.doi.org/10.1787/9789264062658-en.* (『PISA2009 年調査 評価の枠組み：OECD 生徒の学習到達度調査』経済協力開発機構（OECD)編著，国立教育政策研究所監訳，明石書店，2010 年)

OECD (2010b), *PISA 2009 Results: What Students Know and Can Do: Student Performance in Reading, Mathematics and Science (Volume I)*, PISA, OECD Publishing, Paris, *http://dx.doi.org/10.1787/9789264091450-en.*

OECD (2009a), *Financial Literacy and Consumer Protection: Overlooked Aspects of the Crisis*, OECD Recommendation on Good Practices on Financial Education and Awareness Relating to Credit, OECD, Paris, *www.oecd.org/finance/financial-markets/43138294.pdf.*

OECD (2009b), *PISA 2006 Technical Report*, PISA, OECD Publishing, Paris, *http://dx.doi.org/10.1787/9789264048096-en.*

OECD (2008), *Improving Financial Education and Awareness on Insurance and Private Pensions*,

OECD Publishing, Paris, *http://dx.doi.org/10.1787/9789264046399-en.*

OECD (2005a), *Recommendation on Principles and Good Practices for Financial Education and Awareness*, OECD Publishing, Paris, *www.oecd.org/finance/financial-education/35108560.pdf.*

OECD (2005b), *Improving Financial Literacy: Analysis of Issues and Policies*, OECD Publishing, Paris, *http://dx.doi.org/10.1787/9789264012578-en.*

OECD/INFE (2015a), *2015 OECD/INFE Toolkit for Measuring Financial Literacy and Financial Inclusion*, OECD, Paris, *www.oecd.org/daf/fin/financial-education/2015_OECD_INFE_Toolkit_Measuring_Financial_Literacy.pdf.*

OECD/INFE (2015b), *National Strategies for Financial Education: OECD/INFE Policy Handbook*, OECD, Paris, *www.oecd.org/daf/fin/financial-education/National-Strategies-Financial-Education-Policy-Handbook.pdf.*

OECD/INFE (2015c), *OECD/INFE Core Competencies Framework on Financial Literacy for Youth*, OECD, Paris, *www.oecd.org/finance/Core-Competencies-Framework-Youth.pdf.*

OECD/INFE (2013), *Financial Literacy and Inclusion: Results of the OECD/INFE Survey across Countries and by Gender*, OECD, Paris, *www.oecd.org/daf/fin/financial-education/TrustFund2013_OECD_INFE_Fin_Lit_and_Incl_SurveyResults_by_Country_and_Gender.pdf.*

OECD/INFE (2012), *OECD/INFE High-Level Principles on National Strategies for Financial Education*, OECD, Paris, *www.oecd.org/finance/financial-education/OECD_INFE_High_Level_Principles_National_Strategies_Financial_Education_APEC.pdf.*

OECD/INFE (2011), *Measuring Financial Literacy: Core Questionnaire in Measuring Financial Literacy: Questionnaire and Guidance Notes for conducting an Internationally Comparable Survey of Financial literacy,* OECD, Paris, *www.oecd.org/finance/financialeducation/49319977.pdf.*

OECD/INFE (2009), *Financial Education and the Crisis: Policy Paper and Guidance*, OECD, Paris, *www.oecd.org/finance/financialeducation/50264221.pdf.*

Otto, A. (2013), "Saving in childhood and adolescence: Insights from developmental psychology", *Economics of Education Review*, Vol. 33, pp. 8-18.

PIAAC Literacy Expert Group (2009), "PIAAC literacy: A conceptual framework", *OECD Education Working Papers*, No. 34, OECD Publishing, Paris, *http://dx.doi.org/10.1787/220348414075.*

Ratcliffe C. and S. McKernan (2013), *Forever in Your Debt: Who Has Student Loan Debt, and Who's Worried*, The Urban Institute and FINRA Investor Education Foundation, Washington, DC.

Schuchardt, J. *et al.* (2009), "Financial literacy and education research priorities", *Journal of Financial Counseling and Planning*, Vol. 20/1, pp. 84-95.

Smithers, R. (2010), "University students expect to graduate with debts in excess of £15,000", *The Guardian*, 18 March, *www.guardian.co.uk/money/2010/mar/18/university-students-graduate-mouting-debts.*

Stango, V. and **J. Zinman** (2009), "Exponential growth bias and household finance", *Journal of Finance*, Vol. 64/6, pp. 2807-2849.

Van Rooij, M.A., A. Lusardi and **R. Alessie** (2011), "Financial Literacy and stock market participation", *Journal of Financial Economics*, Vol. 101/2, pp. 449-472.

Whitebread and Bingham (2013), *Habit Formation and Learning in Young Children*, The Money Advice Service, London.

Xu, L. and **B. Zia** (2012), "Financial literacy around the world: An overview of the evidence with practical suggestions for the way forward", *World Bank Policy Research Working Paper*, No. 6107, Washington, DC.

Yoong, J. (2011), "Financial illiteracy and stock market participation: Evidence from the RAND American Life Panel", in A. Lusardi and O.S. Mitchell (eds.), *Financial Literacy: Implications for Retirement Security and the Financial Marketplace*, Oxford University Press, Oxford.

■ 第6章 ■

質問調査

本章では2015年OECD生徒の学習到達度調査（PISA調査）の中核的な質問内容と，PISA調査の関心事である学校での生徒のやる気，学校に対する性向と生徒の自己信念の測定，そして生徒の背景情報と学校の学習環境に関する情報の収集について述べる。また，本章では生徒質問調査，学校質問調査（学校長が回答），国際オプションの保護者質問調査（PISA調査を受けた生徒の保護者が回答），国際オプションの教育歴質問調査（生徒の教育や職業に関する志望について生徒が回答），国際オプションのICT活用調査（コンピュータに対する態度や経験について生徒が回答），国際オプションの教師質問調査（PISA2015年調査より導入し，教師が回答）のそれぞれの内容と目的について論じる。

はじめに

教育システムの効果・公平性・効率に関する指標を提供すること，国際比較のための基準点を設定すること，長期的なトレンドを測定することは生徒の学習到達度調査（PISA 調査）の最も重要な目標である。さらに，PISA 調査は，世界中の研究者が，教育と社会及び経済との関係を含む，教育に関する基本的で政策志向の問題についての研究を可能にする持続可能なデータベースを構築する。

こうした目標を達成するために，PISA 調査では（読解力，数学的リテラシー，科学的リテラシーやその他の「生きるための技能」における）認知的な生徒の学習到達度を評価するための信頼性，妥当性の高い測定を行うだけでなく，以下のような情報を必要とする。すなわち，非認知的アウトカム（例えば，生徒の学習への動機付け），個々の生徒の状況（例えば，生徒の文化的，民族的，社会経済的背景），制度的観点からの組織的，実践的な特徴（例えば，学級における指導実践と学習機会，職能開発のためのリーダーシップと学校の方針，学校体系）である。つまり，生徒・学校長，保護者・教師（国際オプション）といった多様な関係者への質問を通して測定されている様々な構成概念であり，その集合である。

PISA2015 年調査は第 6 回目の調査である。2000 年調査以来，いわゆる「背景質問調査」の重要性が大幅に高まっている。この間，質問調査はテスト結果を報告するための「背景情報」を提供するだけでなく，質問調査自身が関心の対象となっている。PISA2015 年調査は，選択された分野（訳注：科学的リテラシー，読解力，数学的リテラシー，協同問題解決能力）の生徒の学習到達度の評価と様々な政策に関連する課題についての（生徒や学校レベルでの）文脈的な評価（context assessment）（訳注：各質問調査）との組合せである。このような視点の変化の理由の一つは，政策立案者が教育における，専門的な実践やガバナンス，政策形成に関連する様々な課題について報告する調査を欲していたことである。そのため，PISA 2000 年調査以来，（PISA 調査が）取り上げる論点の幅は徐々に拡大してきた。さらに，生徒の学習到達度と個々の背景情報や学習機会，非認知的アウトカム，教育政策と教育実践との関係が指標を通じて観察される。また，より詳細な報告のために，データ分析と結果報告はますます複雑化してきた。指標の一覧の提供に加えて，インプット変数・プロセス変数・アウトカム変数のパターンが国内及び各国間で特定される。つまり，経年変化が報告され，関係性が検討され，影響が推定される。これらの分析を行うためには，より精緻化されたモデリングアプローチと，生徒や学校，教育システムに関する文脈的要因についての詳細にわたるデータが必要となる。

（訳注：2000 年調査から）15 年経過した現在，恐らく PISA 調査の最も重要な特徴は，教育システムに関する時系列データを利用できることである。国の成績水準の経年変化だけでなく，非認知的アウトカムや青年期と家庭の生活状況，学校教育の専門的な実践と組織構造の変化の説明も PISA 調査によって可能となる。このように PISA 調査は調査サイクルを重ねれば重ねるほど，状況，プロセス，アウトカムの安定性と変動性の分析からより多くのことを学ぶことができる。すなわち，政策立案者は継続的な分析とフィードバックのために時系列データを用いることができる。

調査の説明力は，インプットやプロセスでの変化を考慮し，成績の変化のより本質的な解釈と説明ができるので高まるだろう（Gustafsson, 2008; Hanushek and Wößmann, 2011）。そして，経年分析は文化的な問題によるバイアスを生じにくくする。

しばしば，政策立案者や研究者は，各国間での十分な比較ができないことを懸念して，学校の雰囲気，生徒の動機付け，教師の仕事に対する満足度，または保護者が回答した取組のような「確定的な測定が難しい」構成概念を説明することについて消極的であった。現在では，時系列データが利用可能となり，各国のある一時点の状況を比較すること（訳注：横断面データでの比較）よりも国内における変化の度合い（訳注：時系列データの分析）に焦点が当てられている。例えば，学校での満足度が向上したか低下したかどうかの質問は，国内では現実の問題に直結する指標であり，各国間で異なる回答におけるバイアスによって影響されることはない。しかしながら，経年分析は，PISA 調査に今後の複数の調査サイクルを通して同じ内容で実施することになる（訳注：質問調査の）全般的な構成概念の集合を定義することを要求する。本章では，この構成概念の集合を「中核的な質問内容（core content）」と呼ぶこととする[1]。

この枠組みは，適切な質問調査の内容（questionnaire content）を選択し，質問調査の開発と公刊予定の国際報告書を手引きするための目標と論理的根拠とを説明することを目的としている。本章は，次の二つの主要な節で構成されている。第 1 節では質問調査の中核的な質問内容を定義する。第 2 節ではより広い範囲の政策課題に向けたモジュール（訳注：質問調査を構成する要素の基本単位）の構造について説明する。

本章の第 1 節では，『PISA2012 年調査 評価の枠組み』（OECD, 2013, p.168ff）において設計した質問調査の全体にわたる（調査サイクル間で使われている）構造に PISA2015 年調査の枠組みを関連付ける。教育において経年的な観察をするために対象とする必要のある構成概念が見直されるが，その際には教育効果研究の一般的背景情報が参照される。これまでの国際報告書，国際指標，二次分析のために用いられてきた測定値が概観され，結果としてそれが全ての調査サイクルにおいて，全ての参加国・地域で評価されるべき中核的な質問内容の骨子となる。

本章の大半を占める第 2 節では，19 個のモジュールについて構造化し，対象となった広範な政策課題を探索し，そして，最も重要なモジュール――すなわち PISA 運営理事会によって優先度が高いと判断されたモジュール――がどのようにして PISA2015 年調査に組み込まれたかを説明する。

PISA2015 年調査のための質問内容の開発は，多岐にわたる政策課題を対象とするという意図によるものだけでなく，認知テストと質問調査の両方に望ましい実施形態としてコンピュータ使用型調査（CBA）の導入も課題であった。新規の質問項目の開発に加えて，これまでの調査サイクルの全ての質問内容が見直され，質問項目によってはコンピュータ使用型調査に適した形式（例えば，回答者が数値情報を記入する代わりに，インタラクティブに操作できる「スライダー」を導入する）に変更され，改めて予備調査が行われた。最後に，ログファイルの記録に基づくプロセスデータの分析は，回答行動の理解を深めるだろう。

予備調査のデータの慎重な分析と，（質問項目の）優先度に関する専門家と政策立案者の間の綿密な議論に基づいて，PISA2015 年本調査の構成概念，質問項目及び下位の小項目が選定された。生徒質問調査は平均 35 分間の回答時間を目標とした。

第1節　PISA 調査における文脈的評価の中核の定義

PISA 調査の調査設計に組み込まれる可能性のある多くの測定値からの選択は複雑な過程であり，これは調査のために各国が定める優先度によって方向付けられるほか，教育研究からの情報提供も受ける。概して，PISA 調査の設計を推進する主な影響力の一つは，認知的評価における中心分野の周期的変化である。すなわち，読解力は 2000 年，2009 年，2018 年において PISA 調査の中心分野であり，数学的リテラシーは 2003 年，2012 年，2021 年で中心分野である。科学的リテラシーは 2006 年，2015 年，2024 年で中心分野となる。認知的評価の中心分野として役割を果たすものは何でも，「分野特有」の文脈的評価の主要な焦点となる。しかしながら，教育におけるトレンドを理解するための測定においては，一定の安定性が必要である。

PISA2012 年調査における質問紙の枠組み（訳注：『PISA2012 年調査 評価の枠組み 第 6 章 質問紙』）では，教育システムの継続的な観察を考慮して調査サイクル間で比較できる中核的な質問内容を詳述した調査サイクル間で用いられる構造を確立した（OECD, 2013, p.189ff）。この調査サイクル間で用いられる枠組みは，個々の生徒と学校の双方の教育に関する状況，プロセス，アウトカムを評価する教育全般に関する測定値だけでなく，分野特有の尺度についても説明している。調査設計のこれらの観点の間でのある適切なバランスを取ることは，PISA 調査という事業計画の長期的な成功にとって極めて重要である。国レベルで妥当で信頼性の高い時系列データを得るためには，永続性のある変数（訳注：調査サイクル間で共通して使用される質問項目）の集合を組み入れることが重要であり，これは調査サイクルにわたって報告される主要な変数として用いられることになる[2]。

以下，この調査サイクル間で用いられる枠組みは，質問調査の構成概念と測定値をより詳細に記述し，PISA2015 年調査のための中核的な質問内容の選択を支持する論拠を提供することと併せて論じられる。

1.1　中核的な質問内容の骨子：取り上げるべき構成概念

冒頭で述べたように PISA 調査における文脈的評価の目標，PISA 運営理事会の戦略的決定，PISA 2012 年調査のために開発された調査サイクル間で用いられる枠組み，研究文献からの提言を考慮して，2015 年調査の枠組みは，参加国・地域の教育政策立案者が四つの広い領域についての情報が必要であると仮定している。すなわち，アウトカム，生徒の背景情報，指導と学習のプロセス，学校の方針と教育上のガバナンスである。以下では，これらの領域について詳述する。これまで述べてきたように，以下の項では既に PISA2012 年調査の質問紙の枠組みで確立されたものを更に詳しく述べる。

1.1.1　非認知的アウトカム

PISA 調査の主要な課題は，15 歳時点の教育のアウトカムを測定し記録することである。人を教育することは，基本的には，社会に参加する能力を徐々に獲得する，唯一の，自ら決断する，聡明な人間として，彼／彼女個人の成長を促進することを意味する。PISA 調査の各サイクルは一時点の状況を調査するものであるため，成長過程を把握することはできないが，15 歳時点における成長の状況についてのある時点での情報の断片として役立つ。

この情報の断片には，リテラシーや生きるための技能の評価が含まれるが，これら認知的アウトカムに加えて，その他の要因も重要である。学校での成功，そして，人生での成功は，努力すること，価値観や信念を共有すること，他者を尊重して理解すること，意欲を持って学習し協力すること，自らの学習行動を管理することによって決まる。これらの構成概念は認知的学習の前提条件として把握できるが，OECD のプロジェクト DeSeCo による報告「キー・コンピテンシーの定義と選択」で詳述しているように，それら自体は教育の目標として判断される場合がある（Rychen and Salganik, 2003）。非認知的要因は人生での成功や幸福にとってだけではなく個人の成長にとって最も重要であり，それゆえ，個人に対しても社会に対しても同様に影響を与えることが教育研究や計量経済分析によっても示されている（Heckman, Stixrud and Urzua, 2006; Almlund *et al.*, 2011）。

したがって，PISA 調査は態度，信念，動機付けと向上心，そして，例えば注ぎ込まれた学習時間のような学習に関連する行動のような非認知的アウトカムを取り扱う。これらの非認知的アウトカムは生徒質問調査（StQ）だけでなく ICT 活用調査（ICTQ）においても測定される。それらは，例えば生徒の達成動機や満足度といった教育全般に関するものである可能性があるし，あるいは読みの取り組みや数学への興味や科学の楽しみといった，認知的評価の分野に関連している可能性がある。分野特有の非認知的アウトカムはリテラシーの各定義においても言及されており，したがって，ここまで列挙してきた構成概念は認知テストの枠組みと文脈的評価の枠組みの間のつながりとなる。生徒の自己効力感，すなわち，PISA 調査の認知的評価において出題されたものと類似する課題を解決することができるという生徒の効力感の強さは，各国間でも各国内でも生徒の学習到達度と強い相関があることが示されてきた。

1.1.2　生徒の背景情報

教育歴を理解するため，そして，各国間及び各国内における公平性の問題を調査するためには，例えば社会経済的背景や移民としての背景といった家庭の背景情報に関する変数が考慮されなければならない。これらの背景情報に関する変数に依存する教育機会とアウトカムの分布は，各国が平等な機会を提供することに成功しているかどうかを示している。

PISA 調査は，家庭の背景情報，社会経済的背景，移民としての背景に関する，詳細で理論に基づいた調査であることで知られている。個々の生徒の背景に関する指標の定義と操作化に多大な労力が費やされ，ついには，生徒の経済的，社会的，文化的背景を把握する上で，強力で統合された指標の確立に至った（ESCS：社会経済文化的背景指標，Willms, 2006）。この指標の構成要素は，PISA 調査のサイクルにわたり，できるだけ安定した方法で測定される必要がある。また，保護者の支援に関する情報は，生徒の学習を促進する上で学校での教育と家庭の背景情報がどのように作用するのかを理解するのに役立つ。

さらに，PISA 調査は生涯にわたる教育歴と進路に関する，過去と将来の情報を収集する。近年では，研究者等は幼児教育の重要性を強調している（Blau and Curie, 2006; Cunha *et al.*, 2006）。

したがって，PISA 調査は少なくとも小学校と就学前教育に関する情報を捉えようとしている。

個々の生徒の背景情報に加えて，生徒が通う学校の社会的，民族的，学業的な構成が，学習のプロセスとアウトカムにある影響を及ぼす。したがって，PISA 調査では学校の所在地，学校の設置形態，学校規模などの構造的要因に加え，学校レベルでの背景要因を特徴付けるために収集された生徒のデータを用いる。

1.1.3　指導と学習

学校に基盤を置く教育は，正規の，体系的な教育の中心的なプロセスである。そのため，政策立案者は学校の指導，学習，組織に関する情報を必要とする。調査の説明力を高めるため，指導と学習の測定は調査の中心分野に焦点を合わせることになり，2015 年調査では科学的リテラシーが対象である。教育効果研究の知識ベース（Scheerens and Bosker, 1997; Creemers and Kyriakides, 2008）は主要な要因，すなわち，教師の資格，教育実践と教室の雰囲気，学校の内外で提供される学習時間と学習機会の特定を考慮している。指導プロセスに関しては，三つの基本的な側面に焦点を当てるべきである（Klieme, Pauli and Reusser, 2009）。すなわち，学級経営，教師の支援，認知的課題である。標本抽出は学年やクラスによるものではなく，年齢によって行われるため，PISA 調査において教師と指導に関連する要因への対処が課題である。しかし，収集された生徒のデータと学校質問調査は，学校が（生徒に）提供する学習環境を説明するのに役立つ場合がある。

1.1.4　学校の方針とガバナンス

政策立案者が有する指導と学習のプロセスにおける直接的な影響力は限られているので，学校改善に役立つ，ひいては間接的に生徒の学習改善に役立つという学校レベルの要因に関する情報の優先度は高い。教師と指導の変数と同様に，学校効果研究は，「不可欠な支援」が学校の効果を高めることを示す，強力な知識ベースを構築してきた（Bryk *et al.*, 2010。Creemers and Reezigt, 1997; Scheerens and Bosker, 1997 も参照）。すなわち，職能開発に焦点を当てた専門的な潜在能力，よく組織化されたカリキュラム，リーダーシップと学校経営，保護者の関与，学校の雰囲気（関係者間の誠実な相互関係，明確な規範と共通の価値観，好成績への期待），そして，改善のためのアセスメントと評価の活用である。これら要因は，学校レベルについての教育全般に関するプロセスとして，質問調査において取り扱われる。また，中心分野（訳注：科学的リテラシー）を指導するための，実験室の提供や，情報通信技術（ICT），科学（理科）教育のための教育課程のような学校レベルの支援も取り上げられている。

政策上の要請に直接応えるために，PISA 調査は制度レベルのガバナンスに関連する問題にも取り組む必要がある（Hanushek and Wößmann 2011; Wößmann *et al.*, 2007）。「意思決定権の所在」の測定値とアカウンタビリティの履行は，ガバナンスの主要な側面，すなわち中央と地方の関係者間における権力と統制の分布を説明する。配分，選択，アセスメントと評価は，政策立案者と学校管理者の両方，あるいはどちらかが，学校の質の管理，学校の改善を観察し促進するために用いる基本的なプロセスである。この情報の幾らかは（『図表でみる教育』にあるように）他の情報源から得られる場合もあり，PISA 調査の学校質問調査を通じて評価される場合もある。

1.2　これまでのPISA調査における文脈データの活用：分析と報告のために重要であるとされた測定値

PISA調査における質問調査の内容の重要性を評価するために，これまでの調査サイクルを確認し，そのデータがどのように分析や報告書に取り込まれたかを検討することは十分に価値のあることである。このように，前述したより抽象的な構成概念に加えて，特定の測定値と政策形成や研究との関連も考慮の対象となる。

PISA調査における質問調査のデータは，OECD報告書に加えて，例えば教育指標（例：『図表でみる教育』）の構築や科学的研究論文といった種類の分析や報告に使用されてきた。コラム6.1は非認知的アウトカムと，背景情報に関する変数の影響，生徒個人や学校の特性，制度レベルの要因と同様にプロセスや方針を含む，PISA2009年調査において使われた質問調査項目を表している。

コラム6.1　PISA2009年調査結果において用いられた質問調査に基づく尺度

第1巻：読解力・数学的リテラシー・科学的リテラシーにおける生徒の成績

- **生徒の背景情報**：性別

第2巻：社会的背景の克服：学習機会と成果における公正

- **生徒の背景情報**：社会経済文化的背景指標（ESCS），性別，移民としての背景，家庭での使用言語，移民してきたときの年齢，生まれた国
- **保護者質問調査を通して評価された個別支援**：保護者の支援（小学校教育開始時の支援／15歳時の支援），就学前教育（参加の有無，質）

第3巻：学ぶことを学ぶ：生徒のやる気，方略，活動

- **生徒の背景情報**：社会経済文化的背景指標（ESCS），性別，移民としての背景，家庭での使用言語
- **アウトカム**：読みの楽しみ，読書時間と読む物，メタ認知（方略の認識），読解方略の行使に関する回答（暗記，推敲，制御）

第4巻：何が学校を成功に導くのか？　リソース，方針，実践

- **生徒の背景情報**：社会経済的背景，入学年齢，留年
- **生徒が回答したプロセス**：学習時間（過去の教育，学校での学習時間，発展的あるいは補習教育，習い事），教師と生徒の関係，規律雰囲気，読みの取組のための教師の刺激
- **学校のインプット，方針とプロセス（学校長による回答）**：学校の設置者（国公立／私立），学科の数，学級規模，教育リソース（例：ICT，図書館），評価とカリキュラム又は資源配分に関する学校の責任，課外活動の提供，学校への入学許可／学級編制／転校の方針，評価の実施／目的，成績データの活用，学校のアカウンタビリティ，教師の監察の手法，教師と生徒の行動，保護者の関与や期待，リーダーシップ

出典：OECD, 2010a, 2010b, 2010d and 2010e.

PISA2006年調査の国際報告書は生徒のアウトカムにおける学校の影響を検討したが，一方で，米国教育資源情報センター（ERIC）の国際データベースに掲載された多くの論文は，PISA2006年調査データを用いた非認知や分野特有のアウトカムを論じている。多変量解析を用いた17冊の出版物を付録1に記載した。

1.3　中核的な質問内容の選択と構造化

政策上のニーズに対処し，これまでのサイクルで結果報告のために使用されてきた尺度を取り上げることで，PISA2015年調査以降の質問調査の中核的な質問内容が提案できる。図6.1は，長期間，国際的な大規模調査の設計に影響を及ぼしてきたモデルを考慮し提案された内容をまとめている（例えば，Purves, 1987; OECD 2013, p.173ff を参照）。このモデルは，行動の各レベル（制度レベル，指導／学級／教師の要因を含む学校レベル，そして個々の生徒レベル）における教育についての背景情報，プロセス，アウトカムの特徴を割り当てている。

図6.1　PISA調査の中核的な文脈的評価に含まれる測定値

	生徒と学校の背景情報	プロセス	非認知的アウトカム
制度 レベル		ガバナンス： 意思決定、学校体系による違い	（統合された生徒のデータ）
学校 レベル	学校の所在、学校の設置者と規模、（ICTなどの）リソースの量と出所 社会的／民族的／学問的構成 学級の規模、 教師の資格認証	**学校の方針**： 提供されるプログラム、入学と学級編制の方針、時間割、追加的な学習時間と学習支援、**課外活動**、職能開発、リーダーシップ、保護者の関与、アセスメント／評価／アカウンタビリティの方針、学校雰囲気（教師と生徒の行動） **指導と学習**： 規律雰囲気、教師の支援、**認知的課題**	（統合された生徒のデータ）
生徒 レベル	性別、社会経済的背景（保護者の学歴と職業、家庭の所有物、家庭の蔵書数）、言語と移民としての背景、学年、就学前教育、小学校入学時年齢	留年、出席状況、 学校での学習時間（義務的な授業と追加的な指導）、**校外学習**	教育全般に関する非認知的アウトカム（例：達成動機、学校での満足度）； 分野特有の非認知的アウトカム（**動機付け、分野に関連する信念と方略、自己信念、分野に関連する行動**）

注：太字（ゴシック体）で示した測定値は、各中心分野、例えばPISA2015年調査の科学的リテラシーに対応する。

図6.1に含まれる一連の測定値は，上記で取り上げた全ての構成概念の領域，すなわち，非認知的アウトカム，生徒の背景情報，指導と学習，学校の方針及びガバナンスを対象とし，また，国際報告書に含まれてきた全ての分析結果や付録1で取り上げている全ての研究結果，そして『図表でみる教育』（前掲参照）[3]のために開発されてきた全ての指標の計算を考慮した中核的な文脈の設計からなる。図6.1はPISA調査の学習到達度に関する測定値と強い相関のあることが明らかにな

っている全ての質問調査の指標（例：家庭の蔵書数，社会経済的背景，自己効力感，規律雰囲気）を含み，PISA 調査におけるテストの得点（「個々の生徒の得点（plausible value)」）の推定に役立つ。したがって，この一連の測定値は，PISA2015 年調査以降，今後の調査サイクルで活用が考慮される。調査サイクルにわたり，この中核的な設計の安定を維持することは，時系列分析と制度レベルの変化における複雑なモデリングを可能にするだろう。

図 6.1 において取り上げた測定値の多くは，これまでの調査サイクル，主に PISA2006 年調査や PISA2012 年調査で既に使用されており，それらが今後も一定に保たれるであろう「トレンド」の質問内容を示している。これは，PISA2006 年調査からの科学特有の測定値が含まれる。読解力と数学的リテラシーが調査の中心分野であった（それぞれ PISA2009 年調査と 2012 年調査）際には，異なる測定値が，同様の調査サイクル間で用いられる構成概念を示すために用いられた。

- **教室における認知的課題**は，読みの取り組みに対する教師の刺激（2009 年調査），学習機会（OTL）の質問類型と応用数学の課題での経験（2012 年調査），探究に基づく指導と学習（2006 年調査，2015 年調査）によって示された。
- **生徒の動機付け**は，読むことへの喜び（2009 年調査），数学に対する関心（2012 年調査），科学の楽しさ（2006 年調査，2015 年調査）によって取り扱うことが可能となった。
- **分野に関連する行動**は，学校のための読書や読書の多様性（2009 年調査），数学を勉強する上での規範と数学に関する行動（2012 年調査），メディア関連の科学に関する活動（2006 年調査，2015 年調査）によって示されてきた。
- **分野に関連する信念と方略**は，数学についての主観的規範（2012 年調査）と環境への意識と環境問題の改善に関する楽観視（2006 年調査，2015 年調査）によって示されてきた。自己信念は数学における自己効力感（2015 年調査）及び科学における自己効力感（2015 年調査）によって示されてきた。PISA2009 年調査では読解力に関連する信念の代わりにメタ認知測定値を導入した。

第 2 節　より幅広い政策課題を対象とするための枠組みの拡張

2.1　PISA 調査設計へのモジュール・アプローチ

PISA2015 年調査における質問調査の開発担当事業者と質問調査専門委員会が作業を始めた際，上記で説明した内容領域，すなわち，非認知的アウトカム，生徒の背景情報，指導と学習，学校の方針とガバナンスを修正し，さらに，それらを 19 個のより細かい段階の「モジュール」へ区分した。この 19 モジュールは，PISA2015 年調査の文脈的評価設計の構成単位として，2011 年 10 月の PISA 運営理事会によって承認されたものである。図 6.2 はこのモジュール構造の概観を示した図であり，調査全体に関わる背景情報，プロセス，（訳注：非認知的）アウトカムの構造の中に各モジュールを位置づけている。

図 6.2　PISA2015 年調査における文脈的評価設計のモジュール構造

	生徒の背景情報		プロセス			非認知的アウトカム
	家族	教育	アクター	コアプロセス	リソース配分	
科学に関連するトピック		5. 学外での科学の経験	1. 教師の資格と専門知識	2. 科学の指導実践	12. 学習時間とカリキュラム	4. 科学に関連するアウトカム：動機付け、関心、信念…
				指導と学習		
				3. 学校における科学の学習環境		
教育全般に関するトピック	7. 生徒の社会経済的背景と家族	9. 幼児期における教育歴	14. 保護者の関与	13. 学校の雰囲気：対人関係、信頼、期待	16. リソース	6. 将来に対する志望
	8. 民族性と移民		15. リーダーシップと学校経営			10. 教育全般に関する行動と態度
				学校の方針		11. 協同問題解決の性質
			17. 学校システム内の意思決定権の所在	19. アセスメント、評価とアカウンタビリティ	18. 編制、選抜及び選択	
				ガバナンス		

1 ～ 2 列目は，生徒の家族と生徒が受けてきた教育に関連する生徒の背景情報特性を集約し，中央の 3 列は，異なるレベル（システムガバナンス，学校の方針，指導と学習）における教育的プロセスに注意を向けている。そして，右側の列には様々な教育のアウトカムを記載している。図 6.2 において，下段は教育全般に関するトピックを取り上げ，上段は主として分野特有の（ここでは科学に関連した）トピックのモジュール，特に科学教育を支援する学校レベルの学習環境（モジュール 3），具体的には実験室，科学に関連する学校カリキュラム，科学の教師間の協働，学校社会の中での科学に起因する価値観などが含まれる。したがって，この図は，全ての PISA 調査サイクルに典型的である国際的な大規模調査への，教育全般に関するアプローチと分野特有のアプローチの組合せを描いており，科学的リテラシー，読解力，数学的リテラシーのいずれにも調査の主要な焦点となる。PISA 調査は，問題解決能力（2012 年調査）あるいは協同問題解決能力（2015 年調査）といったカリキュラム横断的到達度に関する測定値を統合するため，適切な非認知的アウトカムが追加される（モジュール 11）。

伝統的に，PISA 調査は，標準質問調査（学校質問調査と生徒質問調査）とは別に，各国・地域が実施するかどうかを選択できる国際オプション調査も取り扱う。運用と報告の観点から，PISA 2015 年調査でも国際オプションを切り離したままであるが，質問調査専門委員会は，できるだけ透明性を確保しながら標準質問調査とオプション調査を関係付けることを意図した。標準質問調査は全てのモジュールがある程度含まれ，オプション調査は幾つかのモジュールを詳細に取り扱うために用いられる。教育歴に関する質問はモジュール 2・9・12・14 で扱い，ICT 活用調査はモジュール7・10・16に寄与し，保護者質問調査は，モジュール5・8・9・14の内容を提供する。PISA 2015年調査の設計に追加された教師質問調査は，モジュール1・2・11・12・15・16・19に適している。このように，これら追加の質問調査のいずれかを選択した国・地域は，個々の政策課題に関する詳細な分析に利用できる追加の情報を入手することができる。

拡張モデルは，分析と報告の体系的な手段となる。

- 以下に示すように，各モジュールは分析のための課題の焦点として考えられる。類似する研究文献の包括的なレビューに基づいて，それぞれのモジュールは，教育実践や政策形成という特定の分野に関係する主要な構成要素を取り上げる。生徒，学校長，（国際オプションを選択した国・地域の場合は）保護者，教師から集められた情報は，各国内でのパターンと関係を理解し，システム間を比較するために結び付けることができる。
- 教育における公平性の問題は，背景情報の要因に関して生徒のアウトカムによって調査することができる。（不）平等な機会は，様々な生徒のサブグループに提供される学校教育を研究することで調査が可能であり，それと同時に，効率性はアウトカムとリソースの関係として説明することができる。
- 教育効果のモデルは，背景情報の要因をコントロールすることで，学校教育を教育のアウトカムに関連付けることによって，特定し，検証することができる。

全てのモジュールは，政策形成の焦点を示す。そのため，19個のモジュールの集合は，各国間に関連する幅広い政策課題を取り上げる。モジュールの構造と教育政策に関する文献とを比較することでわかるように，この集合は包括的である。例えば，最先端の教育政策研究のレビューにおいて，Sykes, Schneider and Plank（2009）が論じた大半のトピックが，ここで取り上げられる。

要するに，PISA2015年調査での文脈的評価に対するモジュール・アプローチは，幅広い政策課題と関連する研究課題を考慮している。しかしながら，PISA調査の設計は質問調査の時間を厳しく制限している。要求されたわずかな概念を取り上げるために，幾つかのモジュールやモジュール内の構成概念のみにより詳細に焦点を当てることができる。現実の問題に直結する肝心な点を見いだすために，PISA運営理事会のメンバーは，政策的な関連性と従来の調査サイクルからの改善の必要性に基づき，更なる開発作業のために最優先のモジュールを示すよう求められた。ここで優先すべきと見なされた領域がより重視されることになる。

高い政策関連性と更なる開発作業の必要性について最も多数の票を得ている領域は，非認知的アウトカム（モジュール4・10），指導と学習（モジュール2・12・1），学校の方針（モジュール19・15）である。これらのモジュールは以下の項で詳細に論じられる。PISA2015年予備調査と本調査において，これらのモジュールのための測定値を含めるために，多大な労力が費やされている。その他のモジュールについては，ほとんど変更がないままこれまでのサイクルから引き継がれたため，あまり詳細には取り上げない。

2.2 非認知的アウトカムの評価[4]

本項では，優先度が高いモジュール10（教育全般に関するの生徒の行動と態度）とモジュール4（科学に関連するアウトカム：動機付け，態度，信念）だけでなく，優先度が低いモジュール6（科学関連の職業）やモジュール11（協同問題解決能力の性向）に関する概念的基礎を要約する。

伝統的に，PISA 調査は学習到達度テストの観点から生徒のアウトカムを評価してきた。生徒の動機付け，態度，信念，行動は，学力，学歴，労働市場での成功にとって重要な前兆となり，それらを予測する判断材料でもあると考えられる。しかし，教育政策や労働市場政策は，総じて個人の成長や成功，社会の成功にとって有益なので，これらの「非認知的アウトカム」にますます関心を示している。

研究では一般に，中等教育や高等教育，労働における成功のための非認知的アウトカムの予測力を示してきた（例えば，Heckman, Stixrud and Urzua, 2006; Lindqvist and Vestman, 2011; Poropat, 2009; Richardson *et al.*, 2012; Roberts *et al.*, 2007）。また，専門家や公の議論ではしばしば，これまでの生徒の評価における単なる成果主義アプローチを問題として取り上げる。教育には知識や認知的技能以上のものがあり，したがって，非認知的アウトカムはそれ自体が独立したアウトカムとして，ますます興味深いものになってきた。非認知的な性向は重要な目標であり，それらはしばしば評価において他の構成概念との関係を調整し，媒介するものとして機能する。PISA 調査は，非認知的アウトカムと，個々の生徒，学校，国レベルでの成績との複雑な関係を調査する優れた機会を提供する。

これまでの PISA 調査サイクルでは，分野特有の生徒の態度や行動に焦点を合わせており，例えば，読むことや数学への態度，数学の自己概念，数学に対する不安を測定してきた。これらの尺度の大部分は，生徒の習熟度得点との強い関係を示している。この伝統は PISA2015 年調査ではモジュール4（科学に関連するアウトカム）に引き継がれている。さらに，現行の枠組みは，関連する構成概念の範囲を拡大し，PISA2015 年調査のデータベースの政策への関連性を向上させ，そして，政策及び研究の双方における非認知的な評価への関心の増大を認識するという教育全般に関する，非認知的な生徒の要因の集合を含む。例えば，質問項目は一般的な達成の動機付けを取り上げる。PISA2012 年調査と同様，注釈付きの場面設定（anchoring vignnets）（King and Wand, 2007）によって，調査が意図しない回答スタイル（construct-unrelated response style）を見つけ，修正することでより良い測定が可能となる。これは，生成された指標の異文化間の比較可能性を向上させる。

2.2.1 科学に関連するアウトカム（モジュール4）

PISA 2015 年調査において科学的リテラシーは中心分野なので，科学，技術，工学，数学（STEM）における生徒の関心や動機付けに加え，関連する信念や行動は重要な評価の側面であると考えられる。図 6.3 の二列目は，自己，関心，態度，動機付け，信念・選好のより広い分野における各構成概念の概要を提供している。

図 6.3　PISA2015 年本調査に含まれた非認知的アウトカムの測定値

領域	科学関連（モジュール 4）	教育全般（モジュール 6、10、11）
自己	**自己効力感**	テストへの不安 全体的な幸福（生活満足度） **学校の満足度（帰属意識）**
関心・態度・動機付け	広範な科学的なトピックへの興味関心 **科学の楽しみ** **道具的動機付け**	達成動機
信念・選好	認識論的信念 **環境への意識** **環境問題への楽観視**	協同とチームワークの性向 将来への志望
技術 – ICT		**ICT の活用** ICT への関心 認識している ICT に関する能力（コンピテンシー） 認識している ICT の使用における自律性 社会的相互作用における ICT 活用
行動		健康：体育 時間活用：登校前 / 放課後の活動

注：太字＝過去にも用いられた測定値。

科学の学習者としての個人についての科学を学習する動機付けと信念は，多くの国において重要な政策と教育の目標である。さらに，それらが科学おいて生徒の成績と正の関係を示していることが示されてきた（OECD, 2007）。これは，相互関係を表しており，科学に関連する信念と態度は，科学でのより高い成績の結果と原因の両方になり得る。

政策的観点から，近年，工学や科学の専門職における熟練労働者，特に女性の不足が懸念となってきており，その将来における深刻化が予想されている（European Commission, 2004, 2006; OECD, 2008）。したがって，PISA 調査は生徒が科学にどの程度関心を持っているかを特定することに焦点を当てる。科学への楽しみや道具的動機付けの測定値は，2006 年調査からのトレンドを報告することを可能にさせるだろう。

さらに，環境問題は地球規模の関心事である。環境への脅威はマスコミによって盛んに議論されており，生徒は複雑な環境問題を理解することが要求されている。また，生徒レベルの環境への意識や環境問題の改善に関する楽観視の水準は，環境問題への生徒の取組に影響し，同様に地球環境，世界経済，社会全体に影響を及ぼす。したがって，PISA2015 年調査は，PISA2006 年調査向けに開発された環境に関する信念の二つの測定値を含んでいる。

以下の段落では，関連する調査の背景情報と PISA2015 年調査においてこれらのアウトカムを取り上げるために含まれた異なる測定値を提供する。

第6章

科学の学習に関する自己信念

正の自己効力感は，動機付け，学習行動，将来に対する全般的な期待と生徒の成績と非常に関係がある（OECD, 2007）。

科学を学習する動機付け

三つの構成概念を取り上げる。すなわち，幅広い科学的なトピックへの関心，科学における楽しみ，そして道具的動機付けである。学習に対する動機付けは，関心と楽しみに基づくものであり，自己決定的で内在的なものとして経験される（Krapp and Prenzel, 2011）。それは生徒の取組，学習活動，成績と進路選択に影響を与え，教室での授業や保護者の動機付けの行動によって方向付けることができる（Gottfried *et al.*, 2009; Kunter, 2005; Rakoczy, Klieme and Pauli, 2008; Ryan and Deci, 2000）。さらに，道具的動機付けは，課程選択，進路選択，そして成績の重要な予測因子である（Eccles, 1994; Eccles and Wigfield, 1995; Wigfield, Eccles, and Rodriguez, 1998）。三つの構成概念の全ては，これまでのPISA 調査サイクルにおいても用いられてきたが，関心の尺度は，大幅に修正され，二つの測定値に分けられた。

科学についての信念

認識論的信念は，生徒の一般的な科学の価値観と科学的探究に密接に関連する（Fleener, 1996; Hofer and Pintrich, 2002）。それらは発展し変化する教科としての科学とどのように個人が知識を正当化するかについての信念を包含する（Conley *et al.*, 2004）。認識論的信念は，PISA 調査の数学的リテラシーにおいて評価されてきたが，科学的リテラシーにおいてはまだ評価されていない。

環境問題は，二つの構成概念によって取り上げられる信念の明確な分野，すなわち，環境への意識と環境問題の改善に関する楽観視である。PISA2006 年調査は，より恵まれた社会経済的背景を持つ生徒は，環境問題に対するより高水準の意識を持つことが報告されており，この構成概念は生徒の科学的リテラシーにおける成績と関連していることを明らかにした（OECD, 2007）。さらに，低水準の環境保護に関する楽観視を回答した生徒は，成績と負の関係があった。

2.2.2　教育全般に関する生徒の態度と行動（モジュール 10）

教育全般に関する態度，信念及び行動は，カリキュラム上のトピックを横断する，あるいはカリキュラムと無関係であるが，それにもかかわらず，教育における成功にとって重要であり，成功を反映するという生徒の要因あるいは構成概念の集合である。PISA2015 年調査では包括的な属性の特徴を測定することを意図していないが，学習という文脈に関連し，教育全般の，特に学校教育のアウトカムとして概念化できる行動の傾向と選好を測定することを意図している。

図 6.3 の右列に示したように，モジュール 10 の内容は，科学に関連したアウトカムと所々で並行し，そして科学と技術を大幅にして，調査の目標を大きく拡張する広範な分野に分類されることができる。以下の段落では，OECD や他の先行研究との関連を提供し，その際は特に幸福や健康，時間の活用といった，PISA 調査の新しい構成概念に焦点を当てる。

学校への自己信念と態度

学業における自分自身の成功や失敗についての全般的な信念は，更なる努力と成功のための強力な予測因子であることが明らかにされており，これには生徒の評価におけるテストの得点が含まれる。PISA2015年調査は過去のPISA調査サイクルにおいて数学的リテラシーのために予測したテストへの不安尺度の修正（一般化）版を用いている。さらに，一般化された達成の動機付け（例えば，「何でも一番になりたい」）のための新しい指標が導入されている。一連の注釈付きの場面設定（King and Wand, 2007）が回答のバイアスを制御し，異文化間の同等性を向上させるために組み入れられる。

主観的幸福

主観的幸福とは「人々が自分の生活に関する様々な肯定的評価・否定的評価の全てと，自分の経験に対する人々の情動反応が含まれる，精神的に良好な状態」と定義できる（OECD, 2013, p.10）。近年の研究者及び政策立案者間でのこの構成概念へ関心の高まりを受けて，統計当局は「人々の生活評価，快楽経験，生活の優先度を把握するために，主観的幸福に関する質問を標準サーベイ調査に組み込む」ための勧告を行った（Stiglitz *et al.*, 2009, p.216）。

OECD（2013）は，主観的幸福を測定する指針を提供することで，この勧告に応答した。これまでに，OECD加盟34か国中27か国の国家統計局が，少なくともOECDの指針によって提案された最小情報（単一の「全般的な生活満足度」の質問）を収集することに関与してきており，それは現在，PISA2015年調査に含まれる。「生活評価と感情状態の測定に関して，11歳ごろから主観的幸福の質問に効果的に回答することができる」（OECD, 2013, p.152）という根拠が示唆するので，同指針は15歳以下の生徒からのそのような情報を集めることは適切であると提案する。特に学校の文脈において幸福を測定するために，PISA2015年調査では過去のサイクルにおいて「帰属意識」としてラベル付けられた質問項目を用いる。

ICT

ICTに関連する行動特性と動機付けの特質は，教育全般に関する生徒のアウトカムと考えることができる。ICTは広範なデバイスを包含するため，全ての教育分野にわたり役割を果たす可能性がある。OECDのDeSeCoプロジェクトと21世紀型スキル構想を受けて，生徒は従来の主要教科を越えて，情報，メディア，技術に関連する全般的な技能を示すことになる（OECD, 2005; Partnership for 21st Century Skills, 2008）。PISA2015年調査では，ICT活用調査において生徒のICTへの関心，ICT利用の（自己決定的な）実践，ICT利用における生徒が認識する能力（コンピテンシー）と自律性，ソーシャルメディアの利用についての具体的な質問を評価する。

健康

この分野では，健康的な行動の実践，特に，規則的な運動や，健康に関連した生活様式の選択を取り扱う。研究では，貧困と低い社会経済的背景が，不健康と関係があることが明らかにされている（Spurrier *et al.*, 2003）。また研究は，身体活動が，活動そのものと，より受動的な活動を減少させる結果とが，学業成績を向上させ得ることを明らかにしている（Salmon *et al.*, 2005）。

体育は，教師の行動や学校での実践によって（良くも悪くも）影響される。PISA 2015 年調査における身体活動を測定するアプローチは，世界保健機関（WHO）の学校に基づく生徒の国際健康調査（Global School-based Student Health Survey）から作られ，密接につながっている。この調査は，およそ PISA 調査の対象と同年齢の青年期を対象に行われている。これらのデータを PISA 調査の生徒と学校の背景情報の測定値に結び付けることは，教育における公平性と健康の問題について理解を深めることに役立つだろう。

2.2.3　将来に対する志望（モジュール6）

PISA2015 年調査における生徒質問調査は PISA2006 年調査において使われた将来への志望に関する二つの質問を含む。それらは，生徒自身の最終学歴についての予想と 30 歳時の職業への希望を尋ねている。

2.2.4　協同問題解決能力に関連する非認知的アウトカム（モジュール 11）

PISA2015 年調査で登場させる協同問題解決能力と銘打った評価の新分野に関連する性向を取り上げるために，チームワーク，協同すること，他者を導くこと，そして交渉することを評価する一連の質問項目が Wang ら（2009）の研究に基づき開発された。教師質問調査は，活動とグループ分けの類型と別の観点からチームワークに対する報酬を取り上げる。

2.3　指導と学習のプロセスの評価[5]

本項では，優先度が高いモジュール 2（科学の指導実践），モジュール 12（学習時間とカリキュラム）及びモジュール 1（教師の資格と専門的知識）だけでなく，優先度が低いモジュール 5（学校外での科学の経験）に関する概念的基礎についても要約する。

指導と学習は学校教育の中心である。学校教育の認知的・非認知的，カリキュラム及びカリキュラム横断的な目標のほとんどは，生徒と教師が教室において相互に作用する方法によって達成されたりされなかったりする。指導が学校での中核的なプロセスであるのに対し，カリキュラムはその内容を決定するものであり，専門家である教師はカリキュラムを実施し，学習活動を組織化して，質の高い学習時間を用意する。

PISA 調査は成果を測る調査として設計されており，カリキュラム領域というよりむしろ，生きるための技能と幅広い分野のリテラシーを評価し，学年単位や学級単位ではなく，出生コホートによる標本抽出をしている。したがって，このプログラムがそもそもなぜ指導と学習のプロセスを取り上げるべきなのか疑問視されるかもしれない。しかしながら，指導と学習の活動は，生徒の性質にかかわらず，生徒の能力（コンピテンシー）の最も良い予測因子であるという十二分の証拠がある。したがって，PISA 調査が制度及び学校レベルにおける教育政策の立案に関する情報を提供するものであるならば，PISA 調査はこうした重要な領域を対象としなければならない。

PISA 調査は，きめ細かい内容にではなく，より一般的で国際的に比較可能な構成概念に焦点を合わせるべきであることは明らかである。したがって，モジュール 2 は，（PISA2006 年調査で評価された）探究に基づく指導と授業の構造化の双方を含む指導と学習の活動に関する広範な目録によって，科学教育を説明する。さらに，授業の規律雰囲気や教師の支援，フィードバック，順応性等の指導の質に関する一般的な側面を科学教育に適用する。モジュール12は，科学のカリキュラムのほか，学校内外における任意の追加的な指導を含む学習時間を取り上げる。さらに，教員養成，信念，職能開発のいう観点から指導力が説明される（モジュール1）。

2.3.1　科学の指導実践（モジュール2）

科学的リテラシーへのPISA調査のアプローチによると，科学の指導の主な役割は，現象を科学的に説明し，科学的探究を理解し，科学的証拠を解釈するための生徒の潜在能力を育むことである。以下に概説する枠組みの主要なトピックは，学校がこうした役割をどの程度果たしているかということである。

学級レベルでの多くのプロセスが，科学教育における効果に関係していることがわかっている。この枠組みでは，分野特有の指導アプローチ及び活動と，指導の質に関するより一般的な側面が，学習活動を支援し，学級レベルでのプロセスを説明するために等しく適合するよう，その双方を結び付ける。しかしながら，PISA2015年調査では，指導と学習の活動に関する全ての質問項目が，学校の科学の授業の文脈の中で構成されており，ときには一つの特定の課程を参照しているものもある。その目的は，指導実践の各国固有の特性によって，教室における科学の指導を説明すること，そしてそれらと生徒のアウトカムとの関係を調査することである。

PISA2006年調査に基づく分析によれば，生徒のアウトカムは指導における実践の様々な特性によって予測され得る（Kobarg *et al.*, 2011）。幾つかの指導パターンには高い成績に関係するものがある一方，生徒の高い関心や動機付けに関係するものもある。その結果は，科学の指導実践に関する項目と尺度が，教室における科学教育の詳細な説明に適用できるということを示している。さらに，パターンの比較によって，各国で生徒の科学の成績と科学的なトピックへの関心の双方について詳細に分析することが可能である（Kobarg *et al.*, 2011; Prenzel, Seidel and Kobarg, 2012）。指導の異なるパターンを区別するために，指導実践の質問項目が開発，選択される。

指導と学習の活動

探究に基づく指導実践は，科学教育において重要な役割を果たしており，生徒の学習，特に探究の認知的側面への生徒の取組と教師による授業の構造化において正の効果を有していることが研究によって示されている（Furtak *et al.*, 2012）。探究に基づく指導は，成績ばかりではなく（Blanchard *et al.*, 2010），教科に対する態度や転移可能な批判的思考力も向上させるようである（Hattie, 2009）。

学習者にとって現実的で有意義な文脈に，科学の指導と学習を埋め込むことへの新たな関心が見られる（Fensham, 2009; King and Stephen, 2012）。科学教育の中心的な目標としての科学的な論証（Osborne, 2012）は，社会的相互作用の機会が十分にある教室の状況を必要とする。生徒が能動的思考とデータから結論を描出することを重視する指導は，生徒の成長にとりわけ有益であると考えられる（Minner, Levy and Century, 2010）。PISA2006年調査の質問項目に関するこれらの知見と分析（Kobarg *et al.*, 2011, Taylor, Stuhlsatz and Bybee, 2009）によれば，PISA2006年調査の九つの質問項目のサブセットはこの尺度として使用されている。すなわち，2006年から変更されていない項目が六つと，若干の修正がなされた項目が三つある。

探究に基づく指導実践に加え，科学の授業における構造化された指導と学習の活動は，教室運営の活動と指導方法に焦点を当て，分野特有の実践に関する観点を拡大する。その目的は，学校の科学の授業における生徒の行動について生徒が回答した情報を入手し，探究に基づく学習があまりない授業も含め，科学の授業で何が起こっているのか実態を知ることである。

教師質問調査の国際オプションに参加している国に関しては，科学の指導に対する生徒の観点を教師質問調査によって補完する。科学の授業における構造化された指導と学習の活動や，選ばれた一連の探究に基づく活動にも焦点を当てた並行した質問調査を通して，科学の教師は自身の指導実践について説明することが求められる。双方の観点は統合され，学校レベルで比較できるだろう。

指導の質の側面

幾つかの教室研究は，生徒の認知や動機付けに関する発達についての指導の質をめぐる三つの基本的な側面の影響を確認している。すなわち，明確でよく組織化された教室運営，支援的で生徒主体の授業雰囲気，挑戦的な内容を伴う認知的活性化である（Klieme, Pauli and Reusser, 2009）。これまでのPISA調査のサイクルで，前者二つの側面（訳注：教室運営と授業雰囲気）は，それぞれ授業の規律雰囲気と教師の支援についての質問で取り上げられている。学校雰囲気の変数のような，規律雰囲気に関する質問の目的は，教室運営の構造と効率性に関する情報を得ることであり，それらは生徒の学習のための前提条件と考えることができる。教師の支援の質問では，生徒の学習に伴い教師が手助けをする頻度を測定する（OECD, 2004）。

この尺度が生徒の関心と正に関連していることは，研究で示されてきた（Vieluf, Lee and Kyllonen, 2009）。認知的活性化の測定値に関して，認知的課題のレベルが問題の種類及び授業で提示される方法によって決定すると仮定されている。そのため，「探究に基づく科学教育」はPISA2015年調査における認知的活性化の指標となる。この三つの側面に加え，PISA2015年調査は生徒によって認知されるものとして指導における適応性の測定値を含む。

2.3.2　学校外での科学の経験（モジュール5）を含む学習時間とカリキュラム（モジュール12）

生徒が教育課程において経験させられる学習時間とカリキュラムは，生徒のアウトカムと密接に関係している（例：Schmidt and Maier, 2009; Abedi *et al.*, 2006; Scherff and Piazza, 2008）。

学習時間は，生徒の学習と学習到達度における主要な要因であることが判明している（Gándara *et al.*, 2003; Patall, Cooper and Allen, 2010; Scheerens and Bosker, 1997; Seidel and Shavelson, 2007）。こうした正の関連は，国際的な比較研究において再現されており，それは構成概念とその効果に関する異文化間の比較可能性を指摘している（例：OECD, 2011; Martin *et al.*, 2008; Schmidt *et al.*, 2001）。しかし，学習時間と学習到達度との総体的な確かな関係はあるものの，各国内及び各国間で，また生徒や学校の異なる集団の間で大きな差異が存在する（Ghuman and Lloyd, 2010; OECD, 2011）。

概して，学校制度によって規定され，学校と教師によって教室で実現又は実施され，生徒によって利用される学習時間を区別することは重要である。制度レベルの方針において割り当てられた「総」学習時間から生徒の「課題のための（適正な）時間」に至るこの経路では，異なるレベル

（学校，学級，生徒）での多くの要因が，各国間の様々な程度で，利用できる学習時間を減少させている（Gillies and Quijada, 2008; Benavot, 2004）。生徒の様々なサブグループ間での学習時間の減少量における差異は，教育機会の公平性又はその欠如を示す。なぜなら，研究は，学習時間がより狭く定義される場合に（例：割り当てられた学習時間に代わる課題のための時間），アウトカムとの関係が強まるということを明らかにしているからである。したがって，PISA2015 年調査は学習時間に関してより広い見方を適用することを意図している（Abadzi, 2009; Berliner, 1990; Millot and Lane, 2002）。

学校レベルでは，PISA2015 年調査は与えられた学習時間（PT）を評価するが，地域の祝祭行事，教師のストライキ，病気，その他教師の常習的欠勤（Ghuman and Lloyd, 2010; Chaudhury *et al.*, 2006 を参照）等の要因による時間の損失がある。その際，教室において別の時間の一部が使用され，これが実学習時間（rt）となる。教室レベルでの時間的損失は，学級運営，宿題集め，待ち時間などの非指導活動に起因する場合が最も一般的であり（例：MacKay, 2009; The PROBE Team, 1999），授業が行われるわずかな時間として実学習時間が残されることになる[6]。生徒が課程の内容を学ぶ実学習時間の一部が取組学習時間（ET）である。これは，生徒が病気，サボり，遅刻で授業に出席していない，又は出席しているが上の空の状態で授業に参加していない時間を除外する。取組学習時間は，生徒が実際に学習する時間のみを指している。図 6.4 はこれらの時間に関係する構成概念の概要であり，どのように定義されるか，そしてどう評価される見込みかを示している。

図 6.4　PISA2015 年調査における学習時間と学習時間の損失の評価

		生徒質問調査	学校質問調査	
使用	生徒	＋追加の指導と学習（時間使用） －無断欠席		取組学習時間（ET）＝ RT － 生徒の長期欠席、サボり、上の空の時間
供給	学級	－規律雰囲気と科学の授業での損失		実学習時間（RT）＝ PT －学級運営、評価時間、待ち時間などによる損失
	学校	＋学校での学習時間量 ＋科学授業の数と種類	－学校レベルでの損失	与えられた学習時間（PT）＝ AT －天候、休日、教師の常習的欠勤などによる損失

さらに，学習に利用できる時間の絶対量とは別に，生徒の時間使用のパターンは成功変数に関連しており，生徒の背景情報（社会経済的背景等）と成績変数（媒介変数等，Porterfield and Winkler, 2007 を参照）との間の関係を説明するのに役立つということが示されてきた。2015 年の PISA の本調査では，登校前と放課後における生徒の時間使用は，「一日再現法」（Kahneman *et al.*, 2004）と並行して開発された新たに設計された一連の質問で調査される。

義務的な学校教育のための学習時間に加え，校内と校外の他の学習活動も考慮される。PISA2015 年調査では，異文化間において妥当な方法で追加的な学習時間を特定しようと試みており，例えば，異なる形式，場所，内容，目的等を組み込んでいる。学校質問調査，生徒質問調査並びに国際オプションの教育歴質問調査からの情報は，全体像を得るために結び付けることができる。同様に，課外学習活動や毎日の登校前及び放課後の時間の使用，科学に関連する経験についての情報は，生徒や，国際オプションの保護者質問調査で保護者から，学校質問調査で学校長から収集される。

カリキュラム

制度レベルで設計されたカリキュラムと教師又は教科書によって伝えられるカリキュラム，生徒が理解しているカリキュラムの間には大きな違いが存在するであろう。PISA2015年調査の中心分野である「科学」に関しては，学級，学年，学校及び国によってカリキュラムにおける違いは特に大きい（Schmidt *et al.*, 2001; Martin *et al.*, 2008）。この多様性について調査するために，国際オプションであるPISA2015年調査の科学の教師質問調査では，学校の科学のカリキュラム内容や，それが保護者とどのようにやり取りされているかについて質問している。

2.3.3　教師の資格と知識・信念（モジュール1）

多くの研究が教師に関連する要因と生徒の学習との明確な関連性を明らかにしている。教室内での教師の専門的な行動（前述）に加え，教育集団の年齢と教育水準，教員養成と資格認定，個人的な信念と能力（コンピテンシー），そして協働や職能開発といった学校レベルでの専門的な実践が，教育政策において主要なトピックとなってきた。

これらのトピックに関する幾つかの基本的な情報は，PISA2015年調査の学校質問調査から利用できるものもあり，その一方で，OECD国際教員指導環境調査（TALIS）で既に確立された質問項目に部分的に基づく国際オプションの教師質問調査が科学特有の構成概念と教育全般に関する構成概念の両方を含めた追加的な構成概念を特徴付ける（図6.5）。これまでの調査サイクルにおいて，ドイツとアイルランドでは国内向けの質問項目が教育集団から幅広い支持を得てPISA調査の設計に追加されているが，この手法はPISA調査にとって新しいものである。国際数学・理科教育調査（TIMSS）等の他の大規模調査は，参加を欠くことなく教師質問調査を実施してきた。このように，新しい追加の質問項目は，最終的に教師がPISA調査において発言する機会を与えるのである。

これらのトピックにわたっては，Shulman（1985）が教師に関する調査向けに提案した区分が適応されている。すなわち，教師の信念と活動は，以下の三つのいずれかに関連し得る。すなわち，教材の指導・その概念的基礎・基本理念等（内容），又は生徒理解・指導方法・評価手順等の問題を含む教材の指導と学習（教育内容・方法），又は教室運営といった一般的な概念（教育方法）である。

Shulmanのモデルは，教師に関する調査において最も影響力が大きい（例：Hill, Rowan and Ball, 2005; Baumert *et al.*, 2010; Bloemeke *et al.*, 2012）。この調査に沿って，PISA2015年調査は，教員養成と職能開発を含む教師に関連する構成概念の焦点として，内容，教育内容・方法，教育方法のいずれも，又はそのいずれかを特定する。教師の知識を測定しようとするものではない。

図 6.5　PISA2015 年予備調査における教師に関連する測定値

	科学関連	一般
経歴	性別、年齢、雇用形態、職務経験、専攻	
教員養成	最初の資格認証の目標、教師教育と養成プログラム（参加している場合）の種類、資格の形式 教育水準別の教師数（ScQ）	
	科学に関連する内容 資格の水準別科学教師数（ScQ）	
職能開発	異なる種類の活動への参加 参加回数と義務付け，学校の方針（ScQ）	
	協同 科学に関連する内容	共同 教育全般に関する内容
信念	自己効力感（科学の内容と科学の指導に関するもの）	仕事の満足度

注：特記がない場合、構成概念はPISA2015 年調査の国際オプション教師質問調査に含まれる。

教師の背景情報と教員養成

非伝統的な経歴（訳注：高等教育機関による教員養成課程を経ない経歴）を持つ教師を採用する必要性が高まっているので，中年期の転職を含む教職に至る多様な経路を理解することは，教育政策上極めて重要である。こうした教師ばかりではなく，伝統的な訓練（訳注：教員養成課程における訓練）を受けた新人教師にとっても，入職段階は重要である（Portner, 2005）。多くの国において，教師の定着はもう一つの懸念事項である（Ingersoll and Perda, 2010）。正式な資格認証（高等・中等教育卒業証書と学位），指導科目の専攻，参加した教師教育と研修プログラムの種類，そして職歴（すなわち，学校で科学を教えてきた年数）に加え，PISA2015 年調査は自分の教員養成における三つの焦点の説明について教師に尋ねている。

職能開発と協同

職能開発は，質の高い教育を提供するために不可欠なツールとリソースを教師に身に付けさせるあらゆる活動のことを指す。職能開発は在職中の学習を促し，そして指導の専門性を高めるネットワーク形成，コーチング，セミナー又は他の種類の研修活動ばかりではなく，学校に基礎を置くプログラムを含む。職能開発は一般に，指導と生徒の成績を向上させる上で不可欠であるとみなされているものの，Sykes は一般的な研修には効果がないことを「政策と実践に関する最も深刻な未解決の問題である」と述べている（Sykes, 1996: 465）。しかし，より新しい研究では，指導実践と授業雰囲気（Cuevas*et al.*, 2005; Desimone *et al.*, 2002; Jeanpierre, Oberhause and Freeman, 2005; Supovitz and Turner, 2000; Timperley *et al.*, 2007）のほか，生徒の成績（例：McDowall *et al.*, 2007; Shayer and Adhami, 2007）に対する正の効果（positive effects）が報告されている。こうした明らかな矛盾は，検討されたプログラムの異なる特徴を考慮することで，ある程度は解消されるかもしれない。先行研究を要約することで，Buczynski と Hansen は効果のないプログラムを「あまりに慣例的に教えられ，トップダウンであり，学校と教室の現実からかけ離れていたので，実践に大きな影響を与えることはできなかった」と評している（Buczynski and Hansen, 2010: 600）。

早くも1980年代には，研究者は教師を支援するネットワークの便益を示唆していた（例：Darling-Hammond, 1984; Rosenholtz, 1989; Bryk and Driscoll, 1988）。1990年代には「専門職の学習共同体」という考え方が出てきた。この概念は，教師の専門的実践を協同的に省察し，改善する教師集団を指す（Hord, 1997）。専門職の学習共同体に関する研究はまだ限られているが，教育のプロセスとアウトカムへの正の効果が幾らか示されている（例：Lomos, Hofman and Bosker, 2011）。例えば，中国ではしばしば教師が集団を構成し，そのグループは協同で全国的な指針を研究して指導目標を定義し，指導の準備と改善において協働し，同僚にフィードバックを行い，教師を校外活動に参加させるための視察訪問の企画を行う（Paine and Ma, 1993）。同様に，日本では「授業研究」が教師の間でよく行われている（Stigler and Hiebert, 1999）。さらにOECDの国際教員指導環境調査（TALIS）は，国によって活動パターンが異なる点を示唆している（Vieluf *et al.*, 2011）。

2000年と2012年のPISA調査の学校質問調査には，最近（過去3か月以内に）何らかの職能開発の活動に参加した教師の割合に関する質問が含まれた。2012年には，同じ質問が数学の教師に焦点を絞って出された。しかし，この情報は生徒のアウトカムとは実質的な関係を示さなかった。したがって，PISA2015年調査では，TALISや他の出典からの質問を適用することで，職能開発の測定の強化を目指した（例：Steinert *et al.*, 2006）。

職業上の信念

PISA調査はTALISでも使用された仕事の満足度に関する測定値を使用する。科学の教師は，科学の内容に関する自己効力感や，それをどのように教えるかについて回答することを求められた。教師のモラールとやる気は，2000年，2003年，2012年のPISA調査サイクルにおける学校質問紙において評価され，これは学校長（又は別の学校経営チームのメンバー）が記入し，その目的は教職員の態度を評価することにあった。これらの測定値は，PISA2015年調査のモジュール13「学校の雰囲気」に含まれている。

国際オプションの教師質問調査で収集されるデータの分析は，主に学校レベルである。個々の教師の回答に対する重み付けは利用できない。したがって，教師質問調査から得られる全てのデータは，学校変数として取り扱われる。

2.4　学校の方針とガバナンスの評価[7]

本項では，優先度の高いモジュール19（アセスメント，評価とアカウンタビリティ）のほか，優先度の低いモジュール3（学校レベルにおける科学の学習環境）とモジュール13～18に関する概念的基礎を要約する。

2.4.1　アセスメント，評価とアカウンタビリティ（モジュール19）

生徒を評価することと学校を評価すること[8]は，ほとんどの国で一般的に行われることである。1980年代から，成績の基準，基準に基づくアセスメント，生徒の成長に関する年次報告書，学校視察団といった政策手段が奨励され，大陸を越えて実施されてきた。アセスメントと評価のデータを様々な関係者へ報告し共有することは，観察，フィードバック，改善に資する多様な機会を提供する。

近年，質の管理と改善の最も強力なツールの一つとして，生徒，保護者，教師，学校へのフィードバックを通じて，アセスメントと評価の結果を使用することへの関心が高まっている（OECD, 2010d: 76）。OECD 加盟国において，これらの手段に基づくアカウンタビリティシステムは，ますます広がっている（Scheerens, 2002: 36）。アカウンタビリティはしばしば市場志向の改革に結び付く。良いアセスメントと評価の結果の良し悪しに対する賞罰は，生徒の学習到達度を向上させる方法で行動を変化させると言われる（Wößmann *et al.*, 2009）。しかし，アセスメントと評価の実践及び目的には非常に大きな違いがある[9]。

これまでの PISA 調査のサイクルでは，アセスメント，評価とアカウンタビリティの諸側面を学校質問調査の中で取り上げ，そこでは標準テストの使用を重視していた。PISA2015 年調査では，標準化された実践についても，あまり標準化されていない実践についても，このモジュールで問われる。内部評価と外部評価は異なる目的と結果を持ち，別々に取り扱われることになる。教師評価もまた，質を管理する手段として取り上げられる。

形成的評価とフィードバックは，調査と指導実践においてますます人気になっている。これらの種類のアセスメントと評価は，それぞれの目的，規準，実践，活用及び結果ごとに異なっている（Pellegrino, Chudowsky and Glaser, 2001; Scriven, 2003; Wilson, 2004）（図 6.6 を参照）。これらの側面は，PISA2015 年調査の質問調査で可能な限り取り扱う。

以下の項では，学校評価と生徒のアセスメントに関連する調査を要約して，PISA2015 年調査における質問調査開発の論理的根拠を提供する。

評価

学校の評価は，透明性を確保し，システム，プログラム，教育リソース及びプロセスを判断する手段として，また，学校づくりを導く手段として用いられる（Faubert, 2009）。評価の規準は様々な利害関係者の観点から定義され，適用される必要がある（Sanders and Davidson, 2003）。

評価は外部でも内部でも実施し得る（Berkemeyer and Müller, 2010）。プロセスが外部機関によって統制，主導され，審査される領域を学校が規定しない場合は，外部評価と呼ばれる。評価が学校によって統制されるプロセスの一部であり，審査される領域を学校が規定するときには，内部評価と呼ばれる。評価は学校の教職員が実施する場合（自己評価）や，学校から委託を受けた者・機関が行う場合がある。異なる評価の実施は一般的に共存し，互いに恩恵を受ける（Ryan, Chandler and Samuels, 2007）。

外部評価は内部評価の範囲を拡張し，結果を実証し，基準や目標を実行することができる。すなわち，内部評価は（外部評価の）説明を拡充し，外部評価結果の使用を促進することができる（Nevo, 2002）。しかしながら，外部評価に比べ，内部評価が適用されたときの方が，より学校の改善が見られるようである。したがって，評価のプロセスとアウトカムは内部評価なのか外部評価なのかによって異なる場合がある。さらに，国と学校に特有の要因は，学校に関する結果と効果ばかりではなく，評価の実施にも影響を及ぼすことがある。多くの国においては，学校全体の評価とは別に教師と学校長に対する個々の評価も一般的である（Faubert, 2009; Santiago and Benavides, 2009）。本稿では，それらは別の種類の評価として取り扱う。

評価の結果は，形成的な方法（例えば，プロセスの分析と改善を導くため）又はより総括的な方法（例えば，アカウンタビリティのため）で利用され得る。形成的評価の目的は，現状と目標状態のギャップを埋めることである。ここでは，指導と学校に基づくプロセスは，事前に定めた目標に向けて導かれる。総括的評価は，生徒のアウトカムに焦点を当てており，学校が特定の基準を満たすよう促す。学校の改善においては，総括的評価よりも形成的評価の方が有効であることがわかっている（Creemers and Kyriakides, 2008）。評価の焦点，評価のために選択された手続，又は学校の目標と優先度に応じて，評価の効果や結果は異なるであろう。

図 6.6　PISA2015 年調査におけるアセスメント，評価とアカウンタビリティに関連する測定値

	外部評価	教師評価	内部評価	形成的アセスメント
目的と規準	一般的な評価の実施（ScQ） 評価結果の目的（ScQ）			
	評価方針（ScQ）			教師の格付（TQG）
実施		教師評価手法（ScQ、TQG）		教室調査手段（TQG/TALIS）
利用と結果	外部評価のプロセス（ScQ） アカウンタビリティのための成績データの利用（ScQ）		内部評価の結果（ScQ）	フィードバック：生徒の認識（StQ） 指導の適応（StQ）

アセスメント

学校内での達成目標の伝達と明確化は，生徒の学習において不可欠である（Brookhart, 2007; Stiggins, 2007）。近年見られるナショナルスタンダード（訳注：日本においては学習指導要領のことを指す）は，生徒が何を知るべきかを定義している（Koeppen *et al.*, 2008; Shepard, 2006）。これらの教育スタンダードは，学校と教師を促して，共通理解をもたらす特定の目的を伝達させることで，学校の方針と授業の指導を直接的に構想する。こうした目標が達成されているかどうかを検証するために，学校は所定のアセスメント実践に沿うか，独自のアセスメント実践を定める。これは，おおよそ標準テストと教師が考案した口述試験によって，授業の学習プロセスの中で実施され得る。

さらに，外部で開発された義務的及び非義務的な標準テストは，学級，学校，学区，国又は国際的なレベルにおける生徒のアウトカムを検証，比較する（Shepard, 2006）。目的とアセスメントを実施する関係者に関係なく，テストは数多くの質の規準を満たさなければならない（Scheerens, Glas and Thomas, 2003）。一般的には，標準テストの方が信頼できる測定ではあるが，学校のカリキュラムにはあまり沿っておらず，また，教師が作成したアセスメントに関しても逆のことが言える。

形成的アプローチと総括的アプローチ，内部アプローチと外部アプローチの間の区別は，生徒のアセスメントに関しても有効である。その集約の機能によって，格付，証明，成長の記録のためにアセスメントが行われる。したがって，総括的アセスメントは外部であろうと内部であろうと基準を示してその測定を行うが，教師や学校ばかりでなく，生徒にも自分の課題に一層力を入れさせることによって基準を引き上げ得る（Harlen and Deakin Crick, 2002)。他方，総括的アセスメントは脱落のおそれのある生徒の自尊心の低下や努力を損なう場合があり，したがって，成績の低い生徒と高い生徒のギャップを広げてしまう可能性がある（Black and Wiliam, 2004)。

アセスメントをめぐる別の負の側面は，指導が技能と知識を高めることではなく，質問に答えることに専ら重点を置くときに生じ得る（Harlen and Deakin Crick, 2002)。等級付けが最も一般的に行われる教室でのアセスメントであることはほぼ間違いなく，それは有効な指導の本質的な側面である（McMillan, 2001; Guskey, 2007)。等級は不確かで，妥当性も限られていることが示されているが，様々な国における等級付けの実施に関する比較調査はほとんどない。

形成的アセスメントは生徒の学習プロセスにおける改善の重要な情報源になり得る（例：Shepard, Black and Wiliam, 2004; McMillan, 2007; OECD, 2006b)。特に，成績の低い者に関しては，形成的アセスメントは生徒の学習到達度をかなり大きく向上させることができる（Abrams, 2007)。形成的アセスメントと相互的なフィードバックは，生徒ばかりではなく教師にとっても有益であり，教師が自分の指導を生徒のニーズに適応させるのに役立つ。しかしながら，形成的アセスメント実践の実施やその影響に関しては大きな差異がある（例：Kingston and Nash, 2011; Shute, 2008; Hattie and Timperley, 2007; Black and Wiliam, 1998)。そのため，PISA2015 年調査を通じて，形成的評価実践に関する国家間の差異を研究することは有意義である。

PISA2015 年の学校質問調査では，一般的なアセスメント実践及び結果，外部評価，教師評価に関する幾つかの質問を取り上げているが，これは経年変化を報告するためにこれまでの調査サイクルで使用されてきたものである。しかしながら，前述した調査研究に従って，PISA2015 年調査では，これまでのサイクルよりも内部学校評価と教室に基礎を置く形成的アセスメントが重視されている。

2.4.2　その他の学校方針と教育ガバナンスへのアプローチ

過去 20 年の間に，教育の効果に関する調査では，学校レベルの要因が生徒の学習に与える影響に大きな関心を集めてきた。学校の質は，生徒の行動に影響すると思われる学校のばらつきを伴い，生徒の成長に影響を及ぼすことが研究で示されている。学校レベルの環境が教師と生徒の行動に影響を与え，そのため，主に間接的に，それらの結果としての指導と学習における成功に影響を与え得ることが主張されてきた。学校の雰囲気や保護者の関与といった「ソフト」の要因も，学校経営活動や予算配分政策などの「ハード」の要因も国内や国家間で異なり，また生徒のアウトカムと関連している。

学校の雰囲気（モジュール 13）

学校の雰囲気には，共通の規範及び価値観，人間関係の質，学校の社会的雰囲気が含まれる。学業での焦点，つまり，学校長や教職員，保護者によって共有される学校の使命と教育の価値についての全体的な合意は，生徒の仲間集団での規範に影響を及ぼし，学習を促進する。さらに，秩序ある学習の雰囲気は，学習時間の利用を最大化する。対照的に，礼儀を欠いた規則に従わない環境は，教師にも生徒にも同様に逆効果を生むものであり，学校の実際の使命からそらすものとなる。これまでの PISA 調査と同様に，学校の雰囲気の指標は学校質問調査（「学校の雰囲気に影響する行動」）で収集される。

PISA2015年調査では，教育学上及び政策上の両方の観点で極めて重要であるにもかかわらず，しばしば隠されてしまう学校の雰囲気の側面，つまり，生徒が認識している仲間からのいじめや教師からの不公平な扱いを取り扱う新たな二つの測定値が追加されている。いじめは学校文化（Ertesvag and Roland, 2015）及び学校の雰囲気（Wang, Berry and Swearer, 2013）の重要な要因として認識され，文化を越えて関係する（Smith *et al.*, 2002）。

保護者の関与（モジュール14）

過去数年にわたり，教育における保護者の関与は教育的論議において重要性を獲得してきており，教育政策に対してある程度関連を持つようになってきた。保護者は重要な支持者であるだけではなく，教育における強力な利害関係者でもある。そのため，保護者の意見と関与に関する情報は，PISA調査のような大規模調査にとっても非常に価値がある。教育における保護者の関与は，保護者質問調査が初めて実施された2006年以来，PISA調査において取り上げられており，それはPISA調査の調査対象の生徒の保護者に直接実施されてきた。PISA2015年調査のために，保護者の関与の特定の側面が学校質問調査（保護者と学校のコミュニケーション及び連携）と生徒質問調査（学習における保護者の支援）に追加された。特に，生徒と保護者に並行して質問される保護者の支援に関する質問が四つあり，個々のレベルでの認識を比較することができる。

リーダーシップと学校経営（モジュール15）

学校長は学校経営において主要な役割を担っている。学校長は教師の職能開発を構想し，学校の教育目標を定め，指導実践がその目標の達成に向けられていることを保証し，指導実践を改善するための修正を提案し，教室内や教師間で生じる問題を解決するために支援する。教育上のリーダーシップに関するPISA調査の測定値は，2012年調査で大幅な改訂が見られた。この作業が再検討されて，リーダーシップ尺度はかなり少なくなる可能性がある。さらに，新しい国際オプションの教師質問調査で，変革的リーダーシップに関する情報を教師からも同じように収集する。これは，リーダーシップに関する教師の見方が，学校管理者の持つ見解とは異なる場合があることが研究で示されているからである。

リソース（モジュール16）

学校の設置者（公立対私立）と学級規模の情報は，常に学校質問調査に含まれてきた。これらの継続質問項目に加え，PISA2015年調査は私立学校間の種類（宗教・宗派，非営利，営利）の識別を考慮している。これまで，PISA調査の全てのサイクルには，リソースの不足によって学校が経験する問題の度合いに関する質問が含まれてきた。様々なアプローチが徐々に体系化され，学校質問調査の一つの一貫した質問の中に組み込まれている。

意思決定権の所在（モジュール17）

教育システムは，入学許可，カリキュラム，リソースの配分及び人事に関する決定が必要な際に，学校に委ねられた裁量（すなわち教育委員会，教職員及び学校長）によって分類されてきた。

これらの指標は，経年報告を考慮して変更が加えられていない学校質問調査における質問に基づいている。

編制，選抜，選択と原級留置（モジュール 18）

生徒を，教育的な進路，学校，学級又は課程へ方向付ける方法は，教育ガバナンスの核心となる論点である（「階層化」）。学校レベルでは，選抜と編制の手続が学校組織の重要な側面である。厳しい選抜を行う学校は，より総合的な学校が提供するものとは異なる学習環境を提供する。こういった理由により，学校管理者と保護者が回答する適切な継続質問が維持されている。

学校における科学の学習環境（モジュール 3）

概念上，このモジュールは学校レベルの要因を取り上げる他のモジュール，例えばモジュール 12（学習時間とカリキュラム），モジュール 15（学校のリーダーシップと運営），モジュール 19（評価とアカウンタビリティ）と大幅に重なる。それらに加え，科学の教職員の規模と資質のレベルに言及した質問や，生徒の体験活動のための実験室や施設などの使用可能なリソースに関する質問がある。

2.5　生徒の背景の評価（モジュール 7 ～ 9）[10]

本項では，PISA 運営理事会が低い優先度を付けた三つのモジュールを取り上げる。すなわち，モジュール 7（生徒の社会経済的背景，家族や家庭の背景），モジュール 8（民族性と移民），モジュール 9（幼児期における教育歴）である。低い優先度が付けられているが，これらのモジュールのトピック，特にモジュール 7 は重要である。なぜなら，それらは PISA 調査の社会経済文化的背景指標（ESCS）の算出に必要な基本情報を含んでいるからである。

生徒の社会経済的背景，家族・家庭の背景（モジュール 7）

PISA 調査のサイクルにおいて社会的要因と民族的要因に関係する公平性を比較するため，PISA2015 年調査は，社会経済的背景に関する測度と他の背景情報の変数は基本的には変更しない。しかし，一部で若干の変更が必要となってきた。例えば，ICT 部門は広範に発展したため，生徒の家庭の科学技術機器に関する質問は若干時代遅れである。そのため，家庭の所有物に関する測定値は，国内及び各国間における家庭の所有物をめぐる変化をより一層捉えたものとするために，改訂されている。こうした変更は，このモジュールにおける重要な経年変化の測定値に影響を与えないと見込まれている。

民族性と移民（モジュール 8）

言語と文化の多様性は，世界のほとんどの地域において，生活の基本的事実である。多くの国には，異なる言語と文化を持つ複数の下位集団が存在する。国際的な移民がこの多様性を永続させている。OECD 加盟国では，現在，第一世代と第二世代の移民の生徒が全体の 10%から 20%を占めている（OECD, 2010）。その一方で，少数民族集団の生徒と移民の生徒は特有の困難に直面することが多い。多くの教育システムでは，主な学校教科において移民の生徒はそうでない生徒よりも有意に低い水準の成績にとどまっており（Stanat and Christensen, 2006），両集団は公然にせよ非公然にせよ，しばしば差別に直面し，これは潜在的には彼らの精神的発達と幸福に有害な結果をもたらす。このため，多くの場合，異なる言語と文化の背景を持つ生徒に平等な機会を与えることは，21 世紀の教育システムにとって主要な課題の一つであると考えられる。しかしながら，PISA2015 年調査は，数か国における文化的な懸念と生徒質問調査の時間的な制約のため，前回の調査サイクルで使用された移民と言語の背景情報に関する質問はそのまま残している。この情報は，学校における少数派（言語的少数派，社会経済的に恵まれていない，特別支援）の 15 歳の生徒の割合を推定するために，学校長に質問することで，若干改善されている。

幼児期における教育歴（モジュール 9）

子供が小学校に入るとき，言語，初歩的な読解力及び数的思考力において子供たちには既に違いがあり，そうした違いは人生において後々まで維持されることが多い。入学の準備と学校にうまく適用できるよう促すことは，全ての子供たち，特に保護者の支援が十分でない，又は恵まれない環境で成長する子供たちの学習到達度を高める有効な手段であると仮定されている。早期教育プログラムへの投資は，長期にわたる大きな金銭的便益と非金銭的便益をもたらすことになると主張されてきた（Heckman, 2006）。就学前教育の質の重要性が認識されており，OECD の報告でも分析されている。

ユネスコ（2006）によれば，幼児教育・保育（ECCE）は，「保育に加え，（就学前の）公的機関において，又は非公式の幼児発育プログラムの一部として，体系的で目的を持った一連の学習活動を提供するプログラムである」と定義される。国際的に比較可能な統計である国際教育標準分類のレベル 0（ISCED 0）の焦点は更に狭い。現在，少なくとも四つの研究領域が ISCED 0 だけに絞り込むよりも，ECCE のより広い定義を適用する妥当性を支持している。すなわち，脳研究，分野特有の開発と支援に関する研究，モデルプログラムの評価研究，長期的な大規模調査は，全て ECCE のより広い定義に依拠している。そのため，幼児保育の重要性に関する結論は，ISCED 0 を念頭に置くのではなく，ECCE に沿って導き出されるべきである。

しかしながら，研究の主要部から判断すると，利点が観察されるか否かや，そうした利点が消滅するのか持続するのかは，実際のところ，提供される ECCE の種類の多数の特性によって決定するようであるということが明らかになっている。生徒の幼児期における学習機会は，カリキュラム及び幼児期の学習経験の量と質の観点から最もよく評価される。例えば，利用できる最も優れた情報源の一つであるイギリスの効果的な就学前教育の実施（Effective Provision of Pre-School Education: EPPE）調査は，特に恵まれない背景を有する子供たちの認知的，社会情動的な発達に対して，就学前教育への参加が有益であることを示す短期的効果を見いだした。しかし，長期的には質の高い就学前教育施設へ通園した子供たちだけが，持続的で有益な就学前教育の効果を示した（例：Sammons *et al.*, 2008; Sylva *et al.*, 2011a; see also Valenti and Tracey, 2009）。就学前教育プログラムへの参加で有益な効果を得るには，一定の週・月ごとの時間が必須条件のようである（Logan *et al.*, 2011; Sylva *et al.*, 2011b）。

そのため，プログラムの期間，質，カリキュラムの特有な側面が過去に遡って読み出されるときにのみ，PISA 調査において早期教育の経験を問うことは意味を持ち，これは非常に可能性が低い(Fivush and Hamond, 1990; Markowitsch and Welzer, 2009)。結果として，PISA2015 年調査は生徒質問調査で ISCED 0 の参加に関する一つの短い質問を維持する一方，保護者がより信頼できる情報源であると見込んで，保護者質問調査の中で一連の質問を行う。国際オプションの保護者質問調査を利用する国は，PISA 調査の対象生徒の幼児期教育と保育の準備についての基本的な特徴と，幼児期教育と保育への参加又は不参加の理由に関する情報を得ることになる。

注記

1. これまでのPISA 調査での質問調査設計においては「中核（core)」という他のより専門的な概念が使用されてきた。あるアプローチは一定のPISA 調査サイクルにおいて，異なるブックレットが生徒に割り当てられる場合でも，全ての生徒に対して測定される生徒質問調査での変数の集合を示すために「中核」を用いた。別のアプローチは「中核」をテスト得点の推定値を補完するために用いられる変数の集合として定義した。三つ目のアプローチは教育全般に関する変数の集合，すなわち，調査の中心分野に関係しないものを「中核」とした。こうした定義とは対照的に，本章では「中核的な質問内容」をPISA 調査において最も基本的で質問調査を特徴付ける一連の概念的な構成要素をみなすということに留意されたい。したがって，中心分野に適合される場合もあるが，こうした一連の構成概念はPISA 調査の全てのサイクルにおいて（含まれてきており，また）含まれるべきものである。
2. 技術的な観点に立てば，PISA 調査テクニカルレポート（例：OECD, 2014: 146）で説明されているように，この安定した背景情報の変数の集合が生徒の習熟度に関する測定値を補完するために用いられる強力な条件変数の集合を保障していることに注意するのは重要である。
3. 保護者質問調査，ICT 活用調査，教育歴調査，PISA2000 年調査における教科横断的な能力（コンピテンシー）に関する質問紙など国際オプション調査は除く。
4. 本項ではモジュール 4 は Anja Schiepe-Tiska, Christine Sälzer and Manfred Prenzel によって，モジュール 10 は Jonas Bertling and Patrick Kyllonen によって提供された。また，モジュール 11 はコア 1（訳注：開発担当事業者の一つ）と協同問題解決能力国際専門委員会委員長 Art Graesser の協力の下，開発された。
5. 本項は，モジュール 2 に関して Katharina Müller，Manfred Prenzel，Tina Seidel が，モジュール 12 に関して Susanne Kuger，モジュール 1 に関して Eckhard Klieme，Franz Klingebiel，Svenja Vieluf が提出した研究成果報告書に基づく。
6. 少なくともこのレベルにおいて，「時間の損失」とはカリキュラムの内容，ひいては分野特有の認知的アウトカムに焦点を当てた減少した学習時間を指す。自己管理，関心，社会的能力（コンピテンシー）といった教育のより全般的な目標は，「失われた」時間の間に促進される可能性が高い。
7. 本項は，モジュール 19 に関して Sonja Bayer，Eckhard Klieme，Nina Jude が，モジュール 3 に関して Leonidas Kyriakides が，モジュール 14（保護者の関与）に関して Silke Hertel，Nadine Zeidler，Nina Jude が，モジュール 15（学校運営）に関して Bieke de Fraine が提出した研究成果報告書に基づく。
8. 文献では，「評価（evaluation)」と「アセスメント（assessment)」という用語は全く異なる定義がなされている。（しかし）時には，それらは同義語として扱われることもある。この節で使用する定義は，最新のOECD の文献（Rosenkvist, 2010 等を参照）で用いられているものに準ずる。評価又は学校評価という用語は，学校レベルと制度レベルにおけるプロセスに関して用いられる。評価者はシステム，教育プログラム，政策及び実践を審査するために証拠を収集する。これには，教師評価といった専門家間での個人の実績の評価が含まれる場合がある。一方，アセスメント又は生徒のアセスメントは，生徒の学習到達度や生徒の学習プロセスに直接的に言及している（Harlen, 2007 も参照）。特に，アセスメントと評価との間には強い結び付きがある。例えば，生徒のアセスメントの結果は学校評価の目的で使用される場合がある。
9. OECD の調査と評価に関する各国報告を参照。*http://www.oecd.org/education/preschoolandschool/oecdreviewonevaluationandassessmentframeworksforimprovingschooloutcomescountryrevie ws.htm.*
10. 本項は，モジュール 7 に関して Wolfram Schulz が，モジュール 8 に関して Svenja Vieluf が，モジュール 9 に関して Susanne Kuger，Hans-Günter Roßbach が提出した研究成果報告書に基づく。

参考文献・資料

Abadzi, H. (2009), “Instructional time loss in developing countries: concepts, measurement, and implications”, *The World Bank Research Observer*, Vol. 24/2, pp. 267-290.

Abedi, J. *et al.* (2006), *English Language Learners and Math Achievement: A Study of Opportunity to Learn and Language Accommodation*, CSE Tech. Rep. No. 702, National Center for Research on Evaluation, Standards, and Student Testing (CRESST), University of California, Los Angeles, CA.

Abrams, L.M. (2007), "Implications of high-stakes testing for the use of formative classroom assessment", in J.H. McMillan (ed.), *Formative Classroom Assessment: Theory into Practice*, Teachers College, Columbia University, New York, pp. 79-98.

Ainley, M. and **J. Ainley** (2011a), "Student engagement with science in early adolescence: The contribution of enjoyment to students' continuing interest in learning about science", *Contemporary Educational Psychology*, Vol. 36/1, pp. 4-12.

Ainley, M. and **J. Ainley** (2011b), "A cultural perspective on the structure of student interest in science", *International Journal of Science Education*, Vol. 33/1, pp. 51-71.

Almlund, M. *et al.* (2011), "Personality psychology and economics", *IZA Discussion Papers 5500*, Institute for the Study of Labour (IZA), Bonn.

Basl, J. (2011), "Effect of school on interest in natural sciences: A comparison of the Czech Republic, Germany, Finland, and Norway based on PISA 2006", *International Journal of Science Education*, Vol. 33/1, pp. 145-157.

Baumert, J. *et al.* (2010), "Teachers' mathematical knowledge, cognitive activation in the classroom, and student progress", *American Educational Research Journal*, Vol. 47/1, pp. 133-180.

Benavot, A. (2004), "A global study of intended instructional time and official school curricula, 1980-2000", background paper commissioned by the International Bureau of Education for the *UNESCO-EFA Global Monitoring Report 2005: The Quality Imperative*, IBE, Geneva.

Berkemeyer, N. and **S. Müller** (2010), "Schulinterne Evaluation – nur ein Instrument zur Selbststeuerung von Schulen?" in H. Altrichter and K. Maag Merki (eds.), *Handbuch neue Steuerung im Schulsystem*, VS Verlag fur Sozialwissenschaften, Wiesbaden, pp. 195-218.

Berliner, D.C. (1990), "What's all the fuss about instructional time?" in M. BenPeretz and R. Bromme (eds.), *Life in Classrooms*, reissued with a new introduction, Teachers College Press, New York, pp. 3-35.

Black, P. and **D. Wiliam** (2004), "Classroom assessment is not (necessarily) formative assessment (and vice-versa)," in M. Wilson (ed.), *Towards Coherence between Classroom Assessment and Accountability*, Yearbook of the National Society for the Study of Education, Vol. 103/2, University of Chicago Press, Chicago, IL, pp. 183-188.

Black, P. and **D. Wiliam** (1998), "Assessment and classroom learning", *Assessment in Education: Principles, Policy & Practice*, Vol. 5/1, Routledge, London, pp. 7-74.

Blanchard, M.R. *et al.* (2010), "Is inquiry possible in light of accountability? A quantitative comparison of the relative effectiveness of guided inquiry and verification laboratory instruction", *Science Education*, Vol. 94/4, pp. 577-616.

Blau, D. and **J. Curie** (2006), "Preschool, day care, and afterschool care: Who's minding the kids?", *The National Bureau of Economic Research*, Working Paper No. 10670, Handbook of the Economics of Education, Elsevier, North Holland. *www.nber.org/papers/w10670.pdf*.

Bloemeke, S. *et al.* (2012), "Family background, entry selectivity and opportunities to learn: What matters in primary teacher education? An international comparison of fifteen countries", *Teaching and Teacher Education*, Vol. 28/1, pp. 44-55.

Brookhart, S.M. (2007), "Expanding views about formative classroom assessments: A review of the literature", in J.H. McMillan (ed.), *Formative Classroom Assessment*, Teachers College Press, New

第6章

York, pp. 43-62.

Bryk, A.S. *et al.* (2010), *Organizing School for Improvement: Lessons from Chicago*, The University of Chicago, IL.

Bryk, A.S. and **M.E. Driscoll** (1988), *The High School as Community: Contextual Influences and Consequences for Students and Teachers*, National Center on Effective Secondary Schools, University of Wisconsin, Madison, WI.

Buccheri, G., N.A. Gürber and **C. Brühwiler** (2011), "The impact of gender on interest in science topics and the choice of scientific and technical vocations", *International Journal of Science Education*, Vol. 33/1, pp. 159-178.

Buczynski, S. and **B. Hansen** (2010), "Impact of professional development on teacher practice: uncovering connections", *Teaching and Teacher Education*, Vol. 26/3, pp. 599-607.

Chaudhury, N. *et al.* (2006), "Missing in action: Teacher and health worker absence in developing countries", *The Journal of Economic Perspectives*, Vol. 20/1, pp. 91-A4.

Coll, R.K., C. Dahsah and **C. Faikhamta** (2010), "The influence of educational context on science learning: A cross-national analysis of PISA", *Research in Science and Technological Education*, Vol. 28/1, pp. 3-24.

Conley, A.M. *et al.* (2004), "Changes in epistemological beliefs in elementary science students: Epistemological development and its impact on cognition in academic domains", *Contemporary Educational Psychology*, Vol. 29/2, pp. 186-204.

Creemers, B.P.M. and **G.J. Reezigt** (1997), "School effectiveness and school improvement: Sustaining links", *School Effectiveness and School Improvement*, Vol. 8/4, pp. 396-429.

Creemers, B.P.M. and **L. Kyriakides** (2008), *The Dynamics of Educational Effectiveness: A Contribution to Policy, Practice and Theory in Contemporary Schools*, Routledge, London.

Cunha, F. *et al.* (2006), "Interpreting the evidence on life cycle skill formation", in E. Hanushek and F. Welch (eds.), *Handbook of the Economics of Education*, Elsevier, North Holland, pp. 697-812.

Cuevas, P. *et al.* (2005), "Improving science inquiry with elementary students of diverse backgrounds", *Journal of Research in Science Teaching*, Vol. 42/3, pp. 337-357.

Darling-Hammond, L. (1984), *Beyond the Commission Reports: The Coming Crisis in Teaching*, Rand Corporation, Santa Monica, CA.

Desimone, L.M. *et al.* (2002), "Effects of professional development on teachers' instruction: Results from a three-year longitudinal study", *Educational Evaluation and Policy Analysis*, Vol. 24/2, pp. 81-112.

Diener, E. and **T. William** (2012), "National accounts of well-being", in K.C. Land, J. Sirgy and A. Michalos (eds.), *Handbook of Social Indicators and Quality of Life Research*, Springer, New York.

Dincer, M.A. and **G. Uysal** (2010), "The determinants of student achievement in Turkey", *International Journal of Educational Development*, Vol. 30/6, pp. 592-598.

Drechsel, B., C. Carstensen and **M. Prenzel** (2011), "The role of content and context in PISA interest scales: A study of the embedded interest items in the PISA 2006 science assessment", *International Journal of Science Education*, Vol. 33/1, pp. 73-95.

Eccles, J. S. (1994), "Understanding women's educational and occupational choices: Applying the Eccles *et al.* model of achievementrelated choices", *Psychology of Women Quarterly*, Vol. 18/4, pp. 585–609.

Eccles, J.S. and **A. Wigfield** (1995), "In the mind of the actor: The structure of adolescents' achievement task values and expectancyrelated beliefs", *Personality and Social Psychology Bulletin*, Vol. 21/3, pp. 215-225.

Ertesvag, S.K. and **E. Roland** (2015), "Professional cultures and rates of bullying", *School Effectiveness and School Improvement*, Vol. 26/2, pp. 195-214.

European Commission (ed.) (2006), *Science Education Now: A Renewed Pedagogy for the Future of Europe*, European Commission Directorate-General for Research, Brussels, *http://ec.europa.eu/research/science-society/document_library/pdf_06/report-rocard-onscience-education_en.pdf* (accessed 10 April 2012).

European Commission (ed.) (2004), *Europe Needs More Scientists!*, European Commission, Directorate-General for Research, High Level Group on Human Resources for Science and Technology in Europe, Brussels, *http://ec.europa.eu/research/conferences/2004/sciprof/pdf/final_en.pdf* (accessed 10 April 2012).

Faubert, V. (2009), "School evaluation: Current practices in OECD countries and a literature review", *OECD Education Working Papers*, No. 42, OECD Publishing, Paris, *http://dx.doi.org/10.1787/218816547156.*

Fensham, P.J. (2009), "Real world contexts in PISA science: Implications for context-based science education", *Journal of Research in Science Teaching*, Vol. 46/8, pp. 884-896.

Fivush, R. and **N.R. Hamond** (1990), *Knowing and Remembering in Young Children*, University Press, New York, Cambridge.

Fleener, M.J. (1996), "Scientific world building on the edge of chaos: High school students' beliefs about mathematics and science", *School Science and Mathematics*, Vol. 96/6, pp. 312320.

Furtak, E.M. *et al.* (2012), "Experimental and quasi-experimental studies of inquiry-based science teaching: a meta-analysis", *Review of Educational Research*, Vol. 82/3, pp. 300-329.

Gándara, P. *et al.* (2003), "English learners in California schools: Unequal resources, unequal outcomes", *Education Policy Analysis Archives*, Vol. 11/36, *http://dx.doi.org/10.14507/epaa.v11n36.2003.*

Ghuman, S. and **C. Lloyd** (2010), "Teacher absence as a factor in gender inequalities in access to primary schooling in rural Pakistan", *Comparative Education Review*, Vol. 54/4, pp. 539-554.

Gillies, J. and **J.J. Quijada** (2008), "Opportunity to learn: A high impact strategy for improving educational outcomes in developing countries", *Working Paper*, Washington, DC.

Gottfried, A.E. *et al.* (2009), "A latent curve model of parental motivational practices and developmental decline in math and science academic intrinsic motivation", *Journal of Educational Psychology*, Vol. 101/3, pp. 729-739.

Guskey, T.R. (2007), "Multiple sources of evidence: An analysis of stakeholders' perceptions of various indicators of student learning", *Educational Measurement: Issues and Practice*, Vol. 26/1, pp. 19-27.

Gustafsson, J.E. (2008), "Effects of international comparative studies on educational quality on the quality of educational research", *European Educational Research Journal*, Vol. 7/1, pp. 1-17.

Hanushek, E.A. and **L. Wößmann** (2011), "The economics of international differences in educational achievement", in E.A. Hanushek, S. Machin and L. Wößmann (eds.), *Handbook of the Economics of Education*, North Holland, Amsterdam, Vol. 3, pp. 89-200.

Harlen, W. (2007), *Assessment of learning*, Sage, London.

Harlen, W. and **R. Deakin Crick** (2002), *A Systematic Review of the Impact of Summative Assessment and Tests on Students' Motivation for Learning*, review conducted by the Assessment and Learning Research Synthesis Group, EPPI Center, London.

Hattie, J.A.C. (2009), *Visible Learning: A Synthesis of over 800 Meta-analyses Relating to Achievement*, Routledge, London and New York.

Hattie, J. and **H. Timperley** (2007), "The power of feedback", *Review of Educational Research*, Vol. 77/1, pp. 81-112.

Heckman, J. (2006), "Skill formation and the economics of investing in disadvantaged children", *Science*, Vol. 312/5782, pp. 1900-1902.

Heckman J.J., J. Stixrud and **S. Urzua** (2006), "The effects of cognitive and noncognitive abilities on labor market outcomes and social behavior", *Journal of Labor Economics*, Vol 24/3, pp. 411-482.

Hill, H.C., B. Rowan and **D.L. Ball** (2005), "Effects of teachers' mathematical knowledge for teaching on student achievement", *American Educational Research Journal*, Vol. 42/2, pp. 371406.

Ho, E.S.C. (2010), "Family influences on science learning among Hong Kong adolescents: What we learned from PISA", *International Journal of Science and Mathematics Education*, Vol. 8/3, pp. 409-428.

Hofer, B.K. and **P.R. Pintrich** (2002), *Personal Epistemology: The Psychology of Beliefs about Knowledge and Knowing*, Lawrence Erlbaum Associates Publishers, Mahwah, NJ.

Hord, S.M. (1997), *Professional Learning Communities: Communities of Continuous Inquiry and Improvement*, Southwest Educational Development Laboratory, Austin, TX.

Ingersoll, R.M. and **D. Perda** (2010), "Is the supply of mathematics and science teachers sufficient?", *American Educational Research Journal*, Vol. 47/3, pp. 563-694.

Jeanpierre, B., K. Oberhauser and **C. Freeman** (2005), "Characteristics of professional development that effect change in secondary science teachers' classroom practices", *Journal of Research in Science Teaching*, Vol. 42/6, pp. 668-690.

Kahneman, D. *et al.* (2004), "A survey method for characterizing daily life experience: The day reconstruction method", *Science*, Vol. 306/5702, pp. 1776-1760.

King, D. and **M.R. Stephen** (2012), "Learning science through real-world contexts", in B.J. Fraser, K. Tobin and C. McRobbie (eds.), *Springer International Handbooks of Education*, Second International Handbook of Science Education, Springer, Dordrecht, Vol. 24, pp. 69-79.

King, G. and **J. Wand** (2007), "Comparing incomparable survey responses: New tools for anchoring vignettes", *Political Analysis*, Vol. 15, pp. 46-66.

Kingston, N. and **B. Nash** (2011), "Formative assessment: A meta-analysis and a call for research", *Educational Measurement: Issues and Practice*, Vol. 30/4, pp. 28-37.

Kjarnsli, M. and **S. Lie** (2011), "Students' preference for science careers: International comparisons based on PISA 2006", *International Journal of Science Education*, Vol. 33/1, pp. 121-144.

Klieme, E., C. Pauli and **K. Reusser** (2009), "The Pythagoras study: Investigating effects of teaching and learning in Swiss and German mathematics classrooms", in T. Janik and T. Seidel (eds.), *The Power of Video Studies in Investigating Teaching and Learning in the Classroom*, Waxmann, Munster, pp. 137-160.

Kobarg, M. *et al.* (2011), *An International Comparison of Science Teaching and Learning: Further*

Results from PISA 2006, Waxmann, Munster.

Koeppen, K. *et al.* (2008), "Current issues in competence modeling and assessment", *Journal of Psychology*, Vol. 216/2, pp. 61-73.

Krapp, A. and **M. Prenzel** (2011), "Research on interest in science: Theories, methods, and findings", *International Journal of Science Education*, Vol. 33/1, pp. 27-50.

Kubiatko, M. and **K. Vlckova** (2010), "The relationship between ICT use and science knowledge for Czech students: A secondary analysis of PISA 2006", *International Journal of Science and Mathematics Education*, Vol. 8/3, pp. 523-543.

Kunter, M. (2005), "Multiple Ziele im Mathematikunterricht", *Padagogische Psychologie und Entwicklungspsychologie*, Band 51, Waxmann, Munster.

Lavonen, J. and **S. Laaksonen** (2009), "Context of teaching and learning school science in Finland: Reflections on PISA 2006 results", *Journal of Research in Science Teaching*, Vol. 46/8, pp. 922-944.

Lindqvist, E. and **R. Vestman** (2011), "The labor market returns to cognitive and noncognitive ability: Evidence from the Swedish enlistment", *American Economic Journal: Applied Economics*, Vol. 3/1, pp. 101-128.

Logan, J. *et al.* (2011), "Children's attendance rates and quality of teacher-child interactions in at-risk preschool classrooms: Contribution to children's expressive language growth", *Child and Youth Care Forum*, Vol. 40/6, pp. 457-477.

Lomos, C., R.H. Hofman and **R.J. Bosker** (2011), "Professional communities and student achievement: A meta-analysis, *School Effectiveness and School Improvement*, Vol. 22/2, pp. 121-148.

Luu, K. and **J.G. Freeman** (2011), "An analysis of the relationship between information and communication technology (ICT)and scientific literacy in Canada and Australia", *Computers and Education*, Vol. 56/4, pp. 1072-1082.

MacKay, R. (2009), "Remarks on the inefficient use of time in the teaching and learning of mathematics in five secondary schools", in J.H. Meyer and A. van Biljon (eds.), *Proceedings of the 15th Annual Congress of the Association for Mathematics Education of South Africa (AMESA): Mathematical Knowledge for Teaching*, pp. 79-85, *www.amesa.org.za/AMESA2009/Volume109.pdf#page=85* (accessed 3 April 2012).

Markowitsch, H.J. and **H. Welzer** (2009), *The Development of Autobiographical Memory*, Psychology Press, London.

Martin, M.O., I.V.S. Mullis and **P. Foy** (2008), *TIMSS 2007 International Science Report: Findings from IEA's Trends in International Mathematics and Science Study at the Eighth and Fourth Grades*, Boston College, Chestnut Hill, MA.

McConney *et al.* (2011), "Bridging the gap? A comparative, retrospective analysis of science literacy and interest in science for indigenous and non-indigenous Australian students", *International Journal of Science Education*, Vol. 33/14, pp. 2017-2035.

McDowall, S. *et al.* (2007), *Evaluation of the Literacy Professional Development Project*, Ministry of Education, New Zealand.

McMillan, J.H. (2001), "Secondary teachers' classroom assessment and grading practices", *Educational Measurement*, Vol. 20, pp. 20-32.

McMillan, J.H. (ed.) (2007), *Formative Classroom Assessment: Theory into Practice*, Teachers College

Columbia University, New York.

Millot, B. and **J. Lane** (2002), "The efficient use of time in education", *Education Economics*, Vol. 10/2, pp. 209-228.

Minner, D.D., A.J. Levy and **J. Century** (2010), "Inquiry-based science instruction: What is it and does it matter?", results from a research synthesis 1984 to 2002, *Journal of Research in Science Teaching*, Vol. 47/4, pp. 474-496.

Nagengast, B. and **H.W. Marsh** (2014), "Motivation and engagement in science around the globe: Testing measurement invariance with multigroup structural equation models across 57 Countries using PISA 2006", in L. Rutkowski, M.v Davier and D. Rutkowski (eds.), *Handbook of International Large-Scale Assessment*, CRC Press, Boca Raton, FL, pp. 317-344.

Nevo, D. (ed.) (2002), *School-Based Evaluation: An International Perspective*, JAI Press, Amsterdam.

OECD (2014), *PISA 2012 Technical Report*, OECD, Paris, *www.oecd.org/pisa/pisaproducts/PISA-2012-technical-report-final.pdf.*

OECD (2013), *PISA 2012 Assessment and Analytical Framework: Mathematics, Reading, Science, Problem Solving and Financial Literacy*, PISA, OECD Publishing, Paris, *http://dx.doi.org/10.1787/9789264190511-en.*（『PISA2012年調査 評価の枠組み：OECD生徒の学習到達度調査』経済協力開発機構（OECD）編著，国立教育政策研究所監訳，明石書店，2016年）

OECD (2011), *Quality Time for Students: Learning In and Out of School*, PISA, OECD Publishing, Paris, *http://dx.doi.org/10.1787/9789264087057-en.*

OECD (2010a), *PISA 2009 Results: What Students Know and Can Do: Student Performance in Reading, Mathematics and Science (Volume I)*, PISA, OECD Publishing, Paris, *http://dx.doi.org/10.1787/9789264091450-en.*

OECD (2010b), *PISA 2009 Results: Overcoming Social Background: Equity in Learning Opportunities and Outcomes (Volume II)*, PISA, OECD Publishing, *http://dx.doi.org/10.1787/9789264091504-en.*

OECD (2010c), *The High Cost of Low Educational Performance: The Long-run Economic Impact of Improving PISA Outcomes*, PISA, OECD Publishing, Paris, *http://dx.doi.org/10.1787/9789264077485-en.*

OECD (2010d), *PISA 2009 Results: What Makes a School Successful?: Resources, Policies and Practices (Volume IV)*, PISA, OECD Publishing, Paris, *http://dx.doi.org/10.1787/9789264091559-en.*

OECD (2010e), *PISA 2009 Results: Learning to Learn: Student Engagement, Strategies and Practices (Volume III)*, PISA, OECD Publishing, Paris, *http://dx.doi.org/10.1787/9789264083943-en.*

OECD (2008), *Encouraging Student Interest in Science and Technology Studies*, OECD Publishing, Paris, *http://dx.doi.org/10.1787/9789264040892-en.*

OECD (2007), *PISA 2006: Science Competencies for Tomorrow's World: Volume 1: Analysis*, PISA, OECD Publishing, Paris, *http://dx.doi.org/10.1787/9789264040014-en.*

OECD (2006a), *Where Immigrant Students Succeed: A Comparative Review of Performance and Engagement in PISA 2003*, PISA, OECD Publishing, Paris, *http://dx.doi.org/10.1787/9789264023611-en.*（『移民の子どもと学力：社会的背景が学習にどんな影響を与えるのか＜OECD-PISA2003年調査移民生徒の国際比較報告書＞』OECD編著，斎藤里美監訳，木下江美，布川あゆみ訳，明石書店，2007年）

OECD (2006b), ≪ Improving learning through formative assessment ≫ , dans OECD, *Education Policy Analysis 2006: Focus on Higher ducation*, OECD Publishing, Paris, *http://dx.doi.org/10.1787/epa-2006-5-en*.

OECD (2005), "The definition and selection of key competencies: Executive summary", p. 11, *www.oecd.org/dataoecd/47/61/35070367.pdf* (accessed 2 March 2012).

OECD (2004), *Learning for Tomorrow's World: First Results from PISA 2003*, PISA, OECD Publishing, Paris, *http://dx.doi.org/10.1787/9789264006416-en*.

Olsen, R.V. and **S. Lie** (2011), "Profiles of students' interest in science issues around the world: Analysis of data from PISA 2006", *International Journal of Science Education*, Vol. 33/1, pp. 97-120.

Osborne, J. (2012), "The role of argument: Learning how to learn in school science", in B.J. Fraser, K. Tobin and C. McRobbie (eds.), *Second International Handbook of Science Education, Springer International Handbooks of Education*, Springer, Dordrecht, Vol. 24, pp. 933-949.

Paine, L. and **L. Ma** (1993), "Teachers working together: A dialogue on organisational and cultural perspectives of Chinese teachers", *International Journal of Educational Research*, Vol. 19/8, pp. 675-697.

Partnership for 21st Century Skills (2008), *21st Century Skills, Education & Competitiveness: A Resource and Policy Guide*, Partnership for 21st Century Skills, Tucson, AZ.

Patall, E.A., H. Cooper and **A.B. Allen** (2010), "Extending the school day or school year", *Review of Educational Research*, Vol. 80/3, pp. 401-436.

Pellegrino, J., N. Chudowsky and **R. Glaser** (eds.) (2001), *Knowing what Students Know: The Science and Design of Educational Assessment*, National Academy Press, Washington, DC.

Poropat, A.E. (2009), "A meta-analysis of the five factor model of personality and academic performance", *Psychological Bulletin*, Vol. 135/2, pp. 322-338.

Porterfield, S. and **A.E. Winkler** (2007), "Teen time use and parental education: Evidence from the CPS, MTF, and ATUS", *Monthly Labor Review*, May 2007, pp. 37-56.

Portner, H. (ed.) (2005), *Teacher Mentoring and Induction: The State of the Art and Beyond*, Corwin, Thousand Oaks, CA.

Prenzel, M., T. Seidel and **M. Kobarg** (2012), "Science teaching and learning: An international comparative perspective", in B.J. Fraser, K. Tobin and C. McRobbie (eds.), *Second International Handbook of Science Education*, Springer International Handbooks of Education, Springer, Dordrecht, Vol. 24, pp. 667-678.

Purves, A.C. (1987), "I.E.A. an Agenda for the Future", *International Review of Education*, Vol. 33/1, pp. 103-107.

Rakoczy, K., E. Klieme and **C. Pauli** (2008), "Die Bedeutung der wahrgenommenen Unterstutzung motivationsrelevanter Bedurfnisse und des Alltagsbezugs im Mathematikunterricht fur die selbstbestimmte Motivation", *Zeitschrift fur Padagogische Psychologie/ German Journal of Educational Psychology*, Vol. 22/1, pp. 25-35.

Richardson, M., C. Abraham and **R. Bond** (2012), "Psychological correlates of university students' academic performance: A systematic review and meta-analysis", *Psychological Bulletin*, Vol. 138/2, pp. 353-387.

Roberts, B.W. *et al.* (2007), "The power of personality: The comparative validity of personality traits, socioeconomic status, and cognitive ability for predicting important life outcomes", *Perspectives on Psychological Science*, Vol. 2/4, pp. 313-345.

Rosenholtz, S.J. (1989), *Teachers' Workplace: The Social Organization of Schools*, Longman, New York.

Rosenkvist, M.A. (2010), "Using student test results for accountability and improvement: A literature review", *OECD Education Working Papers*, No. 54, OECD Publishing, Paris, *http://dx.doi.org/10.1787/5km4htwzbv30-en.*

Ryan, R.M. and **E.L. Deci** (2000), "Intrinsic and extrinsic motivations: Classic definitions and new directions", *Contemporary Educational Psychology*, Vol. 25/1, pp. 54-67.

Ryan, K.E., M. Chandler and **M. Samuels** (2007), "What should school-based evaluation look like?", *Studies in Educational Evaluation*, ol. 33/3-4, pp. 197-212.

Rychen, DS. and **L.H. Salganik** (eds.) (2003), *Defining and Selecting Key Competencies*, Contributions to the Second DeSeCo Symposium, Geneva, Switzerland, *www.oecd.org/pisa/35070367.pdf.*

Salmon, J. *et al.* (2005), "Reducing sedentary behaviour and increasing physical activity among 10-year-old children: Overview and process evaluation of the 'Switch-Play' intervention", *Health Promotion International*, Vol. 20/1, pp. 7-17.

Sammons, P. *et al.* (2008), "Children's cognitive attainment and progress in English primary schools during Key Stage 2: Investigating the potential continuing influences of pre-school education", *Fruhpadagogische Forderung in Institutionen: Zeitschrift fur Erziehungswissenschaft*, VS Verlag fur Sozialwissenschaften, Wiesbaden, pp. 179-198.

Sanders, J.R. and **E.J. Davidson** (2003), "A model for school evaluation", in T. Kellaghan, D.L. Stufflebeam and L.A. Wingate (eds), *International Handbook of Educational Evaluation*, Vol. 9, Kluwer International Handbooks of Education, Springer, Dordrecht, pp. 807-826.

Santiago, P. and **F. Benavides** (2009), *Teacher Evaluation: A Conceptual Framework and Examples of Country Practices*, OECD, Paris, *www.oecd.org/edu/school/44568106.pdf.*

Scheerens, J. (2002), "School self-evaluation: Origins, definition, approaches, methods and implementation", in D. Nevo (ed.), *School-based Evaluation: An International Perspective*, Emerald Group Publishing Limited, Bingley, UK, pp. 35-69.

Scheerens, J. and **Roel J. Bosker** (1997), "The foundations of educational effectiveness", *International Review of Education*, Vol. 45/1, pp. 113-120, *http://dx.doi.org/10.1023/A:1003534107087.*

Scheerens, J., C.A.W. Glas and **S. Thomas** (eds.) (2003), *Educational Evaluation, Assessment, and Monitoring: A Systemic Approach*, Contexts of Learning, Swets & Zeitlinger, Lisse, Netherlands and Exton, PA.

Scherff, L. and **C.L. Piazza** (2008), "Why now more than ever, we need to talk about opportunity to learn", *Journal of Adolescent and Adult Literacy*, Vol. 52/4, pp. 343-352.

Schleicher, A. (ed.) (2012), *Preparing Teachers and Developing School Leaders for the 21st Century: Lessons from around the World*, International Summit on the Teaching Profession, OECD Publishing, Paris, *http://dx.doi.org/10.1787/9789264174559-en.*

Schmidt, W.H. and **A. Maier** (2009), "Opportunity to learn", Chapter 44, in G. Sykes, B. Schneider and D.N. Plank (eds.), *Handbook of Education Policy Research*, Routledge, New York, pp. 541559.

Schmidt, W.H. *et al.* (2001), *Why Schools Matter: A Cross-National Comparison of Curriculum and Learning*, Jossey-Bass, San Francisco, CA.

Scriven, M.（2003）, “Evaluation theory and metatheory”, in T. Kellaghan, D.L. Stufflebeam and L.A. Wingate（eds.）, *International Handbook of Educational Evaluation*, Vol. 9, Kluwer International Handbooks of Education, Springer, Dordrecht, pp. 15-31.

Seidel, T. and **R.J. Shavelson**（2007）, “Teaching effectiveness research in the past decade: The role of theory and research design in disentangling meta-analysis results”, *Review of Educational Research*, Vol. 77/4, pp. 454-499.

Shayer, M. and **Adhami, M.**（2007）, “Fostering cognitive development through the context of mathematics: Results of the CAME project”, *Educational Studies in Mathematics*, Vol. 64/3, pp. 265-291, *http://dx.doi.org/10.1007/s10649-006-9037-1.*

Shepard, L.A.（2006）, “Classroom assessment”, in R.L. Brennan（ed.）, *Educational Measurement*, Praeger Publishers, Westprot, CT, pp. 623-646.

Shulman, L.S.（1985）, “Paradigms and research programs in the study of teaching: A contemporary perspective”, in M.C. Wittrock,（ed.）, *Handbook of Research on Teaching*, 3rd ed, Macmillan, New York, pp. 3-36.

Shute, V.J.（2008）, “Focus on formative feedback”, *Review of Educational Research*, Vol. 78/1, pp. 153-189.

Smith, P.K. *et al.*（2002）, “Definitions of bullying: Comparison of terms used, and age and gender differences, in a fourteen-country international comparison”, *Child Development*, Vol. 73/4, pp. 1119-1133.

Spurrier, N. *et al.*（2003）, “Socio-economic differentials in the health-related quality of life of Australian children: Results of a national study”, *Australian and New Zealand Journal of Public Health*, Vol. 27/1, pp. 27-33.

Steinert, B. *et al.*（2006）, “Lehrerkooperation in der Schule”（Teacher co-operation in schools）, *Zeitschrift fur Padagogik*, Vol. 52/2, pp. 185-203.

Stigler, J.W. and **J. Hiebert**（1999）, *The Teaching Gap: Best Ideas from the World’s Teachers for Improving Education in the Classroom*, Free Press, New York.（『日本の算数・数学教育に学べ：米国が注目する jugyou kenkyuu』ジェームズ・W. スティグラー，ジェームズ・ヒーバート著，湊三郎訳，教育出版，2002 年）

Stiggins, R.J.（2007）, “Conquering the formative assessment frontier”, in J.H. McMillan（ed.）, *Formative Classroom Assessment: Theory into Practice*, Teachers College Columbia University, New York, pp 8-28.

Stiglitz, J.E., A. Sen and **J.-P. Fitoussi**（2009）, *Report by the Commission on the Measurement of Economic Performance and Social Progress*, INSEE, Paris.

Supovitz, J.A. and **H.M. Turner**（2000）, “The effects of professional development on science teaching practices and classroom culture”, *Journal of Research in Science Teaching*, Vol. 37/9, pp. 963-980.

Sykes, G.（1996）, “Reform of and as professional development”, *Phi Delta Kappan*, Vol. 77/7, pp. 465-467.

Sykes G., B. Schneider and **D.N. Plank**（eds.）（2009）, *Handbook of Education Policy Research*, Routledge, New York.

Sylva, K. *et al.*（2011a）, “Pre-school quality and educational outcomes at age 11: Low quality has little benefit”, *Journal of Early Childhood Research*, Vol. 9/2, pp. 109-124.

Sylva, K. *et al.*（2011b）, “Effects of early child-care on cognition, language, and task-related behaviours at 18 months: An English study", *British Journal of Developmental Psychology*, Vol. 29/1, pp. 18-45.

Taylor, J.A., M.A.M. Stuhlsatz and **R.W. Bybee** (2009), "Windows into high-achieving science classrooms", in R.W. Bybee and B. McCrae (eds.), *PISA Science 2006, Implications for Science Teachers and Teaching*, NSTA Press, Arlington, VA, pp. 123-132.

The PROBE Team (1999), *Public Report on Basic Education in India*, Oxford University Press, New Delhi.

Timperley, H. *et al.* (2007), *Teacher Professional Learning and Development: Best Evidence Synthesis Iteration* [*BES*], Wellington, Ministry of Education, New Zealand, *www.educationcounts.govt.nz/goto/BES* (accessed 15 April 2011).

UNESCO (2006), *Education for all Global Monitoring Report 2007: Strong Foundations*, UNESCO Publishing, Paris.

Vieluf, S. *et al.* (2012), *Teaching Practices and Pedagogical Innovations: Evidence from TALIS*, TALIS, OECD, Paris, *http://dx.doi.org/10.1787/9789264123540-en*.

Vieluf, S., J. Lee and **P. Kyllonen** (2009), "The predictive power of variables from the PISA 2003 Student Questionnaire", QEG (0910)5a.doc, paper presented at the QEG meeting, Offenbach, Germany, 19-21 October.

Valenti, J.E. and **D.H. Tracey** (2009), "Full-day, half-day, and no preschool effects on urban children's first-grade reading achievement", *Education and Urban Society*, Vol. 41/6, pp. 695-711.

Wang, C., P. Berry and **S.M. Swearer** (2013), "The critical role of school climate in effective bullying prevention", *Theory into Practice*, Vol. 52/4, pp. 296-302.

Wang, L. *et al.* (2009), "Assessing teamwork and collaboration in high school students: A multimethod approach", *Canadian Journal of School Psychology*, Vol. 24/2, pp. 108-124.

Wigfield, A., J.S. Eccles and **D. Rodriguez** (1998), "The development of children's motivation in school contexts", *Review of Research in Education*, Vol. 23, p. 73.

Willms, J.D. (2010), "School composition and contextual effects on student outcomes", *Teachers College Record*, Vol. 112/4, pp. 1008-1037.

Willms, J.D. (2006), *Learning Divides: Ten Policy Questions about the Performance and Equity of Schools and Schooling Systems*, UNESCO Institute for Statistics, Montreal, Canada.

Wilson, M. (ed.) (2004), *Towards Coherence between Classroom Assessment and Accountability*, National Society for the Study of Education Yearbooks, University of Chicago Press, Chicago, IL.

Wößmann, L. *et al.* (2009), *School Accountability, Autonomy and Choice around the World*, Edward Elgar Publishing, MA.

Wößmann, L. *et al.* (2007), "School accountability, autonomy, choice, and the level of student achievement: International evidence from PISA 2003", *OECD Education Working Papers*, No. 13, OECD Publishing, Paris, *http://dx.doi.org/10.1787/246402531617*.

付録 6.A.1　科学の成績の文脈に関する PISA2006 年調査のデータの出版物で使用された選定分析モデル

出版物	研究課題又はモデル
Negengast and Marsh（2014）	科学への動機付けと参加に関する文化間の測定の普遍性
Drechsel, Carstensen and Prenzel（2011）	科学への関心の次元性
Olsen and Lie（2011）	国と文化に特有な関心の側面
Ainley and Ainley（2011a）	生徒の楽しみ，学習関与，達成
Ainley and Ainley（2011b）	知識，感情，価値，科学に対する生徒の関心
Lavonen and Laaksonen（2009）	学習活動，科学への関心，自己効力感，自己概念，成績
Fensham（2009）	性差，課題文脈，科学の成績
Buccheri, Gürber and Brühwiler（2011）	関心と職業選択における性差の特異性
Mc Conney *et al.*（2011）	少数派の生徒間での科学への関心
Luu and Freeman（2011）	科学的リテラシーと ICT 関連情報
Kubiatko and Vlckova（2010）	
Ho（2010）	保護者の関与と生徒の科学の成績
Basl（2011）	将来の科学関連職業への関心の説明
Kjaernsli and Lie（2011）	
Willms（2010）	学校組織，学校と教室の文脈，生徒のリテラシー技能
Dincer and Uysal（2010）	学校プログラムの種類の影響
Coll *et al.*（2010）	欧米諸国とアジア諸国における教育文脈の影響の対比

■ 付録 A ■

PISA2015 年質問調査

付録 A は，PISA2015 年調査で使用された質問調査を掲載した。掲載したのは学校長へ配信した学校質問調査，参加した生徒全員へ配信した生徒質問調査，生徒対象の二つの国際オプションである教育歴質問調査と ICT 活用調査，国際オプションである保護者質問調査及び教師質問調査である（次頁【訳者による注釈】参照）。

訳者による注釈

本書の原文（『PISA 2015 Assessment and Analytical Framework』）の付録 A（Annex A）には，PISA2015 年調査で実施した学校質問調査，生徒質問調査に加え，国際オプションとして希望する国・地域で実施した教育歴質問調査，ICT 活用調査，保護者質問調査，教師質問調査が掲載されているが，本書では，このうち PISA 調査に参加した全ての国・地域で実施された学校質問調査と生徒質問調査，さらに国際オプションについては日本で実施した ICT 活用調査を取り上げることとした。

また，PISA 調査ではまず国際センターにおいて英語版，フランス語版が作成され，それをもとに各国での調査において使用する言語に翻訳するが，その際に，質問調査については，国際センターとの協議を経て，承認を得た上で，各国の教育制度や状況に適さない問いや項目を削除したり，各国の言語への翻訳に必ずしもマッチしないレイアウトや表記についてナショナル・アダプテーションを採用すること（その国の言語的・文化的状況にあった変更）が認められている。それゆえ，本書の原著では，紹介している質問調査は最初に国際センターで取りまとめられた国際版（英語版）であるが，本書では，紙幅の関係により，実際に日本の調査で使用された質問項目のみを掲載することとした。以下に示す各質問調査の質問の番号が英語版のそれと必ずしも一致しないのは，このような調査の国際的なルールによる翻訳・承認手続を経たためである。

(1) 学校質問調査

学校質問調査は，PISA2015 年調査を実施した高等学校の学校長を対象とするもので，回答には約 30 分間を必要とした。内容としては，次のような，学校に関連した様々な項目について調査を行った。

- 学校の基本情報（所在地の規模：問 1 ／生徒数：問 2 ／クラス規模：問 3 ／コンピュータの台数：問 4 ／課外活動の有無：問 5 ／学習環境：問 6 ／学習支援の有無：問 7）
- 学校の管理・運営体制（学校運営上の取り組み：問 8 ／学校運営の裁量権：問 9 ／入学時の選考方法：問 10 ／私立か公立か：問 11 ／学校の財源：問 12 ／資源不足の問題：問 13）
- 教員（教師の数：問 14 ／理科教師の数：問 15 ／教員研修参加率：問 16 ／教員研修の種類：問 17）
- 成績評価（教師の指導評価：問 18 ／テストの頻度：問 19 ／成績評価の目的：問 20 ／成績の公開：問 21 ／学校改善：問 22 ／内部評価対象：問 23 ／外部評価の方法：問 24）
- 多様な生徒への対応（能力別学級編制：問 25）
- 学校の雰囲気（生徒と教師の問題行動：問 26 ／保護者の参加への方針：問 27 ／保護者の学校への参加：問 28）

(2) 生徒質問調査

生徒質問調査は学習到達度調査を実施したあとに行われ，回答には約 30 分を必要とした。質問調査の中核である家族・家庭の背景に関する質問項目はこれまでの PISA 調査とほぼ同じであるが，次のような観点について調査が行われた。

- あなた自身・ご家族・ご家庭（生年月日：問 1 ／性別：問 2 ／母の学歴：問 3 ／父の学歴：問 4 ／家庭の所有物：問 5 ／家財の数：問 6 ／家庭にある本の冊数：問 7 ／母の職業：問 8 ／父の職業：問 9 ／親の支え：問 10 ／生まれた国：問 11 ／日本に来た年齢（選択）：問 12 ／家庭での使用言語：問 13 ／就学前教育（年齢）：問 14）
- あなたの生活（生活満足度：問 15 ／学歴への期待：問 16 ／ 30 歳の時の職業：問 17 ／テストへの不安：問 18 ／成功への動機づけ：問 19 ／やる気のある人：問 20）
- あなたの学校（協同作業への態度：問 21 ／学校生活：問 22 ／先生と公平さ：問 23 ／いじめ：問 24）
- 学校歴と学習時間（1 週間の教科別校時数（入力）：問 25 ／ 1 週間の全校時数：問 26 ／ 1 校時の時間：問 27 ／授業をサボる：問 28 ／学習時間：問 29 ／ 1 週間の体育数：問 30 ／学外での運動：問 31）
- 学校での理科の学習（理科各科目の受講：問 32 ／理科の授業の雰囲気：問 33 ／理科の学習活動：問 34 ／学習している理科の科目：問 35 ／理科の先生：問 36 ／理科の科目での授業方法：問 37 ／先生による助言（理科）：問 38 ／生徒に合わせた授業（理科）：問 39）
- あなたの科学についての考え（環境問題の知識：問 40 ／環境問題の今後：問 41 ／あなたの理科への態度：問 42 ／科学への関心：問 43 ／理科の学習と将来：問 44 ／科学的問題の認識：問 45 ／科学の変化：問 46 ／メディアと科学：問 47 ／朝の習慣：問 48 ／晩の習慣：問 49）

(3) 国際オプション

これまでの PISA 調査では，学校質問調査，生徒質問調査の他にいくつかの質問調査が開発され，国際オプションとして実施を希望する国・地域で行われてきている。PISA2015 年調査では，教育歴質問調査，ICT 活用調査，保護者質問調査，教師質問調査が国際オプションとして実施された。

①教育歴質問調査（本書においては省略）

② ICT 活用調査

ICT 活用調査は以下のように ICT の利用可能性，コンピュータ利用，自宅での ICT 利用，学校での ICT 利用，コンピュータに対する考え方等についての質問項目からなり，上記生徒質問調査に引き続き，約 5 分程度で回答するものとして実施された。

自宅にある機器：問 1 ／学校にある機器：問 2 ／デジタル機器開始年齢：問 3 ／コンピュータ開始年齢：問 4 ／インターネット開始年齢：問 5 ／学校でのネット利用時間：問 6 ／学外での

ネット利用時間：問7／休日のネット利用時間：問8／学外でのコンピュータ利用：問9／学習のためのIT機器：問10／学校でのIT機器利用：問11／ICTへの関心：問12／ICT能力の自己評価：問13／ICTへの態度：問14／ICTと友人：問15

③保護者質問調査（本書においては省略）

④教師質問調査（本書においては省略）

学校質問調査

PISA調査にご協力いただき、ありがとうございます。
この学校質問調査では、下記について情報提供をお願いしています。

- 学校の基本情報
- 学校の管理・運営体制
- 教員
- 成績評価
- 多様な生徒への対応
- 学校の雰囲気

ご提供いただく情報は、生徒が受けたテストの結果がどのような背景によってもたらされたものかを明らかにするために、学校間の相違をみる上での参考にするもので、例えば、教育の状況が、国内的にまた国際的に生徒の成績にどのような影響を及ぼすか等を調べる際に活用します。
この学校質問調査は校長先生、もしくはその指名を受けた方に回答していただくことになっています。記入には約60分を要します。
回答に際し必要があれば、他の教職員の方に確認いただいても結構です。
正確にご存じでない場合でも、恐らくこうであろうという推測で回答していただければ、この調査の主旨に十分適っているので結構です。

次の質問に進むための「次へ」ボタンは、画面の右下にあります。画面上に「次へ」ボタンがない場合は、画面を下にスクロールさせてください。

回答の秘密は厳守いたします。ご協力お願いいたします。

回答上の注意：
この「学校質問調査」は、基本的にPISA調査の対象として選ばれた学科についてお尋ねするものです。したがって、各質問において「学校（学科）」となっている場合は、調査対象学科についてお答えください。PISA調査対象学科のみ有する学校は、学校全体についてお答えください。

学校の基本情報

SC001　所在地の規模

問1　**あなたの学校が所在する市町村は、次のどれにあたりますか。あてはまるものを一つ選んでください。（東京23区は「人口100万人以上の大都市」を選択してください。）**
SC001Q01TA

人口3000人未満の市町村	○1
人口3000人～約1万5000人未満の市町村	○2
人口1万5000人～約10万人未満の市町村	○3
人口10万人～約100万人未満の都市	○4
人口100万人以上の大都市	○5

1/12

SC002　生徒数

問2　**あなたの学校（学科）の生徒数は何人ですか（2015年5月1日現在）。それぞれ該当する欄に数字を入力し、該当者がいない場合はゼロ（0）を入力してください。**

SC002Q01TA　男子 □

SC002Q02TA　女子 □

SC003　クラス規模

問3　**あなたの学校（学科）の高校1年生は、国語の授業を平均何人で受けていますか。あてはまるものを一つ選んでください。**

SC003Q01TA

- 15人以下　○1
- 16～20人　○2
- 21～25人　○3
- 26～30人　○4
- 31～35人　○5
- 36～40人　○6
- 41～45人　○7
- 46～50人　○8
- 51人以上　○9

SC004　コンピュータの台数

問4　**あなたの学校（学科）における高校1年生の人数及びコンピュータ等の台数に関して、次の（1）～（7）のそれぞれ該当する欄に数字を入力してください。該当しない場合はゼロ（0）を入力してください。**

SC004Q01TA　（1）あなたの学校（学科）の高校1年生は全部で何人ですか。（人） □

SC004Q02TA　（2）これらの生徒が、学習のために利用できるコンピュータは全部で何台ありますか。（台） □

SC004Q03TA　（3）そのうち、インターネットに接続しているコンピュータは、何台ですか。（台） □

SC004Q04NA　（4）そのうち、持ち運び可能なコンピュータ（ノート型パソコンなど）は何台ありますか。（台） □

SC004Q05NA　（5）学校全体で、使用可能な電子黒板は何台ありますか。（台） □

SC004Q06NA　（6）学校全体で、使用可能なプロジェクターは何台ありますか。（台） □

SC004Q07NA　（7）学校には、インターネットに接続している**教師用の**コンピュータは何台ありますか。（台） □

2/12

SC053　課外活動の有無

問5　**本年度、あなたの学校の高校1年生は次のうちどの活動を行っていますか。(1)～(11)のそれぞれについて、あてはまるものを一つ選んでください。**

		はい	いいえ
SC053Q01TA	(1)吹奏楽、合唱	○1	○2
SC053Q02TA	(2)演劇またはミュージカル	○1	○2
SC053Q03TA	(3)卒業アルバム、学校新聞、または雑誌の編集	○1	○2
SC053Q04TA	(4)ボランティアやサービス活動(地域活動など)	○1	○2
SC053Q05NA	(5)科学クラブ	○1	○2
SC053Q06NA	(6)科学コンクール	○1	○2
SC053Q07TA	(7)将棋や囲碁のクラブ	○1	○2
SC053Q08TA	(8)コンピュータクラブ	○1	○2
SC053Q09TA	(9)美術部または美術活動	○1	○2
SC053Q10TA	(10)運動部またはスポーツ活動	○1	○2
SC053Q11TA	(11)伝統芸能に関する活動(和太鼓、日本舞踊など)	○1	○2

SC059　学習環境

問6　**あなたの学校の理科教育について、次のことがあてはまりますか。(1)～(8)のそれぞれについて、あてはまるものを一つ選んでください。**

		はい	いいえ
SC059Q01NA	(1)他の教科と比べて、本校の理科は設備が充実している	○1	○2
SC059Q02NA	(2)特別に資金を得ることがあれば、その多くが理科の授業の向上のために使われる	○1	○2
SC059Q03NA	(3)理科の教師は、校内でも教育水準がもっとも高い	○1	○2
SC059Q04NA	(4)同じような学校と比べて、充実した設備の実験室がある	○1	○2
SC059Q05NA	(5)理科の体験活動のための教材が充実している	○1	○2
SC059Q06NA	(6)本校には、普段からすべての授業で使用できるくらい十分に実験器具が揃っている	○1	○2
SC059Q07NA	(7)理科の授業をサポートする実習補助者がいる	○1	○2
SC059Q08NA	(8)最新の理科の設備のために、学校は特別な経費を出している	○1	○2

SC052　学習支援の有無

問7　**あなたの学校では、高校1年生に次のような学習支援を行っていますか。(1)と(2)のそれぞれについて、あてはまるものを一つ選んでください。**

		はい	いいえ
SC052Q01NA	(1)生徒が宿題をすることができる部屋(図書室、マルチメディア・リソース・センター、空き教室など)の提供	○1	○2
SC052Q02NA	(2)教職員による生徒の宿題のサポート	○1	○2

3/12

付録A

学校の管理・運営体制

SC009　学校運営上の取り組み

問8　**あなたの学校（学科）の管理・運営についてお尋ねします。昨年度、あなたは以下の事柄をどのくらい行いましたか。（1）～（13）のそれぞれについて、あてはまるものを一つ選んでください。**

		しなかった	年1～2回	年3～4回	月1回	週1回	週1回より多い
SC009Q01TA	（1）生徒の成績をもとに、学校の教育目標を立てること	○1	○2	○3	○4	○5	○6
SC009Q02TA	（2）教師の専門性を高めるための活動が、学校の教育目標に合致しているかどうかを確認すること	○1	○2	○3	○4	○5	○6
SC009Q03TA	（3）教師が学校の教育目標に沿った活動をしているかどうかを確認すること	○1	○2	○3	○4	○5	○6
SC009Q04TA	（4）最近の教育に関する研究をもとに、教育実践をすすめること	○1	○2	○3	○4	○5	○6
SC009Q05TA	（5）生徒を学習に積極的に参加させている教師を評価すること	○1	○2	○3	○4	○5	○6
SC009Q06TA	（6）教師が授業で問題を抱えている場合、率先してそのことについて話し合うこと	○1	○2	○3	○4	○5	○6
SC009Q07TA	（7）生徒の批判する力や社会的能力の育成の重要性に教師の目を向けさせること	○1	○2	○3	○4	○5	○6
SC009Q08TA	（8）学級内の問題行動に注意を払うこと	○1	○2	○3	○4	○5	○6
SC009Q09TA	（9）教師を学校の意思決定に参加させること	○1	○2	○3	○4	○5	○6
SC009Q10TA	（10）継続的に向上する学校文化をつくるよう、教師の関心を向けさせること	○1	○2	○3	○4	○5	○6
SC009Q11TA	（11）学校方針等を決める会議に参加するよう、教師に求めること	○1	○2	○3	○4	○5	○6
SC009Q12TA	（12）教師が学級の問題を相談にきた時、共に問題解決に当たること	○1	○2	○3	○4	○5	○6
SC009Q13TA	（13）職員会議で、学校の学習目標を話し合うこと	○1	○2	○3	○4	○5	○6

SC010　学校運営の裁量権

問9　**あなたの学校では、以下のことについて責任をもつのはどなたですか。（1）～（12）のそれぞれについて、あてはまるものをすべて選んでください。**

		校長	教師	学校の理事会、評議会等	都道府県教育委員会	文部科学省
SC010Q01T	（1）教師の採用	□1	□1	□1	□1	□1
SC010Q02T	（2）教師の解雇	□1	□1	□1	□1	□1
SC010Q03T	（3）教師の初任給の決定	□1	□1	□1	□1	□1
SC010Q04T	（4）教師の昇給の決定	□1	□1	□1	□1	□1
SC010Q05T	（5）学校予算の編成	□1	□1	□1	□1	□1
SC010Q06T	（6）学校内の予算配分の決定	□1	□1	□1	□1	□1
SC010Q07T	（7）生徒指導規則の設定	□1	□1	□1	□1	□1
SC010Q08T	（8）生徒の評価方針の決定	□1	□1	□1	□1	□1
SC010Q09T	（9）生徒の入学許可	□1	□1	□1	□1	□1
SC010Q10T	（10）教科書の選定	□1	□1	□1	□1	□1
SC010Q11T	（11）履修内容の決定	□1	□1	□1	□1	□1
SC010Q12T	（12）履修コースの選定	□1	□1	□1	□1	□1

SC012　入学時の選考方法

問10　**あなたの学校（学科）では、生徒の入学に際し、次の事柄がどのくらい考慮されていますか。（1）～（7）のそれぞれについて、あてはまるものを一つ選んでください。**

		まったく考慮されない	考慮されることがある	常に考慮される
SC012Q01TA	（1）中学校での学業成績（高校の入学試験を含む）	○1	○2	○3
SC012Q02TA	（2）中学校の推薦状	○1	○2	○3
SC012Q03TA	（3）保護者が学校の教育・宗教理念に賛同していること	○1	○2	○3
SC012Q04TA	（4）特定の課程・学科への志望、興味の有無	○1	○2	○3
SC012Q05TA	（5）家族に卒業生や在校生がいること	○1	○2	○3
SC012Q06TA	（6）居住地	○1	○2	○3
SC012Q07TA	（7）その他	○1	○2	○3

SC013　私立か公立か

問11　**あなたの学校は、次のうちどちらですか。あてはまるものを一つ選んでください。**

SC013Q01TA

国立あるいは公立	○1
私立	○2

SC016　学校の財源

問12　**通常の年度における、あなたの学校の財源のうち、次のものがそれぞれ何%を占めていますか。それぞれ該当する欄に数字を入力し、該当しない項目は%欄にゼロ（0）を入力してください。**

		%
SC016Q01TA	公的資金（国、地方自治体を含む）	
SC016Q02TA	保護者負担の授業料または手数料	
SC016Q03TA	寄付金、遺贈、スポンサー、保護者による基金	
SC016Q04TA	その他	
	Total	100%

一貫性チェック／合計が100%より多いもしくは少ない場合に注意が表示されます。

5/12

SC017　資源不足の問題

問13　**あなたの学校では、次のような問題で指導に支障をきたすことがありますか。(1)～(8)のそれぞれについて、あてはまるものを一つ選んでください。**

		まったくない	ほとんどない	ある程度ある	よくある
SC017Q01NA	(1)教師の不足	○1	○2	○3	○4
SC017Q02NA	(2)教師の能力不足	○1	○2	○3	○4
SC017Q03NA	(3)補助員等の不足	○1	○2	○3	○4
SC017Q04NA	(4)補助員等の能力不足	○1	○2	○3	○4
SC017Q05NA	(5)教材、施設・設備の不足(教科書、IT機器、図書館、実験器具など)	○1	○2	○3	○4
SC017Q06NA	(6)質の低い教材、施設・設備(教科書、IT機器、図書館、実験器具など)	○1	○2	○3	○4
SC017Q07NA	(7)施設・設備の不足(校舎、グランド、冷暖房設備、照明・音響設備など)	○1	○2	○3	○4
SC017Q08NA	(8)質の低い施設・設備(校舎、グランド、冷暖房設備、照明・音響設備など)	○1	○2	○3	○4

教員

SC018　教師の数

問14　**あなたの学校に本務の教師、兼務等の教師がそれぞれ何人いますか。それぞれ該当する欄に数字を入力し、該当者がいない場合は、人数欄にゼロ(0)を入力してください。**

「本務」とは、1学年度の勤務時間の90%以上を教師として勤務している方で、その他の方はすべて「兼務等」としてください。

		本務	兼務等
SC018Q01TA	教師の総数	☐	☐
SC018Q02TA	教員免許を有する者	☐	☐

SC019　理科教師の数

問15　**あなたの学校に本務の教師、兼務等の理科教師はそれぞれ何人いますか。それぞれ該当する欄に数字を入力し、該当者がいない場合は、人数欄にゼロ(0)を入力してください。**

「本務」とは、1学年度の勤務時間の90%以上を教師として勤務している方で、その他の方はすべて「兼務等」としてください。

		本務	兼務等
SC019Q01NA	理科教師の総数(人)	☐	☐
SC019Q02NA	理科教師のうち、教員免許を有する者(人)	☐	☐

6/12

SC025　教員研修参加率

問16　**過去三か月間に、あなたの学校の先生の何%が研修に参加しましたか。スライダーを%の該当する位置に移動させてください。参加者なしの場合は0（ゼロ）を選んでください。**

研修とは、指導法や教授法を向上させるための公的な研修を指しますが、必ずしも資格取得を目的とするものではありません。研修日は少なくとも1日あり、指導と教育に焦点を当てたものとします。

SC025Q01NA	あなたの学校の教師全体のうち	0%	100%
SC025Q02NA	あなたの学校の理科教師のうち	0%	100%

スライダーバー：
値は「0～100」、1%刻み。

SC027　教員研修の種類

問17　**あなたの学校では、次のような校内研修を行っていますか。（1）～（4）のそれぞれについて、あてはまるものすべてを選んでください。**

		はい	いいえ
SC027Q01NA	（1）特定の単元や授業をするとき、教師がアイデアや教材を出し合って協力する	○1	○2
SC027Q02NA	（2）講師を学校に招いて、教師のために現職研修を実施する	○1	○2
SC027Q03NA	（3）学校が抱える問題に焦点をあてた、学校主催の研究会	○1	○2
SC027Q04NA	（4）新任教師など、特定の教師を対象とする学校主催の研究会	○1	○2

成績評価

SC032　教師の指導評価

問18　**あなたの学校において昨年度、教師の指導のあり方を評価する際に、以下のうちいずれかを参考にしたことがありますか。（1）～（4）のそれぞれについて、あてはまるものを一つ選んでください。**

		はい	いいえ
SC032Q01TA	（1）生徒の学力テストまたは学力評価	○1	○2
SC032Q02TA	（2）（授業計画、評価方法、教え方に関する）同僚教師の評価	○1	○2
SC032Q03TA	（3）学校長または教頭／副校長による授業視察	○1	○2
SC032Q04TA	（4）指導主事、その他の第三者による視察	○1	○2

7/12

SC034　テストの頻度

問19　**あなたの学校では通常、高校1年生の成績を評価する際に、次の方法をどのくらい用いていますか。(1)と(2)のそれぞれについて、あてはまるものを一つ選んでください。**

		まったくなし	年に1～2回	年に3～5回	月に1回	月に2回以上
SC034Q03TA	(1)教師が作成したテスト	○1	○2	○3	○4	○5
SC034Q04TA	(2)教師の観察による評定	○1	○2	○3	○4	○5

分岐質問:
SC034Q01NA、SC034Q02TA、SC034Q03TAのいずれかが1(「まったくなし」)より大きい場合、回答者はSC035を回答することになります。それ以外の回答者は成績評価の利用についての質問をとばし、SC036へ進みます。

SC035　成績評価の目的

分岐後の質問:
SC034Q01NA、SC034Q02TA、SC034Q03TAのいずれかが1(「まったくなし」)より大きい場合のみであり、それ以外はSC036へ進みます。

問20　**あなたの学校では、教師が作成したテストによる高校1年生の成績評価を、次の目的のために行っていますか。(1)～(11)のそれぞれについて、「はい」または「いいえ」のいずれかあてはまるものを選んでください。**

		教師が作成したテスト
SC035Q01N	(1)生徒の学習指導のため	選んでください ▼
SC035Q02T	(2)両親(保護者)に子どもの学習の進歩状況を伝えるため	選んでください ▼
SC035Q03T	(3)生徒の落第・進級を決定するため	選んでください ▼
SC035Q04T	(4)生徒をグループ分けして指導するため	選んでください ▼
SC035Q05T	(5)自校の成績を地域や全国の学校の成績と比較するため	選んでください ▼
SC035Q06T	(6)自校の成績の経年の推移を観察するため	選んでください ▼
SC035Q07T	(7)教師の指導の効果を判断するため	選んでください ▼
SC035Q08T	(8)指導方法やカリキュラムを改善すべきかどうかを判断するため	選んでください ▼
SC035Q09N	(9)指導を生徒のニーズに合わせるため	選んでください ▼
SC035Q10T	(10)自校を他校と比較するため	選んでください ▼
SC035Q11N	(11)生徒を表彰するため	選んでください ▼

プルダウンメニュー:
それぞれ「はい」か「いいえ」の選択肢が表示されます。

8/12

SC036　成績の公開

問21　**あなたの学校では、以下の説明を行う際に生徒達の成績に関する資料を使っていますか。(1)～(3)のそれぞれについて、あてはまるものを一つ選んでください。**

以下の「生徒達の成績」には学校全体あるいは学年全体で集計された試験の点数や評点、あるいは卒業率などが含まれます。

		はい	いいえ
SC036Q01TA	(1)生徒達の成績は公開されている(例：メディアを通じて)	○1	○2
SC036Q02TA	(2)生徒達の成績は、教育行政機関に長期的に追跡されている	○1	○2
SC036Q03NA	(3)生徒達の成績は、親に直接、提供されている	○1	○2

SC037　学校改善

問22　**あなたの学校では、質の保証や改善のために、次のような方法を用いていますか。また、その方法を用いているのは、教育委員会や文部科学省によって決められているからですか、それとも学校の裁量で行っているものですか。(1)～(10)のそれぞれについて、あてはまるものを一つ選んでください。**

(「ヘルプ」ボタンを使って、「内部評価」及び「外部評価」に関する説明を見ることができます。)

		はい、教育委員会や文部科学省によって決められているので、用いています。	はい、学校の裁量で用いています。	いいえ、用いていません。
SC037Q01TA	(1)内部評価／自己評価	○1	○2	○3
SC037Q02TA	(2)外部評価	○1	○2	○3
SC037Q03TA	(3)学校のカリキュラムと教育目標を記載した学校概要	○1	○2	○3
SC037Q04TA	(4)生徒の成績の評価基準を記載した学校概要	○1	○2	○3
SC037Q05NA	(5)教師の出勤簿や生徒の出席簿、専門性の向上(研修)に関する記録	○1	○2	○3
SC037Q06NA	(6)生徒のテストの成績や卒業率に関する記録	○1	○2	○3
SC037Q07TA	(7)生徒からの書面での評価(授業、教師、教材・設備などに関する)	○1	○2	○3
SC037Q08TA	(8)教師に対する個別の指導	○1	○2	○3
SC037Q09TA	(9)半年以上にわたる、1人以上の専門家による学校改善のための定期的なコンサルティング	○1	○2	○3
SC037Q10NA	(10)理科の教育方針の徹底(教師の研修を伴う、共通の指導教材を使ったカリキュラムの採用など)	○1	○2	○3

ヘルプ	内部評価：学校が指定した評価項目について、学校が行う評価。評価者は学校の一員、又は学校が委託した個人または組織とする。
ヘルプ	外部評価：外部機関が行う評価。学校は評価項目を指定しない。

分岐質問：
SC037Q01TAが「はい、教育委員会や文部科学省によって決められているので、用いています。」あるいは「はい、学校の裁量で用いています。」の場合、回答者は内部評価(SC040)についての追加質問を回答することになります。
上記以外でSC037Q02TAが「はい、教育委員会や文部科学省によって決められているので、用いています。」あるいは「はい、学校の裁量で用いています。」の場合、外部評価(SC041)についての質問へ進みます。
それ以外はすべての評価の質問項目をとばし、SC042へ進みます。

9/12

SC040　内部評価対象

分岐後の質問：
SC037Q01TAが「はい、教育委員会や文部科学省によって決められているので、用いています。」あるいは「はい、学校の裁量で用いています。」の場合のみ、回答者は内部評価（SC040）についての追加質問を回答することになります。
上記以外でSC037Q02TAが「はい、教育委員会や文部科学省によって決められているので、用いています。」あるいは「はい、学校の裁量で用いています。」の場合、外部評価（SC041）についての質問へ進みます。
それ以外はSC042へ進みます。

問23　**あなたの学校では、最近の内部評価に基づいて、次の分野で何らかの対応策を実施しましたか。（1）～（8）のそれぞれについて、あてはまるものを一つ選んでください。**

（「ヘルプ」ボタンを使って、「内部評価」に関する説明を見ることができます。）

		はい	いいえ、なぜなら結果が十分なものだったから	いいえ（その他の理由）
SC040Q02NA	（1）教員（例：仕事量、個々人の任務、資格）	○1	○2	○3
SC040Q03NA	（2）カリキュラムの実施	○1	○2	○3
SC040Q05NA	（3）指導と学習の質	○1	○2	○3
SC040Q11NA	（4）保護者の関与	○1	○2	○3
SC040Q12NA	（5）教師の専門性の向上	○1	○2	○3
SC040Q15NA	（6）生徒の成績	○1	○2	○3
SC040Q16NA	（7）生徒の教科横断的能力（自立学習、コミュニケーション能力、グループワークなど）	○1	○2	○3
SC040Q17NA	（8）校内における公平さ	○1	○2	○3

ヘルプ	内部評価：学校が指定した評価項目について、学校が行う評価。評価者は学校の一員、又は学校が委託した個人または組織とする。

SC041　外部評価の方法

分岐後の質問：
SC037Q02TAが「はい、教育委員会や文部科学省によって決められているので、用いています。」あるいは「はい、学校の裁量で用いています。」の場合のみ回答し、それ以外はSC042へ進みます。

問24　**次のようなことは、あなたの学校における最近の外部評価にあてはまりますか。（1）～（5）のそれぞれについて、あてはまるものを一つ選んでください。**

（「ヘルプ」ボタンを使って、「外部評価」に関する説明を見ることができます。）

		はい	いいえ
SC041Q01NA	（1）外部調査の結果によって学校の方針が変わった	○1	○2
SC041Q03NA	（2）調査結果を用いて、学校を改善するための活動が計画された	○1	○2
SC041Q04NA	（3）調査結果を用いて、授業を改善するための活動が計画された	○1	○2
SC041Q05NA	（4）外部調査の結果から得られた対応策を速やかに実践した	○1	○2
SC041Q06NA	（5）外部調査をきっかけとして生じた変革への動きは、すぐに「失われた」	○1	○2

ヘルプ	外部評価：外部機関が行う評価。学校は評価項目を指定しない。

10/12

多様な生徒への対応

SC042　能力別学級編制

問25　**学校（学科）の中には習熟度別、能力別指導を行っている所もあります。あなたの学校（学科）では、高校1年生を対象に次のような指導を行っていますか。（1）と（2）のそれぞれについて、あてはまるものを一つ選んでください。**

		すべての教科で	いくつかの教科で	どの教科でも行っていない
SC042Q01TA	（1）生徒は習熟度別、能力別に異なるクラスに分けられている	○1	○2	○3
SC042Q02TA	（2）生徒はクラスの中で習熟度別、能力別にグループ分けされている	○1	○2	○3

学校の雰囲気

SC061　生徒と教師の問題行動

問26　**あなたの学校（学科）では、生徒の学習に、次のようなことが支障となることが、どのくらいありますか。（1）～（10）のそれぞれについて、あてはまるものを一つ選んでください。**

		まったくない	非常に少ない	ある程度はある	よくある
SC061Q01TA	（1）生徒が無断欠席すること	○1	○2	○3	○4
SC061Q02TA	（2）生徒が授業をさぼること	○1	○2	○3	○4
SC061Q03TA	（3）生徒による教師への敬意が欠けていること	○1	○2	○3	○4
SC061Q04TA	（4）生徒がアルコールや違法な薬物を使用すること	○1	○2	○3	○4
SC061Q05TA	（5）生徒が他の生徒を脅したりいじめたりすること	○1	○2	○3	○4
SC061Q06TA	（6）教師が個々の生徒のニーズに応えていないこと	○1	○2	○3	○4
SC061Q07TA	（7）教師の欠勤	○1	○2	○3	○4
SC061Q08TA	（8）改革に対する教職員の抵抗	○1	○2	○3	○4
SC061Q09TA	（9）教師が生徒に対して厳格すぎること	○1	○2	○3	○4
SC061Q10TA	（10）教師の授業準備が足りないこと	○1	○2	○3	○4

SC063　保護者の参加への方針

問27　**あなたの学校では、保護者の参加について次のことがあてはまりますか。（1）～（6）のそれぞれについて、あてはまるものを一つ選んでください。**

		はい	いいえ
SC063Q02NA	（1）保護者の参加を促すよう、学校が歓迎していることが伝わるような雰囲気づくりをしている	○1	○2
SC063Q03NA	（2）学校の学習プログラムや子どもの学習状況について、学校・家庭間の双方向のコミュニケーションを円滑に行えるよう工夫している	○1	○2
SC063Q04NA	（3）学校の方針を決める場に、保護者も同席する	○1	○2
SC063Q06NA	（4）学校は、宿題や学習活動、意思決定、学習計画について、家庭で生徒をどのようにサポートすればよいかという情報やアイデアを家庭に提供している	○1	○2
SC063Q07NA	（5）学校は、地域の人々の協力や奉仕を活用して、学校での授業や家庭での実践、生徒の学力向上につなげている	○1	○2
SC063Q09NA	（6）保護者の学校活動への参加について、自治体が定める法律がある	○1	○2

SC064 保護者の学校への参加

問28 **昨年度、次の行事や活動に参加した保護者を持つ生徒はどのくらいいましたか。**

(1)～(4)のそれぞれについて、スライダーを該当する位置に移動させてください。参加した保護者がいない場合はゼロ(0)%を、すべての保護者が参加した場合は100%を選んでください。

SC064Q01TA	(1)保護者からの働きかけにより、教師と保護者が子どもの学習状況について話し合う	0%	100%
SC064Q02TA	(2)教師からの働きかけにより、教師と保護者が子どもの学習状況について話し合う	0%	100%
SC064Q03TA	(3)地域の学校協議会(保護者会や学校運営協議会など)に参加する	0%	100%
SC064Q04NA	(4)ボランティアとして肉体作業を伴う奉仕活動(校舎の清掃、大工仕事、校庭の手入れなど)や課外活動(発表会、スポーツ活動、遠足など)に参加する	0%	100%

スライダーバー:
値は「0～100」、1%刻み。

～ ご協力ありがとうございました ～

12/12

生徒質問調査

この生徒質問調査では、次のことについてお聞きします。

- ・あなた自身、ご家族、ご家庭
- ・あなたの生活
- ・あなたの学校
- ・学校歴と学習時間
- ・学校での理科の学習
- ・あなたの科学についての考え

各質問を注意深く読んで、できるだけ正確に答えてください。

この生徒質問調査には、これが「正しい答え」とか、これが「誤った答え」というものはありません。自分がそうだと思った答えが「正しい答え」なのです。

意味の分からない時や、質問への答え方がわからない時は、調査を監督している先生にたずねてください。

次の質問に進むための「次へ」ボタンは、画面の右下にあります。画面上に「次へ」ボタンがない場合は、画面を下にスクロールさせてください。

回答の秘密は厳守いたします。よろしくご協力ください。

あなた自身・ご家族・ご家庭

ST003 <CORE>生年月日

問1　**あなたの生年月日を西暦で入力してください。年、月、日はそれぞれプルダウンメニューから選んでください。**
（平成11年は1999年、平成12年は2000年です。）

ST003Q03TA	年	選んでください ▼
ST003Q02TA	月	選んでください ▼
ST003Q01TA	日	選んでください ▼

※「年」の選択肢は「1999」「2000」、「月」の選択肢は「1月」～「12月」、「日」の選択肢は「1日」～「31日」

一貫性チェック／生年月日が未入力の場合「あなたの生年月日をすべて入力してください。」という注意が表示されます。

1/19

ST004 <CORE>性別

問2　**あなたの性別はどちらですか。あてはまるものを一つ選んでください。**

ST004Q01TA

	男	○2
	女	○1

ST005 <CORE>母の学歴

問3　**お母さん（もしくはそれに相当する人）が最後に卒業した学校は、次のうちどれですか。あてはまるものを一つ選んでください。もし答え方が分からない場合は、先生に聞いてください。**

ST005Q01TA

ST006Q01TA	大学院	○1
ST006Q02TA	大学	○2
ST006Q03TA	短期大学または高等専門学校	○3
	高等学校普通科	○4
	高等学校専門学科（職業科など）	○5
	中学校	○6

ST007 <CORE>父の学歴

問4　**お父さん（もしくはそれに相当する人）が最後に卒業した学校は、次のうちどれですか。あてはまるものを一つ選んでください。もし答え方が分からない場合は、先生に聞いてください。**

ST007Q01TA

ST008Q01TA	大学院	○1
ST008Q02TA	大学	○2
ST008Q03TA	短期大学または高等専門学校	○3
	高等学校普通科	○4
	高等学校専門学科（職業科など）	○5
	中学校	○6

ST011 〈CORE〉家庭の所有物

問5　**あなたの家には次の物がありますか。（1）～（16）のそれぞれについて、あてはまるものを一つ選んでください。**

		はい	いいえ
ST011Q01TA	（1）勉強机	○1	○2
ST011Q02TA	（2）自分の部屋	○1	○2
ST011Q03TA	（3）静かに勉強できる場所	○1	○2
ST011Q04TA	（4）勉強に使えるコンピュータ	○1	○2
ST011Q05TA	（5）教育用コンピュータソフト	○1	○2
ST011Q06TA	（6）インターネット接続回線	○1	○2
ST011Q07TA	（7）文学作品（例：夏目漱石、芥川龍之介）	○1	○2
ST011Q08TA	（8）詩集	○1	○2
ST011Q09TA	（9）美術品（例：絵画）	○1	○2
ST011Q10TA	（10）学校の勉強に役立つ参考書	○1	○2
ST011Q11TA	（11）専門書	○1	○2
ST011Q12TA	（12）辞書	○1	○2
ST011Q16NA	（13）美術や音楽、デザインに関する本	○1	○2
ST011Q17TA	（14）デジタルカメラ	○1	○2
ST011Q18TA	（15）スマートフォン	○1	○2
ST011Q19TA	（16）衣類乾燥機	○1	○2

ST012 〈CORE〉家財の数

問6　**あなたの家には次の物がいくつありますか。（1）～（8）のそれぞれについて、あてはまるものを一つ選んでください。**

		ない	一つ	二つ	三つ以上
ST012Q01TA	（1）テレビ	○1	○2	○3	○4
ST012Q02TA	（2）自動車	○1	○2	○3	○4
ST012Q03TA	（3）浴室またはシャワー室	○1	○2	○3	○4
ST012Q05NA	（4）携帯電話（インターネット接続有り、スマートフォン含む）	○1	○2	○3	○4
ST012Q06NA	（5）コンピュータ（デスクトップ型、ノート型）	○1	○2	○3	○4
ST012Q07NA	（6）タブレット型コンピュータ（例：iPad®）	○1	○2	○3	○4
ST012Q08NA	（7）電子ブックリーダー（例：アマゾン®・キンドル™）	○1	○2	○3	○4
ST012Q09NA	（8）楽器（例：ギター、ピアノ）	○1	○2	○3	○4

3/19

ST013 <CORE>家庭にある本の冊数

問7
ST013Q01TA
あなたの家には本が何冊ありますか。あてはまるものを一つ選んでください。本棚1メートルにつき約40冊の本が入るとします。雑誌、新聞、教科書は数に含めないでください。

0〜10冊	○1
11〜25冊	○2
26〜100冊	○3
101〜200冊	○4
201〜500冊	○5
501冊以上	○6

ST014 母の職業

問8
次の二つの質問はお母さん（もしくはそれに相当する人）の職業に関するものです。

お母さん（もしくはそれに相当する人）の主な職業は何ですか。（例：教師、調理係、販売員）
（今、働いていない場合は、最後についていた職業について答えてください。）

ST014Q01TA　**職業の名称を入力してください。**

お母さん（もしくはそれに相当する人）は、その職業で具体的に何をしていますか。
（例：高校生を教えている、レストランの調理場で補助をしている、販売チームの指揮をしている）

ST014Q02TA　今の、または過去の職業の内容を具体的に書いてください。

ST015 父の職業

問9
次の二つの質問はお父さん（もしくはそれに相当する人）の職業に関するものです。

お父さん（もしくはそれに相当する人）の主な職業は何ですか。（例：教師、調理係、販売員）
（今、働いていない場合は、最後についていた職業について答えてください。）

ST015Q01TA　**職業の名称を入力してください。**

お父さん（もしくはそれに相当する人）は、その職業で具体的に何をしていますか。
（例：高校生を教えている、レストランの調理場で補助をしている、販売チームの指揮をしている）

ST015Q02TA　今の、または過去の職業の内容を具体的に書いてください。

4/19

ST123　親の支え

問10　**今年、次のことは、あなたにどのくらいあてはまりますか。(1)～(4)のそれぞれについて、あてはまるものを一つ選んでください。**

		まったくその通りでない	その通りでない	その通りだ	まったくその通りだ
ST123Q01NA	(1)親(もしくはそれに相当する人)は、私が学校でしている活動に関心がある	○1	○2	○3	○4
ST123Q02NA	(2)親は、私が勉強で努力していることや達成しようとしていることを応援してくれる	○1	○2	○3	○4
ST123Q03NA	(3)親は、学校で困難な状況に直面したとき助けてくれる	○1	○2	○3	○4
ST123Q04NA	(4)親は、私が自信をもてるように励ましてくれる	○1	○2	○3	○4

ST019　生まれた国

問11　**ご両親(もしくは保護者の方)とあなたが生まれた国はどこですか。それぞれについて、あてはまるものを一つ選んでください。**

	あなた ST019Q01TA	母親 ST019Q01TB	父親 ST019Q01TC
日本	○1	○1	○1
外国	○6	○6	○6

分岐質問:
生徒が日本で生まれた場合、ST021をとばします。生徒の出身が日本ではない場合、ST021へ進みます。それ以外はST022へ進みます。

ST021　日本に来た年齢(選択)

→ST019で「あなた」が「日本」ではなかった場合のみ。それ以外はとばしてST022へ進みます。

問12
ST021Q01TA
あなたが日本に来たのは、何才の時ですか。プルダウンメニューから年令を選んでください。生後12か月未満の場合は、0～1才を選んでください。

選んでください ▼

※選択肢は「0～1才」「1才」～「16才」

ST022　家庭での使用言語

問13　**あなたの家では主に何語で話していますか。あてはまるものを一つ選んでください。**

ST022Q01TA	日本語	○1
ST022Q05TA	その他の言語	○2

5/19

ST125　就学前教育（年齢）
問14　**あなたは幼稚園や保育所に何才から通いましたか。プルダウンメニューから数字（年令）を選んでください。**
ST125Q01NA

年令　　選んでください ▼

プルダウンメニュー：
「1才以下」「2才」「3才」「4才」「5才」「6才以上」「幼稚園や保育所に通わなかった」「おぼえていない」の選択肢が表示されます。

あなたの生活

ST016　生活満足度
問15　**次の質問は、あなたがあなたの生活にどのくらい満足しているかを、「0」から「10」の数字で聞いています。「0」は「まったく満足していない」を、「10」は「十分に満足している」ことを意味します。**
ST016Q01NA

全体として、あなたはあなたの最近の生活全般に、どのくらい満足していますか。スライダーを該当する数字に移動させてください。

0　まったく満足していない　　十分に満足している　10

スライダーバー：
値は0～10（まったく満足していない、十分に満足している）、1刻み。

ST111　学歴への期待
問16　**あなたは、自分がどの教育段階まで終えると<u>思います</u>か。あてはまるものを一つ選んでください。**
ST111Q01TA

高等学校専門学科	○1
高等学校普通科等	○2
短期大学・高等専門学校	○3
大学・大学院	○4

ST114　30歳の時の職業
問17　**あなたは30歳くらいになったら、どんな職業についていると思いますか。**
ST114Q01TA

職業の名称を入力してください。

6/19

ST118 テストへの不安

問18 **次のことは、あなた自身にどのくらいあてはまりますか。(1)～(5)のそれぞれについて、あてはまるものを一つ選んでください。**

		まったくその通りでない	その通りでない	その通りだ	まったくその通りだ
ST118Q01NA	(1)テストが難しいのではないかとよく心配になる	○1	○2	○3	○4
ST118Q02NA	(2)学校で悪い成績をとるのではないかと心配になる	○1	○2	○3	○4
ST118Q03NA	(3)テスト勉強を十分にしていても、とても不安になる	○1	○2	○3	○4
ST118Q04NA	(4)テスト勉強中は、とても緊張する	○1	○2	○3	○4
ST118Q05NA	(5)学校で課題の解き方がわからないとき、神経質になる	○1	○2	○3	○4

ST119 成功への動機づけ

問19 **次のことは、あなた自身にどのくらいあてはまりますか。(1)～(5)のそれぞれについて、あてはまるものを一つ選んでください。**

		まったくその通りでない	その通りでない	その通りだ	まったくその通りだ
ST119Q01NA	(1)ほとんどすべての科目で、上位の成績をとりたい	○1	○2	○3	○4
ST119Q02NA	(2)卒業するとき、最も良い進路の中から選べるようになりたい	○1	○2	○3	○4
ST119Q03NA	(3)何でも一番になりたい	○1	○2	○3	○4
ST119Q04NA	(4)私には向上心があると思う	○1	○2	○3	○4
ST119Q05NA	(5)クラスで一番の生徒になりたい	○1	○2	○3	○4

ST121 やる気のある人

問20 **次の3人の生徒について書かれた文章を読んでください。ここで与えられた情報に基づいて、あなたは、この生徒はやる気がある、という文章があてはまると思いますか。(1)～(3)のそれぞれについて、あてはまるものを一つ選んでください。**

		まったくその通りでない	その通りでない	その通りだ	まったくその通りだ
ST121Q01NA	(1)和也君は問題に直面すると簡単にあきらめ、授業の予習もほとんどしていません **和也君はやる気がある**	○1	○2	○3	○4
ST121Q02NA	(2)ひとみさんは、ほとんどの場合、やり始めた課題には興味を持って取り組み、時には期待されている以上のことをします **ひとみさんはやる気がある**	○1	○2	○3	○4
ST121Q03NA	(3)誠二君は学校でトップの成績をとりたいと思っていて、すべてが完璧になるまで努力し続けます **誠二君はやる気がある**	○1	○2	○3	○4

7/19

あなたの学校

ST082　協同作業への態度

問21　**次のことは、あなた自身にどのくらいあてはまりますか。(1)～(8)のそれぞれについて、あてはまるものを一つ選んでください。**

		まったくその通りでない	その通りでない	その通りだ	まったくその通りだ
ST082Q01NA	(1)1人で作業をするより、共同作業の方が好きだ	○1	○2	○3	○4
ST082Q02NA	(2)人の話をよく聞く	○1	○2	○3	○4
ST082Q03NA	(3)クラスの友達が成功するのを見るのがうれしい	○1	○2	○3	○4
ST082Q08NA	(4)ほかの人が興味を持っていることに気を配る	○1	○2	○3	○4
ST082Q09NA	(5)チームの方が、1人よりいい決定をすると思う	○1	○2	○3	○4
ST082Q12NA	(6)異なる意見について考えるのは楽しい	○1	○2	○3	○4
ST082Q13NA	(7)共同作業だと、自分の力が発揮できる	○1	○2	○3	○4
ST082Q14NA	(8)友達と協力するのは楽しい	○1	○2	○3	○4

ST034　学校生活

問22　**学校生活について、次のようなことは、あなたにどのくらいあてはまりますか。(1)～(6)のそれぞれについて、あてはまるものを一つ選んでください。**

		まったくその通りだ	その通りだ	その通りでない	まったくその通りでない
ST034Q01TA	(1)学校ではよそ者だ(またはのけ者にされている)と感じる	○1	○2	○3	○4
ST034Q02TA	(2)学校ではすぐに友達ができる	○1	○2	○3	○4
ST034Q03TA	(3)学校の一員だと感じている	○1	○2	○3	○4
ST034Q04TA	(4)学校は気おくれがして居心地が悪い	○1	○2	○3	○4
ST034Q05TA	(5)他の生徒たちは私をよく思ってくれている	○1	○2	○3	○4
ST034Q06TA	(6)学校にいると、さみしい	○1	○2	○3	○4

ST039　先生と公平さ

問23　**過去1年間に、あなたは学校で、次のようなことをどのくらい経験しましたか。(1)～(6)のそれぞれについて、あてはまるものを一つ選んでください。**

		まったく又はほとんどない	年に数回	月に数回	週に1回以上
ST039Q01NA	(1)先生が話しかける回数は、他の生徒より私の方が少なかった	○1	○2	○3	○4
ST039Q02NA	(2)先生は他の生徒よりも私に厳しく成績をつけた	○1	○2	○3	○4
ST039Q03NA	(3)先生は私の本当の能力よりも低く評価しているように感じた	○1	○2	○3	○4
ST039Q04NA	(4)先生は他の生徒よりも私に厳しかった	○1	○2	○3	○4
ST039Q05NA	(5)先生は他の生徒の前で私をからかった	○1	○2	○3	○4
ST039Q06NA	(6)先生は他の生徒の前で私を侮辱(ぶじょく)するようなことを言った	○1	○2	○3	○4

ST038　いじめ

問24　**過去1年間に、あなたは学校で、次のようなことをどのくらい経験しましたか。(1)～(8)のそれぞれについて、あてはまるものを一つ選んでください。**

		まったく又はほとんどない	年に数回	月に数回	週に1回以上
ST038Q01NA	(1)他の生徒から悪口を言われた	○1	○2	○3	○4
ST038Q02NA	(2)他の生徒にいじめられた	○1	○2	○3	○4
ST038Q03NA	(3)他の生徒から仲間外れにされた	○1	○2	○3	○4
ST038Q04NA	(4)他の生徒にからかわれた	○1	○2	○3	○4
ST038Q05NA	(5)他の生徒におどされた	○1	○2	○3	○4
ST038Q06NA	(6)他の生徒に自分の物を取られたり、壊されたりした	○1	○2	○3	○4
ST038Q07NA	(7)他の生徒にたたかれたり、押されたりした	○1	○2	○3	○4
ST038Q08NA	(8)他の生徒に意地の悪いうわさを流された	○1	○2	○3	○4

学校歴と学習時間

ST059　1週間の教科別校時数(入力)

問25　**あなたは、普段、1週間に次の教科の授業を何校時受けていますか。それぞれの教科の1週間あたりの校時数を入力してください。受けていない場合は、0(ゼロ)を入力してください。**

ST059Q01TA	国語の週あたりの校時数	☐
ST059Q02TA	数学の週あたりの校時数	☐
ST059Q03TA	理科の週あたりの校時数	☐

入力欄には数字のみ入ります。
一貫性チェック／15より大きい値を入力した場合、注意が表示されます。

ST060　1週間の全校時数

問26　**あなたは、普段、学校で1週間に全部で何校時の授業がありますか。スライダーを移動させて、1週間あたりの全校時数を選んでください。**
ST060Q01NA

授業の全校時数　　0校時 ―― 80校時以上

スライダーバー：
値は「0校時」～「80校時以上」、1校時刻み。
一貫性チェック／10校時未満あるいは60校時より大きい数値には注意が表示されます。

ST061　1校時の時間

問27　**1校時の授業時間は平均何分間ですか。スライダーを移動させて、1校時の時間数(分)を選んでください。**
ST061Q01NA

1校時の時間数(分)　　0分 ―― 120分以上

スライダーの幅は「0分」～「120分以上」。
一貫性チェック／10分より未満あるいは80分より大きい数値には注意が表示され、5分刻み。

ST062　授業をサボる

問28　**最近2週間のうち、次のことが何回ありましたか。(1)～(3)のそれぞれについて、あてはまるものを一つ選んでください。**

		まったくなかった	1～2回	3～4回	5回以上
ST062Q01TA	(1)学校を無断欠席した	○1	○2	○3	○4
ST062Q02TA	(2)授業をサボった	○1	○2	○3	○4
ST062Q03TA	(3)学校に遅刻した	○1	○2	○3	○4

ST071　学習時間

問29　今年、学校の授業以外で、あなたは次の科目を週何時間勉強していますか。スライダーをあてはまる数字（時間）に移動させてください。宿題や補習、個人学習、家庭教師がついての勉強、塾など、すべての勉強時間を含みますが、勉強していない場合は0（ゼロ）を選んでください。

ST071Q01NA	理科	0時間	週30時間以上
ST071Q02NA	数学	0時間	週30時間以上
ST071Q03NA	国語	0時間	週30時間以上
ST071Q04NA	外国語	0時間	週30時間以上
ST071Q05NA	その他	0時間	週30時間以上

スライダーバー：
値は「0時間」～「週30時間以上」、1時間刻み。
一貫性チェック／20時間以上の数値には注意が表示されます。

ST031　1週間の体育数

問30
ST031Q01NA　今年度、あなたの体育の授業は平均して週何日ありますか。プルダウンメニューから選んでください。

選んでください ▼

プルダウンメニュー：
「0日」～「6日」が表示されます。

ST032　学外での運動

問31　あなたは学校外で、次のようなことに過去1週間のうち何日参加しましたか。（1）と（2）のそれぞれについて、プルダウンメニューから選んでください。

ST032Q01NA	（1）1日あたり60分以上の軽い運動（例：ウォーキング、階段の上り下り、自転車での通学）	選んでください ▼
ST032Q02NA	（2）1日あたり20分以上の、汗をかいたり呼吸が激しくなるような、激しい運動（例：ランニング、サイクリング、エアロビクス、サッカー、スケート）	選んでください ▼

プルダウンメニュー：
「0日」～「7日」が表示されます。

学校での理科の学習

ST063　理科各科目の受講

問32　**あなたは、今年、次の理科の授業を受けていますか。あてはまるものすべてを選んでください。**

		今年
ST063Q01N	物理	□1
ST063Q02N	化学	□1
ST063Q03N	生物	□1
ST063Q04N	地学	□1
ST063Q05N	理科課題研究	□1
ST063Q06N	科学と人間生活	□1

分岐質問：
「今年」の授業でクリックした合計が0より大きい（少なくとも今年理科の授業を一つ受けている）場合、ST064～ST107が表示されます。それ以外はST064～ST107をとばし、「あなたの科学についての考え」のセクションへ進みます。

ST097　理科の授業の雰囲気

→生徒がST063で今年、理科の授業を少なくとも一つ受けていることを回答した場合のみ表示されます。

問33　**学校の理科の授業で、次のようなことはどのくらいありますか。（1）～（5）のそれぞれについて、あてはまるものを一つ選んでください。**

		いつもそうだ	たいていそうだ	たまにある	まったく、又はほとんどない
ST097Q01TA	（1）生徒は、先生の言うことを聞いていない	○1	○2	○3	○4
ST097Q02TA	（2）授業中は騒がしくて、荒れている	○1	○2	○3	○4
ST097Q03TA	（3）先生は、生徒が静まるまで長い時間待たなければならない	○1	○2	○3	○4
ST097Q04TA	（4）生徒は、勉強があまりよくできない	○1	○2	○3	○4
ST097Q05TA	（5）生徒は、授業が始まってもなかなか勉強にとりかからない	○1	○2	○3	○4

12/19

ST098　理科の学習活動

→生徒がST063で今年、理科の授業を少なくとも一つ受けていることを回答した場合のみ表示されます。

問34　**あなたが受けている学校の理科の授業で、次のようなことはどのくらいありますか。(1)～(9)のそれぞれについて、あてはまるものを一つ選んでください。**

		いつもそうだ	たいていそうだ	たまにある	まったく、又はほとんどない
ST098Q01TA	(1)生徒には自分の考えを発表する機会が与えられている	○1	○2	○3	○4
ST098Q02TA	(2)生徒が実験室で実験を行う	○1	○2	○3	○4
ST098Q03NA	(3)生徒は、科学の問題について議論するよう求められる	○1	○2	○3	○4
ST098Q05TA	(4)生徒は、実験したことからどんな結論が得られたかを考えるよう求められる	○1	○2	○3	○4
ST098Q06TA	(5)先生は理科で習った考え方が、多くの異なる現象(例：物体の運動、似た性質を持つ物質など)に応用できることを教えてくれる	○1	○2	○3	○4
ST098Q07TA	(6)実験の手順を生徒自身で考える	○1	○2	○3	○4
ST098Q08NA	(7)調査についてクラスで議論する	○1	○2	○3	○4
ST098Q09TA	(8)先生は、科学の考えが実生活に密接に関わっていることを解説してくれる	○1	○2	○3	○4
ST098Q10NA	(9)生徒は、アイデアを調査で確かめるよう求められる	○1	○2	○3	○4

ST065　学習している理科の科目

→生徒がST063で今年、理科の授業を少なくとも一つ受けていることを回答した場合のみ表示されます。

問35　**以下の質問には、現在あなたが学習している理科の科目についてお答えください。**

ST065Q01NA　その科目名を入力してください。

ST100　理科の先生

→生徒がST063で今年、理科の授業を少なくとも一つ受けていることを回答した場合のみ表示されます。

問36　**学校の理科の授業で、次のようなことはどのくらいありますか。(1)～(5)のそれぞれについて、あてはまるものを一つ選んでください。**

		いつもそうだ	たいていそうだ	たまにある	まったく、又はほとんどない
ST100Q01TA	(1)先生は、生徒一人一人の勉強に関心を持っている	○1	○2	○3	○4
ST100Q02TA	(2)生徒が助けて欲しいときは、先生は助けてくれる	○1	○2	○3	○4
ST100Q03TA	(3)先生は、生徒の学習を助けてくれている	○1	○2	○3	○4
ST100Q04TA	(4)先生は、生徒がわかるまで何度でも教えてくれる	○1	○2	○3	○4
ST100Q05TA	(5)先生は、意見を発表する機会を生徒に与えてくれる	○1	○2	○3	○4

13/19

ST103　理科の科目での授業方法

→生徒がST063で今年、理科の授業を少なくとも一つ受けていることを回答した場合のみ表示されます。

問37　**この理科の授業で、次のようなことはどのくらいありますか。(1)～(4)のそれぞれについて、あてはまるものを一つ選んでください。**

(「この理科の授業」とは、前の質問であなたが答えた理科の授業を指しています。)

		まったく、又はほとんどない	たまにある	たいていそうだ	いつもそうだ
ST103Q01NA	(1)先生が、科学的な考えについて説明する	○$_1$	○$_2$	○$_3$	○$_4$
ST103Q03NA	(2)先生も含め、クラス全体で話し合う	○$_1$	○$_2$	○$_3$	○$_4$
ST103Q08NA	(3)先生が生徒からの質問を説明する	○$_1$	○$_2$	○$_3$	○$_4$
ST103Q11NA	(4)先生が手順や考え方の手本を見せる	○$_1$	○$_2$	○$_3$	○$_4$

ST104　先生による助言(理科)

→生徒がST063で今年、理科の授業を少なくとも一つ受けていることを回答した場合のみ表示されます。

問38　**この理科の授業で、次のようなことはどのくらいありますか。(1)～(5)のそれぞれについて、あてはまるものを一つ選んでください。**

(「この理科の授業」とは、前の質問であなたが答えた理科の授業を指しています。)

		まったく、又はほとんどない	たまにある	たいていそうだ	いつもそうだ
ST104Q01NA	(1)先生は、私がその科目をどれくらい理解できているかを教えてくれる	○$_1$	○$_2$	○$_3$	○$_4$
ST104Q02NA	(2)先生は、理科における私の長所を教えてくれる	○$_1$	○$_2$	○$_3$	○$_4$
ST104Q03NA	(3)先生は、私の改善の余地がある部分について教えてくれる	○$_1$	○$_2$	○$_3$	○$_4$
ST104Q04NA	(4)先生は、理科の成績を上げる方法を教えてくれる	○$_1$	○$_2$	○$_3$	○$_4$
ST104Q05NA	(5)先生は、学習の目標を達成する方法を教えてくれる	○$_1$	○$_2$	○$_3$	○$_4$

ST107　生徒に合わせた授業(理科)

→生徒がST063で今年、理科の授業を少なくとも一つ受けていることを回答した場合のみ表示されます。

問39　**この理科の授業で、次のようなことはどのくらいありますか。(1)～(3)のそれぞれについて、あてはまるものを一つ選んでください。**

(「この理科の授業」とは、前の質問であなたが答えた理科の授業を指しています。)

		まったく、又はほとんどない	たまにある	たいていそうだ	いつもそうだ
ST107Q01NA	(1)先生は、クラスの必要やレベルに合わせて授業をする	○$_1$	○$_2$	○$_3$	○$_4$
ST107Q02NA	(2)課題を理解するのが難しい生徒に、先生が個別に指導する	○$_1$	○$_2$	○$_3$	○$_4$
ST107Q03NA	(3)ほとんどの生徒にとって理解するのが難しいテーマや課題のとき、先生は授業のやり方を変える	○$_1$	○$_2$	○$_3$	○$_4$

あなたの科学についての考え

ST092　環境問題の知識

問40　**あなたは、次の環境に関する諸問題についてどのくらい知っていますか。（1）～（7）のそれぞれについて、あてはまるものを一つ選んでください。**

		聞いたことがない	聞いたことはあるが、それが何かを説明することはできない	ある程度は知っており、問題について大まかに説明できる	よく知っており、詳しく説明することができる
ST092Q01TA	（1）大気中の温室効果ガスの増加	○1	○2	○3	○4
ST092Q02TA	（2）遺伝子組み換え生物の利用	○1	○2	○3	○4
ST092Q04TA	（3）核廃棄物	○1	○2	○3	○4
ST092Q05TA	（4）土地開発のための森林伐採の影響	○1	○2	○3	○4
ST092Q06NA	（5）大気汚染	○1	○2	○3	○4
ST092Q08NA	（6）動植物の絶滅	○1	○2	○3	○4
ST092Q09NA	（7）水不足	○1	○2	○3	○4

ST093　環境問題の今後

問41　**あなたは、次の環境に関する諸問題が今後20年間で改善されると思いますか。それともますます悪化すると思いますか。（1）～（7）のそれぞれについて、あてはまるものを一つ選んでください。**

		改善される	今と変わらない	ますます悪化する
ST093Q01TA	（1）大気汚染	○1	○2	○3
ST093Q03TA	（2）動植物の絶滅	○1	○2	○3
ST093Q04TA	（3）土地開発のための森林伐採	○1	○2	○3
ST093Q05TA	（4）水不足	○1	○2	○3
ST093Q06TA	（5）核廃棄物	○1	○2	○3
ST093Q07NA	（6）大気中の温室効果ガスの増加	○1	○2	○3
ST093Q08NA	（7）遺伝子組み換え生物の利用	○1	○2	○3

15/19

ST094　あなたの理科への態度

問42　**あなたは、次のことについてどの程度そうだと思いますか。(1)～(5)のそれぞれについて、あてはまるものを一つ選んでください。**

		まったくそうは思わない	そうは思わない	そうだと思う	まったくそうだと思う
ST094Q01NA	(1)科学の話題について学んでいる時は、たいてい楽しい	○1	○2	○3	○4
ST094Q02NA	(2)科学についての本を読むのが好きだ	○1	○2	○3	○4
ST094Q03NA	(3)科学についての問題を解いている時は楽しい	○1	○2	○3	○4
ST094Q04NA	(4)科学についての知識を得ることは楽しい	○1	○2	○3	○4
ST094Q05NA	(5)科学についてを学ぶことに興味がある	○1	○2	○3	○4

ST095　科学への関心

問43　**あなたは、次の科学的テーマにどのくらい関心がありますか。(1)～(5)のそれぞれについて、あてはまるものを一つ選んでください。**

		関心がない	ほとんど関心がない	関心がある	非常に関心がある	これが何かわからない
ST095Q04NA	(1)生物圏(例：生態系、持続可能性)	○1	○2	○3	○4	○5
ST095Q07NA	(2)運動と力(例：速度、摩擦、磁力、重力)	○1	○2	○3	○4	○5
ST095Q08NA	(3)エネルギーとその変換(例：保存、化学反応)	○1	○2	○3	○4	○5
ST095Q13NA	(4)宇宙とその歴史	○1	○2	○3	○4	○5
ST095Q15NA	(5)科学による病気の予防	○1	○2	○3	○4	○5

ST113　理科の学習と将来

問44　**あなたは、次のことについてどの程度そうだと思いますか。(1)～(4)のそれぞれについて、あてはまるものを一つ選んでください。**

		まったくそうだと思う	そうだと思う	そうは思わない	まったくそうは思わない
ST113Q01TA	(1)将来自分の就きたい仕事で役に立つから、努力して理科の科目を勉強することは大切だ	○1	○2	○3	○4
ST113Q02TA	(2)将来やりたいことに必要となるので、理科を勉強することは重要だ	○1	○2	○3	○4
ST113Q03TA	(3)理科の科目を勉強することは、将来の仕事の可能性を広げてくれるので、私にとってはやりがいがある	○1	○2	○3	○4
ST113Q04TA	(4)理科の授業で学んだ多くのことは就職に役立つ	○1	○2	○3	○4

16/19

ST129　科学的問題の認識

問45　**あなたは、次の課題を自分自身でするとしたら、どの程度できると思いますか。(1)～(8)のそれぞれについて、あてはまるものを一つ選んでください。**

		簡単にできる	少し努力すればできる	とても大変である	できない
ST129Q01TA	(1)健康問題を扱った新聞記事を読んで、何が科学的に問題なのかを読み取ること	○1	○2	○3	○4
ST129Q02TA	(2)地震がひんぱんに発生する地域とそうでない地域があるのはなぜかについて説明すること	○1	○2	○3	○4
ST129Q03TA	(3)病気の治療で使う抗生物質にはどのような働きがあるかを説明すること	○1	○2	○3	○4
ST129Q04TA	(4)ゴミ捨てについて、何が科学的な問題なのかがわかること	○1	○2	○3	○4
ST129Q05TA	(5)環境の変化が、そこに住む特定の生物の生存にどのように影響するかを予測すること	○1	○2	○3	○4
ST129Q06TA	(6)食品ラベルに表示されている科学的な説明を理解すること	○1	○2	○3	○4
ST129Q07TA	(7)火星に生命体が存在するかについて、これまで自分で考えていたことが、新発見によりどう変わってきたかを議論すること	○1	○2	○3	○4
ST129Q08TA	(8)酸性雨の発生の仕方に関して二つの説があった時に、そのどちらが正しいか見極めること	○1	○2	○3	○4

ST131　科学の変化

問46　**あなたは、次のことについてどの程度そうだと思いますか。(1)～(6)のそれぞれについて、あてはまるものを一つ選んでください。**

		まったくそうは思わない	そうは思わない	そうだと思う	まったくそうだと思う
ST131Q01NA	(1)何が真実かを確かめる良い方法は、実験することだ	○1	○2	○3	○4
ST131Q03NA	(2)科学的見解は、変わることがある	○1	○2	○3	○4
ST131Q04NA	(3)良い答えは、たくさんの異なる実験から得られた証拠に基づく	○1	○2	○3	○4
ST131Q06NA	(4)発見したことを確認するために、実験は2度以上行った方がよい	○1	○2	○3	○4
ST131Q08NA	(5)科学的に真実だとされていることについて、科学者が考えを変えることがある	○1	○2	○3	○4
ST131Q11NA	(6)科学の本に書かれている見解が変わることがある	○1	○2	○3	○4

17/19

ST146　メディアと科学

問47　あなたは、次のことをどのくらいしていますか。(1)～(9)のそれぞれについて、あてはまるものを一つ選んでください。

		頻繁に	定期的に	時々	まったくあるいはほとんどしない
ST146Q01TA	(1)科学に関するテレビ番組を見る	○1	○2	○3	○4
ST146Q02TA	(2)科学に関する本を借りたり、買ったりする	○1	○2	○3	○4
ST146Q03TA	(3)科学を話題にしているインターネットを見る	○1	○2	○3	○4
ST146Q04TA	(4)科学に関する雑誌や新聞の記事を読む	○1	○2	○3	○4
ST146Q05TA	(5)科学クラブの活動に参加する	○1	○2	○3	○4
ST146Q06NA	(6)コンピュータソフトを使って自然現象のシミュレーションをする	○1	○2	○3	○4
ST146Q07NA	(7)コンピュータを使って機械の仕組みのシミュレーションをする	○1	○2	○3	○4
ST146Q08NA	(8)環境団体のサイトを見る	○1	○2	○3	○4
ST146Q09NA	(9)ブログを通じて、科学、環境保護、環境団体のニュースをフォローしている	○1	○2	○3	○4

ST076　朝の習慣

問48　一番最近の登校日について、あなたは登校前に次のことをしましたか。(1)～(11)のそれぞれについて、あてはまるものを一つ選んでください。

		はい	いいえ
ST076Q01NA	(1)朝食を食べる	○1	○2
ST076Q02NA	(2)学校の勉強や宿題をする	○1	○2
ST076Q03NA	(3)テレビ、DVD、ビデオを見る	○1	○2
ST076Q04NA	(4)本、新聞、雑誌を読む	○1	○2
ST076Q05NA	(5)インターネットをする(例:Facebook, Mobage)	○1	○2
ST076Q06NA	(6)テレビゲームをする	○1	○2
ST076Q07NA	(7)友達に会ったり、電話で話す	○1	○2
ST076Q08NA	(8)親(もしくはそれに相当する人)と話をする	○1	○2
ST076Q09NA	(9)家事や家族の世話をする	○1	○2
ST076Q10NA	(10)アルバイトをする	○1	○2
ST076Q11NA	(11)運動をする	○1	○2

ST078　晩の習慣

問49　一番最近の登校日について、あなたは下校後に次のことをしましたか。(1)～(11)のそれぞれについて、あてはまるものを一つ選んでください。

		はい	いいえ
ST078Q01NA	(1)夕食を食べる	○1	○2
ST078Q02NA	(2)学校の勉強や宿題をする	○1	○2
ST078Q03NA	(3)テレビ、DVD、ビデオを見る	○1	○2
ST078Q04NA	(4)本、新聞、雑誌を読む	○1	○2
ST078Q05NA	(5)インターネットをする(例:Facebook, Mobage)	○1	○2
ST078Q06NA	(6)テレビゲームをする	○1	○2
ST078Q07NA	(7)友達に会ったり、電話で話す	○1	○2
ST078Q08NA	(8)親(もしくはそれに相当する人)と話をする	○1	○2
ST078Q09NA	(9)家事や家族の世話をする	○1	○2
ST078Q10NA	(10)アルバイトをする	○1	○2
ST078Q11NA	(11)運動をする	○1	○2

～　ご協力ありがとうございました　～

付録A

付録A

ICT活用調査

ここからは、携帯電話、デスクトップ・コンピュータ、ノートパソコン、スマートフォン、タブレット型コンピュータ、ゲーム機、インターネットに接続しているテレビなど、様々なIT機器（デジタルメディア、デジタル機器）の利用状況についてお聞きします。

IC001　自宅にある機器

問1　**次のもののうち、自宅であなたが利用できる機器はありますか。（1）～（11）のそれぞれについて、あてはまるものを一つ選んで下さい。**

		はい、使っています	はい、でも使っていません	いいえ
C001Q01TA	（1）デスクトップ・コンピュータ	$\bigcirc_1$	$\bigcirc_2$	$\bigcirc_3$
IC001Q02TA	（2）ノートパソコン	$\bigcirc_1$	$\bigcirc_2$	$\bigcirc_3$
IC001Q03TA	（3）タブレット型コンピュータ（ iPad®など）	$\bigcirc_1$	$\bigcirc_2$	$\bigcirc_3$
IC001Q04TA	（4）インターネット接続	$\bigcirc_1$	$\bigcirc_2$	$\bigcirc_3$
IC001Q05TA	（5）ビデオゲーム機（Sony®のプレイステーション®など）	$\bigcirc_1$	$\bigcirc_2$	$\bigcirc_3$
IC001Q06TA	（6）携帯電話（インターネット接続無し）	$\bigcirc_1$	$\bigcirc_2$	$\bigcirc_3$
IC001Q07TA	（7）携帯電話（インターネット接続有り）	$\bigcirc_1$	$\bigcirc_2$	$\bigcirc_3$
IC001Q08TA	（8）携帯音楽プレーヤー（MP3／MP4プレーヤー、iPod®など）	$\bigcirc_1$	$\bigcirc_2$	$\bigcirc_3$
IC001Q09TA	（9）プリンター	$\bigcirc_1$	$\bigcirc_2$	$\bigcirc_3$
IC001Q10TA	（10）USB（メモリ）スティック	$\bigcirc_1$	$\bigcirc_2$	$\bigcirc_3$
IC001Q11TA	（11）電子ブックリーダー（アマゾン®・キンドル™など）	$\bigcirc_1$	$\bigcirc_2$	$\bigcirc_3$

IC009　学校にある機器

問2　**次のもののうち、学校であなたが利用できる機器はありますか。（1）～（10）のそれぞれについて、あてはまるものを一つ選んで下さい。**

		はい、使っています	はい、でも使っていません	いいえ
IC009Q01TA	（1）デスクトップ・コンピュータ	$\bigcirc_1$	$\bigcirc_2$	$\bigcirc_3$
IC009Q02TA	（2）ノートパソコン	$\bigcirc_1$	$\bigcirc_2$	$\bigcirc_3$
IC009Q03TA	（3）タブレット型コンピュータ（ iPad®など）	$\bigcirc_1$	$\bigcirc_2$	$\bigcirc_3$
IC009Q05NA	（4）インターネットに接続している学校のコンピュータ	$\bigcirc_1$	$\bigcirc_2$	$\bigcirc_3$
IC009Q06NA	（5）無線LANを介したインターネット接続	$\bigcirc_1$	$\bigcirc_2$	$\bigcirc_3$
IC009Q07NA	（6）自分の文書を保存するフォルダーなど、学校に関係するデータのための保存領域	$\bigcirc_1$	$\bigcirc_2$	$\bigcirc_3$
IC009Q08TA	（7）USB（メモリ）スティック	$\bigcirc_1$	$\bigcirc_2$	$\bigcirc_3$
IC009Q09TA	（8）電子ブックリーダー（アマゾン®・キンドル™など）	$\bigcirc_1$	$\bigcirc_2$	$\bigcirc_3$
IC009Q10NA	（9）プレゼンテーションなどに使うプロジェクター	$\bigcirc_1$	$\bigcirc_2$	$\bigcirc_3$
IC009Q11NA	（10）スマートボード®などの電子黒板	$\bigcirc_1$	$\bigcirc_2$	$\bigcirc_3$

1/8

IC002　デジタル機器開始年齢

問3
IC002Q01NA

初めてIT機器（デジタル機器）を使ったのは何才のときですか。あてはまるものを一つ選んで下さい。

（ここでIT機器（デジタル機器）とは、携帯電話、デスクトップ・コンピュータ、ノートパソコン、スマートフォン、タブレット型コンピュータ、ゲーム機、インターネットに接続しているテレビなど様々なものを指します。）

6才以下	○1
7～9才	○2
10～12才	○3
13才以上	○4
これまで使ったことがなかった	○5

→生徒が「これまで使ったことがなかった」を選んだ場合、以降の質問項目は生徒に該当しないため、この質問調査は終了します。

IC003　コンピュータ開始年齢

問4
IC003Q01TA

初めてデスクトップ・コンピュータ、ノートパソコン、タブレット型コンピュータのいずれかを使ったのは何才のときですか。あてはまるものを一つ選んでください。

6才以下	○1
7～9才	○2
10～12才	○3
13才以上	○4
コンピュータを使ったことはない	○5

IC004　インターネット開始年齢

問5
IC004Q01T

初めてインターネットを利用したのは何才のときですか（携帯電話での利用も含む）。あてはまるものを一つ選んでください。

6才以下	○1
7～9才	○2
10～12才	○3
13才以上	○4
インターネットを利用したことはない	○5

分岐質問：
生徒が「5」インターネットを利用したことはない、を回答した場合、IC005～IC007は表示されず、生徒はIC008へ進みます。

2/8

付録A

IC005　学校でのネット利用時間

→生徒がIC004で「1」～「4」を回答した場合のみ表示されます。

問6
IC005Q01TA

学校のある日に、学校でインターネットをどのくらい利用しますか。あてはまるものを一つ選んでください。

- 利用しない　○1
- 1日に1～30分　○2
- 1日に31～60分　○3
- 1日に1時間より長く2時間まで　○4
- 1日に2時間より長く4時間まで　○5
- 1日に4時間より長く6時間まで　○6
- 1日に6時間より長い　○7

IC006　学外でのネット利用時間

→生徒がIC004で「1」～「4」を回答した場合のみ表示されます。

問7
IC006Q01TA

学校のある日に、学校以外の場所でインターネットをどのくらい利用しますか（携帯電話での利用も含む）。あてはまるものを一つ選んでください。

- 利用しない　○1
- 1日に1～30分　○2
- 1日に31～60分　○3
- 1日に1時間より長く2時間まで　○4
- 1日に2時間より長く4時間まで　○5
- 1日に4時間より長く6時間まで　○6
- 1日に6時間より長い　○7

IC007　休日のネット利用時間

→生徒がIC004で「1」～「4」を回答した場合のみ表示されます。

問8
IC007Q01TA

休みの日に、学校以外の場所でインターネットをどのくらい利用しますか（携帯電話での利用も含む）。あてはまるものを一つ選んでください。

- 利用しない　○1
- 1日に1～30分　○2
- 1日に31～60分　○3
- 1日に1時間より長く2時間まで　○4
- 1日に2時間より長く4時間まで　○5
- 1日に4時間より長く6時間まで　○6
- 1日に6時間より長い　○7

3/8

IC008　学外でのコンピュータ利用

問9　**あなたは、次のことをするために学校以外の場所でIT機器（デジタル機器）をどのくらい利用していますか（携帯電話での利用も含む）。（1）～（12）のそれぞれについて、あてはまるものを一つ選んでください。**

		まったくか、ほとんどない	月に1～2回	週に1～2回	ほぼ毎日	毎日
IC008Q01TA	（1）1人用ゲームで遊ぶ	○1	○2	○3	○4	○5
IC008Q02TA	（2）多人数オンラインゲームで遊ぶ	○1	○2	○3	○4	○5
IC008Q03TA	（3）Eメールを使う	○1	○2	○3	○4	○5
IC008Q04TA	（4）ネット上でチャットをする（例：LINE）	○1	○2	○3	○4	○5
IC008Q05TA	（5）SNS（ソーシャル・ネットワーキング・サービス）に参加する（例：Facebook、mixi）	○1	○2	○3	○4	○5
IC008Q07NA	（6）SNS（ソーシャル・ネットワーキング・サービス）を介したオンラインゲームで遊ぶ	○1	○2	○3	○4	○5
IC008Q08TA	（7）インターネットを見て楽しむ（例：YouTube™などのサイトで動画をみる）	○1	○2	○3	○4	○5
IC008Q09TA	（8）インターネットでニュースを読む（例：時事問題など）	○1	○2	○3	○4	○5
IC008Q10TA	（9）インターネットで実用的な情報を調べる（例：地図、場所、イベントの日程など）	○1	○2	○3	○4	○5
IC008Q11TA	（10）インターネットで音楽や映画、ゲーム、ソフトをダウンロードする	○1	○2	○3	○4	○5
IC008Q12TA	（11）自分で作ったコンテンツを共有するためにアップロードする（音楽、詩、ビデオ、コンピュータ・プログラムなど）	○1	○2	○3	○4	○5
IC008Q13NA	（12）携帯電話やモバイル機器に新しいアプリをダウンロードする	○1	○2	○3	○4	○5

4/8

IC010　学習のためのIT機器

問10　**あなたは、次のことをするために学校以外の場所でIT機器（デジタル機器）をどのくらい利用していますか（携帯電話での利用も含む）。（1）～（12）のそれぞれについて、あてはまるものを一つ選んで下さい。**

		まったくか、ほとんどない	月に1～2回	週に1～2回	ほぼ毎日	毎日
IC010Q01TA	（1）学校の勉強のために、インターネット上のサイトを見る（例：作文や発表の準備）	○1	○2	○3	○4	○5
IC010Q02NA	（2）関連資料を見つけるために、授業の後にインターネットを閲覧する	○1	○2	○3	○4	○5
IC010Q03TA	（3）Eメールを使って学校の勉強について、ほかの生徒と連絡をとる	○1	○2	○3	○4	○5
IC010Q04TA	（4）Eメールを使って先生と連絡をとり、宿題やその他の課題を提出する	○1	○2	○3	○4	○5
IC010Q05NA	（5）学校の課題について他の生徒と連絡をとるために、SNS（ソーシャル・ネットワーキング・サービス）を利用する（例：Facebook）	○1	○2	○3	○4	○5
IC010Q06NA	（6）先生と連絡をとるために、SNS（ソーシャル・ネットワーキング・サービス）を利用する（例：Facebook）	○1	○2	○3	○4	○5
IC010Q07TA	（7）学校のウェブサイトから資料をダウンロードしたり、アップロードしたり、ブラウザを使ったりする（例：時間割や授業で使う教材）	○1	○2	○3	○4	○5
IC010Q08TA	（8）校内のウェブサイトを見て、学校からのお知らせを確認する（例：先生の欠席）	○1	○2	○3	○4	○5
IC010Q09NA	（9）コンピュータを使って宿題をする	○1	○2	○3	○4	○5
IC010Q10NA	（10）携帯電話やモバイル機器を使って宿題をする	○1	○2	○3	○4	○5
IC010Q11NA	（11）携帯電話やモバイル機器で学習アプリをダウンロードする	○1	○2	○3	○4	○5
IC010Q12NA	（12）携帯電話やモバイル機器で理科の学習アプリをダウンロードする	○1	○2	○3	○4	○5

5/8

IC011　学校でのIT機器利用

問11　**あなたは、次のことをするために<u>学校で</u>IT機器（デジタル機器）をどのくらい利用していますか（携帯電話での利用も含む）。（1）～（9）のそれぞれについて、あてはまるものを一つ選んで下さい。**

		まったくか、ほとんどない	月に1～2回	週に1～2回	ほぼ毎日	毎日
IC011Q01TA	（1）学校でインターネットのチャットをする	○1	○2	○3	○4	○5
IC011Q02TA	（2）学校でEメールを使う	○1	○2	○3	○4	○5
IC011Q03TA	（3）学校の勉強のためにインターネットを見る	○1	○2	○3	○4	○5
IC011Q04TA	（4）校内のウェブサイトを見たり、そこからファイルやプログラムをダウンロードやアップロードする（例：イントラネット）	○1	○2	○3	○4	○5
IC011Q05TA	（5）学校のウェブサイトに課題を提出する	○1	○2	○3	○4	○5
IC011Q06TA	（6）シミュレーションゲームで遊ぶ	○1	○2	○3	○4	○5
IC011Q07TA	（7）外国語や数学などのドリルや勉強をする	○1	○2	○3	○4	○5
IC011Q08TA	（8）学校のコンピュータで宿題をする	○1	○2	○3	○4	○5
IC011Q09TA	（9）ほかの生徒と共同作業をするために、コンピュータを使う	○1	○2	○3	○4	○5

IC013　ICTへの関心

問12　**IT機器（デジタルメディア、デジタル機器）を使った経験について、次のことはあなたにどのくらいあてはまりますか。（1）～（6）のそれぞれについて、あてはまるものを一つ選んでください。**

（ここでIT機器（デジタル機器）とは、携帯電話、デスクトップ・コンピュータ、ノートパソコン、スマートフォン、タブレット型コンピュータ、ゲーム機、インターネットに接続しているテレビなど様々なものを指します。）

		まったくその通りでない	その通りでない	その通りだ	まったくその通りだ
IC013Q01NA	（1）時間のたつのも忘れてIT機器を使う	○1	○2	○3	○4
IC013Q04NA	（2）インターネットは、ニュースやスポーツ、辞典など私が興味のある情報を得る上で、優れた情報源である	○1	○2	○3	○4
IC013Q05NA	（3）インターネット上のソーシャル・ネットワークはとても役に立つ	○1	○2	○3	○4
IC013Q11NA	（4）新しいIT機器やアプリケーションを見つけると興奮する	○1	○2	○3	○4
IC013Q12NA	（5）インターネットに接続できないと気分が悪い	○1	○2	○3	○4
IC013Q13NA	（6）IT機器を使うのが好きだ	○1	○2	○3	○4

6/8

IC014　ICT能力の自己評価

問13　**IT機器（デジタルメディア、デジタル機器）を使った経験について、次のことはあなたにどのくらいあてはまりますか。（1）～（5）のそれぞれについて、あてはまるものを一つ選んでください。**

（ここでIT機器（デジタル機器）とは、携帯電話、デスクトップ・コンピュータ、ノートパソコン、スマートフォン、タブレット型コンピュータ、ゲーム機、インターネットに接続しているテレビなど様々なものを指します。）

		まったくその通りでない	その通りでない	その通りだ	まったくその通りだ
IC014Q03NA	（1）めずらしいIT機器を使うのは気分が良い	○1	○2	○3	○4
IC014Q04NA	（2）友達や家族・親戚が新しいIT機器やアプリケーションを購入する際に、アドバイスすることができる	○1	○2	○3	○4
IC014Q06NA	（3）家でIT機器を使っていると気分が良い	○1	○2	○3	○4
IC014Q08NA	（4）IT機器に何か問題が起こっても、それを解決できると思う	○1	○2	○3	○4
IC014Q09NA	（5）友達や家族・親戚のIT機器に何か問題があれば、彼らを助けることができる	○1	○2	○3	○4

IC015　ICTへの態度

問14　**IT機器（デジタルメディア、デジタル機器）を使った経験について、次のことはあなたにどのくらいあてはまりますか。（1）～（5）のそれぞれについて、あてはまるものを一つ選んでください。**

		まったくその通りでない	その通りでない	その通りだ	まったくその通りだ
IC015Q02NA	（1）新しいソフトウェアが必要になると、自分でインストールする	○1	○2	○3	○4
IC015Q03NA	（2）IT機器に関する情報は、他の人に頼らないで自分で読む	○1	○2	○3	○4
IC015Q05NA	（3）IT機器は自分が使いたいから使う	○1	○2	○3	○4
IC015Q07NA	（4）IT機器に問題があれば、自分の力で解決しようとする	○1	○2	○3	○4
IC015Q09NA	（5）新しいアプリケーションが欲しいときは、自分で選んでいる	○1	○2	○3	○4

7/8

IC016　ICTと友人

問15　**IT機器（デジタルメディア、デジタル機器）を使った経験について、次のことはあなたにどのくらいあてはまりますか。（1）～（5）のそれぞれについて、あてはまるものを一つ選んでください。**

		まったくその通りでない	その通りでない	その通りだ	まったくその通りだ
IC016Q01NA	（1）IT機器について何か新しいことを学ぶために、友達とそれらについて話をするのが好きだ	○1	○2	○3	○4
IC016Q02NA	（2）IT機器の問題を解決するために、インターネットで他の人と意見や情報を交換するのが好きだ	○1	○2	○3	○4
IC016Q04NA	（3）友達と集まってコンピュータやビデオゲームで遊ぶのが好きだ	○1	○2	○3	○4
IC016Q05NA	（4）IT機器に関する情報を友達と話し合うのが好きだ	○1	○2	○3	○4
IC016Q07NA	（5）友達や家族・親戚と話をするとデジタルメディアについて多くのことが学べる	○1	○2	○3	○4

～　ご協力ありがとうございました　～

付録A

■ 付録 B ■

PISA2015 年調査 分野別国際専門委員会

付録 B では，PISA2015 年調査での中心分野である科学的リテラシーと質問調査において，問題開発や調査内容，実施について助言，指導した国際専門委員会のメンバーを紹介する。PISA2009 年調査の中心分野である読解力，PISA2012 年調査の中心分野である数学的リテラシー及びファイナンシャル・リテラシーにおける国際専門委員会のメンバーについては，OECD 報告書『PISA2009 年調査 評価の枠組み：OECD 生徒の学習到達度調査』（2009）と『PISA2012 年調査 評価の枠組み：OECD 生徒の学習到達度調査』（2013）にそれぞれ掲載している。

科学的リテラシー専門委員会（SEG）

Jonathan Osborne（SEG委員長）
Stanford University
United States and United Kingdom

Marcus Hammann
Munster University
Germany

Sarah Howie
University of Pretoria
South Africa

Jody Clarke-Midura
University of Harvard
United States

Robin Millar
University of York
United Kingdom

Andrée Tiberghien
University of Lyon
France

Russell Tytler
Deakin University
Australia

Darren Wong
National Institute of Education
Singapore

科学的リテラシー臨時専門委員会

Rodger Bybee
Biological Sciences Curriculum Study (BSCS)
United States

Jens Dolin
University of Copenhagen
Denmark

Harrie Eijkelhof
Utrecht University
Netherlands

Geneva Haertel
SRI
United States

Michaela Mayer
University of Roma Tre.
Italy

Eric Snow
SRI
United States

Manabu Sumida
Ehime University
Japan

Benny Yung
University of Hong Kong
Hong Kong, China

質問調査専門委員会（QEG）

David Kaplan（2014年現在 QEG 委員長）
University of Wisconsin
United States

Eckhard Klieme（2013年まで QEG 委員長）
DIPF, Frankfurt
Germany

Gregory Elacqua
Diego Portales University
Chile

Marit Kjærnsli
University of Oslo
Norway

Leonidas Kyriakides
University of Cyprus
Cyprus

Henry M. Levin
Columbia University
United States

Naomi Miyake
University of Tokyo
Japan

Jonathan Osborne
Stanford University
United States

Kathleen Scalise
University of Oregon
United States

Fons van de Vijver
Tilburg University
Netherlands

Ludger Wößmann
University of Munich
Germany

PISA2015年調査 評価の枠組み
——OECD生徒の学習到達度調査

2016年11月25日　初版第1刷発行

編著者：経済協力開発機構（OECD）
監訳者：国立教育政策研究所
発行者：石井昭男
発行所：株式会社 明石書店
〒101-0021
東京都千代田区外神田6-9-5
TEL　03-5818-1171
FAX　03-5818-1174
http://www.akashi.co.jp
振替　00100-7-24505

組版：朝日メディアインターナショナル株式会社
印刷・製本：モリモト印刷株式会社

（定価はカバーに表示してあります）　ISBN978-4-7503-4433-1

21世紀のICT学習環境

生徒・コンピュータ・学習を結び付ける

経済協力開発機構（OECD）編著
国立教育政策研究所 監訳

A4判／並製／224頁
◎3700円

21世紀のデジタル世界に求められる情報活用能力とは何か。本書は、PISA2012年調査結果を基に、生徒によるICT活用が近年どのように進展しているのかを分析し、教育制度（国）と学校がICTを生徒の学習体験にどのように組み入れているのかを検討する。

内容構成

- 第1章　近年、生徒によるコンピュータの利用はどのように変化しているか
- 第2章　情報通信技術（ICT）を指導と学習に取り入れる
- 第3章　2012年コンピュータ使用型調査の主な結果
- 第4章　デジタル読解力におけるナビゲーションの重要性：考えてからクリックする
- 第5章　デジタル技能の不平等：格差を埋める
- 第6章　コンピュータは生徒の能力とどのように関係しているのか
- 第7章　ログファイルデータを用いて、何がPISA調査の成績を左右するのかを理解する（事例研究）
- 第8章　教育政策と実践に対してデジタルテクノロジーが意味するもの

生きるための知識と技能4
OECD生徒の学習到達度調査（PISA）2009年調査国際結果報告書
国立教育政策研究所編
◉3800円

生きるための知識と技能5
OECD生徒の学習到達度調査（PISA）2012年調査国際結果報告書
国立教育政策研究所編
◉4600円

生きるための知識と技能6
OECD生徒の学習到達度調査（PISA）2015年調査国際結果報告書
国立教育政策研究所編
◉3700円

PISA2009年調査　評価の枠組み
OECD生徒の学習到達度調査
経済協力開発機構（OECD）編著　国立教育政策研究所監訳
◉3800円

PISA2012年調査　評価の枠組み
OECD生徒の学習到達度調査
経済協力開発機構（OECD）編著　国立教育政策研究所監訳
◉4600円

PISAから見る、できる国・頑張る国
トップを目指す教育
経済協力開発機構（OECD）編著　渡辺 良監訳
◉4600円

PISAから見る、できる国・頑張る国2
未来志向の教育を目指す：日本
経済協力開発機構（OECD）編著　渡辺 良監訳
◉3600円

PISAの問題できるかな？
OECD生徒の学習到達度調査
経済協力開発機構（OECD）編著　国立教育政策研究所監訳
◉3600円

〈価格は本体価格です〉

TIMSS2011 算数・数学教育の国際比較 国際数学・理科教育動向調査の2011年調査報告書
国立教育政策研究所編 ◉3800円

TIMSS2011 理科教育の国際比較 国際数学・理科教育動向調査の2011年調査報告書
国立教育政策研究所編 ◉3800円

成人スキルの国際比較 OECD国際成人力調査(PIAAC)報告書
国立教育政策研究所編 ◉3800円

教育研究とエビデンス 国際的動向と日本の現状と課題
国立教育政策研究所編 大槻達也、惣脇宏ほか著 ◉3800円

21世紀型学習のリーダーシップ イノベーティブな学習環境をつくる
OECD教育研究革新センター編著 木下江美、布川あゆみ監訳
斎藤里美、本田伊克、大西公恵、三浦綾希子、藤波海訳 ◉4500円

学びのイノベーション 21世紀型学習の創発モデル
OECD教育研究革新センター編著
有本昌弘監訳 多々納誠子、小熊利江訳 ◉4500円

メタ認知の教育学 生きる力を育む創造的数学力
OECD教育研究革新センター編著
篠原真子、篠原康正、袰岩晶訳 ◉3600円

アートの教育学 革新型社会を拓く学びの技
OECD教育研究革新センター編著
篠原康正、篠原真子、袰岩晶訳 ◉3700円

キー・コンピテンシー 国際標準の学力をめざして
ドミニク・S・ライチェン、ローラ・H・サルガニク編著 立田慶裕監訳 ◉3800円

学習の本質 研究の活用から実践へ
OECD教育研究革新センター編著
立田慶裕、平沢安政監訳 佐藤智子ほか訳 ◉4600円

多様性を拓く教師教育 多文化時代の各国の取り組み
OECD教育研究革新センター編著 斎藤里美監訳 ◉4500円

幸福の世界経済史 1820年以降、私たちの暮らしと社会はどのような進歩を遂げてきたのか
OECD開発センター編著 徳永優子訳 ◉6800円

主観的幸福を測る OECDガイドライン
経済協力開発機構(OECD)編著 桑原進監訳 高橋しのぶ訳 ◉5400円

格差拡大の真実 二極化の要因を解き明かす
経済協力開発機構(OECD)編著 小島克久、金子能宏訳 ◉7200円

脳からみた学習 新しい学習科学の誕生
OECD教育研究革新センター編著
小泉英明監修 小山麻紀、徳永優子訳 ◉4800円

グローバル化と言語能力 自己と他者、そして世界をどうみるか
OECD教育研究革新センター編著 本名信行監訳
徳永優子、稲田智子、来田誠一郎、定延由紀、西村美由起、矢倉美登里訳 ◉6800円

〈価格は本体価格です〉

教員環境の国際比較

OECD国際教員指導環境調査(TALIS)
2013年調査結果報告書

国立教育政策研究所 編

A4判／並製／232頁
◎3500円

前期中等教育及び中学校の教員と校長を対象にした国際調査の結果から、教員の職能開発、校長のリーダーシップ、学校での指導状況、教員への評価とフィードバック、自己効力感や仕事への満足度などに焦点を当て、日本にとって示唆ある内容を整理・分析する。

● 内容構成 ●

はじめに(国立教育政策研究所 所長 大槻達也)
OECD国際教員指導環境調査(TALIS)2013年調査結果の要約
第1章 TALISの概要
第2章 教員と学校の概要
第3章 校長のリーダーシップ
第4章 職能開発
第5章 教員への評価とフィードバック
第6章 指導実践、教員の信念、学級の環境
第7章 教員の自己効力感と仕事への満足度

図表でみる教育 OECDインディケータ(2016年版)
経済協力開発機構(OECD)編著
徳永優子、稲田智子、矢倉美登里、大村有里、坂本千佳子、三井理子訳 ◉8600円

OECD保育白書 人生の始まりこそ力強く：乳幼児期の教育とケア(ECEC)の国際比較
OECD編著 星三和子、首藤美香子、大和洋子、一見真理子訳 ◉7600円

OECD教員白書 効果的な教育実践と学習環境をつくる
〈第1回OECD国際教員指導環境調査(TALIS)報告書〉
OECD編著 斎藤里美監訳 ◉7400円

OECD幸福度白書2 より良い暮らし指標：生活向上と社会進歩の国際比較
OECD編著 西村美由起訳 ◉4500円

OECDジェンダー白書 今こそ男女格差解消に向けた取り組みを！
OECD編著 濱田久美子訳 ◉7200円

OECD成人スキル白書 〈OECDスキル・アウトルック2013年版〉
第1回国際成人力調査(PIAAC)報告書
経済協力開発機構(OECD)編著 矢倉美登里ほか訳 ◉8600円

諸外国の教育動向 2015年度版
文部科学省編著 ◉3600円

諸外国の初等中等教育
文部科学省編著 ◉3600円

〈価格は本体価格です〉